Gestión de Proyectos con Mapas Mentales

Primera parte

Gestion de proyectos con mapas mentales. Vol. I

© José Andrés Ocaña

ISBN Vol. I: 978-84-9948-621-5
ISBN Obra completa: 978-84-9948-553-9
Depósito legal: A 623-2012

Edita: Editorial Club Universitario. Telf.: 96 567 61 33
C/Decano, 4–03690 San Vicente (Alicante)
www.ecu.fm
ecu@ecu.fm

Printed in Spain
Imprime: Imprenta Gamma. Telf: 96 567 19 87
C/Cottolengo, 25–03690 San Vicente (Alicante)
www.gamma.fm
gamma@gamma.fm

Gestión de Proyectos con Mapas Mentales

Primera parte

©*José Andrés Ocaña*

Dedicado a mis hijos Jorge y Sergio, a Alicia Deocal por su apoyo y alegría en todos los momentos, y a todas las personas que quieren superarse sin importar su edad

Índice

Módulo 1 Introducción a la Gestión de Proyectos

Cuando quieres hacer algo, hazlo. No esperes hasta que las circunstancias te parezcan favorables.

Rudyard Kipling

1. INTRODUCCIÓN

Tanto los proyectos como su gestión no son nada nuevo, como ha quedado patente a lo largo de la historia del hombre. Un ejemplo claro se vería en edificaciones de etapas muy diversas de la misma, como por ejemplo las Pirámides de Egipto, la Gran Muralla china o el Monasterio de El Escorial. Sin embargo, en estos últimos años, la Dirección/Gestión de Proyectos ha sido reconocida como una profesión independiente, que está dentro de la estructura organizacional y que cuenta con sus propios colegios y organizaciones profesionales (www.pmi.org o www.ipma.ch) y con un creciente cuerpo de técnicas y herramientas, habilidades, competencias y procedimientos.

¿Cuál es la finalidad de la Gestión de Proyectos? Iniciar, Planificar, Ejecutar, Controlar y Cerrar todas las tareas del Proyecto para:

1. Obtener el máximo éxito con nuestro Proyecto y que así se beneficien tanto nuestro/s cliente/s como nuestro/s patrocinador/es, nuestro equipo de Proyecto y nuestra compañía.

2. Proponer su cierre lo antes posible en caso de predecir fundadamente su inviabilidad, con las herramientas de las que dispondremos y nos dotaremos.

La Gestión de un Proyecto de cierta complejidad requiere algo más que la aplicación de una serie de técnicas y herramientas, más o menos sofisticadas. Requiere de nuestro criterio, que lo sustentaremos con los resultados obtenidos al aplicar estas técnicas y herramientas que aprenderemos a usar en este libro.

Será a través de nuestro criterio como podremos tomar decisiones, planificar, organizar, aplicar el sentido común, adelantarnos a acontecimientos, etc.

Todos los conceptos descritos y tratados en este libro son los "universalmente utilizados" por los profesionales de la Dirección de Proyectos. De esta forma, conseguiremos entender y trabajar con las mejores prácticas y con un vocabulario común que nos permita entender, hablar y comunicarnos con otros gestores de proyectos. Cuando se dice que es "universalmente utilizado" significa que es un estándar de facto y que todos los conocimientos, conceptos y prácticas descritos son los empleados en la mayoría de los proyectos y que hay un amplio consenso sobre su utilidad y eficacia.

La mayoría de definiciones que vamos a emplear en este libro están extraídas de la "Guía del PMBOK®", 4.ª edición (norma ANSI/PMI 99-100-2004), estándar de facto realizado y actualizado por el PMI® (Project Management Institute).

Como decía el poeta: "Caminante, no hay camino, se hace camino al andar...". Así pues, nuestros primeros pasos nos llevarán a definir y entender qué es la Dirección y Gestión de Proyectos, qué es un Proyecto, un Plan de Proyecto y los factores de éxito del mismo.

El último apartado del módulo trata sobre una serie de conceptos muy importantes para el desarrollo posterior del libro, pues nos permitirá crear unas "bases comunes" y hablar todos un "lenguaje común" para que no existan malentendidos ni equívocos.

Comencemos nuestra andadura esperando que te resulte no solo agradable sino, y sobre todo, útil para tu desarrollo profesional...

2. ¿QUÉ ES LA GESTIÓN DE PROYECTOS?

1. ¿QUÉ ES LA GESTIÓN DE PROYECTOS?

Como profesión, la de Gestor de Proyectos, nos encontramos que hoy en día está creciendo a lo largo de todo el mundo y que integra de forma continua el pensamiento actual y las mejores prácticas posibles para gestionar los Proyectos de una forma estándar, eficaz y eficiente. Así mismo, existen unas certificaciones internacionales: CAPM®(Certified Associate in Project Management), PMP® (Project Management Professional) y PGMP® (Program Management Professional), además de estar estas aprobadas a través de las Normas de Calidad ISO y ANSI, existe un Código Ético y de Conducta Profesional que se aplica a nivel mundial y que ratifica a la Dirección de Proyectos como una profesión.

2. DEFINICIÓN

Es la <u>aplicación</u> del <u>conocimiento</u>, habilidades, técnicas y herramientas a las <u>actividades</u> de un proyecto con el objetivo de cumplir con los requisitos del proyecto, <u>balanceando:</u>

- <u>Alcance</u>, <u>tiempo</u>, <u>coste</u>, <u>riesgo</u> y <u>calidad</u>.
- Las <u>necesidades</u> (requerimientos identificados).
- Los diferentes intereses y expectativas de los *stakeholders* (o interesados).

Las palabras subrayadas son las claves para entender y aplicar esta definición.

3. DIFERENCIA ENTRE "DIRIGIR" PROYECTOS Y "GESTIONARLOS"

Veamos lo que significa cada término en el diccionario. Para ello emplearemos el de la REAL ACADEMIA ESPAÑOLA:

1. "Dirigir":
    o   Guiar, mostrando o dando las señas de un camino.

    o   Encaminar la intención y las operaciones a determinado fin.

    o   Gobernar, regir, dar reglas para el manejo de una dependencia, empresa o pretensión.

2. "Gestionar":
    o   Hacer diligencias conducentes al logro de un negocio o de un deseo cualquiera.

Según estas acepciones podríamos decir que **Dirigir** es tener una idea y emplear el poder y/o influencia para que se lleve a cabo. Mientras que **Gestionar** sería hacer realidad esta idea, llevando a cabo los trabajos necesarios para ello.

Ejemplo: Cuando cogemos un taxi tenemos en mente ir a una calle, o sea, dirigimos al taxista hacia ese lugar al comunicárselo. El taxista gestiona nuestra petición, lleva a cabo la circulación del vehículo para conducirnos a nuestro destino. Nosotros actuaríamos como director y el taxista como gestor.

Veamos cómo se aplica esto en las compañías:

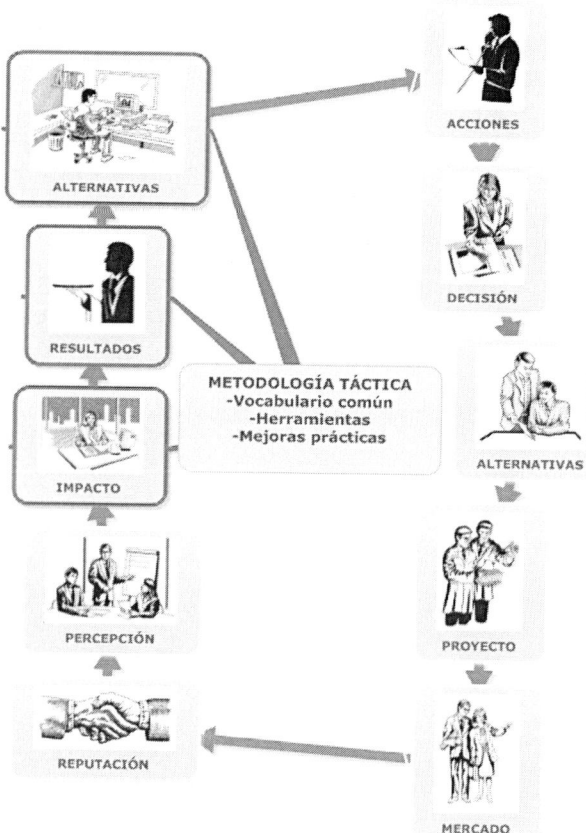

FIGURA 1.1

Más adelante analizaremos más a fondo y desde varias perspectivas esta imagen.

Por ahora, lo importante sería que como **Directores de Proyectos** estaríamos implicados en todos los procesos de la imagen, mientras que como **Gestores** estaríamos implicados en los del cuadrado solamente.

¿Cuál sería tu posición en la empresa? Ese es el planteamiento que nos debemos hacer para poder cumplir con las expectativas depositadas en nosotros con éxito.

NOTA: Hay que tener en cuenta que las palabras en inglés *project manager* en su traducción al castellano, se utilizan para definir tanto al DIRECTOR de Proyectos como al GESTOR de Proyectos, por eso en muchas ocasiones a través del libro nos podremos encontrar con algunas dificultades para distinguirlos, pero no hay que darle mucha importancia a esta diferenciación.

4. BENEFICIOS DE LA GESTIÓN DE PROYECTOS

A lo largo de las sucesivas lecciones iremos analizando los beneficios que la Gestión de Proyectos aporta tanto a la organización como a los individuos.

Si nos paramos a observar en un primer momento a las organizaciones, tienen que estar continuamente adaptándose a las nuevas y cambiantes situaciones del mercado cuyo entorno operacional se vuelve cada vez más global, exigente y competitivo, o sea, "hacer más con menos y por menos". Esto hace que estén obligadas a innovar continuamente y responder rápidamente a ese entorno. ¿Cómo pueden lograr este objetivo? ¿Con qué estrategia? Pues con una buena Gestión de Proyectos. Por lo tanto podemos concretar:

1. Beneficios potenciales **para la organización:**

   o Mantiene a las empresas en mercado, pues son un motor de cambio al permitir aprovechar las nuevas oportunidades que se brindan.
   o Mejora del soporte, desde el punto de vista de proyectos, a las nuevas oportunidades.
   o Maximiza las capacidades creativas e innovadoras de la organización.
   o Mejora del rendimiento, tanto de la organización como de los equipos de trabajo.

2. Beneficios potenciales **para el individuo:**

   o Reconocimiento de la Gestión de Proyectos como una profesión.
   o Fuente de futuros líderes de la organización.
   o Alta visibilidad de los resultados de los proyectos.
   o Alta visibilidad de las capacidades de la organización.
   o Oportunidades de crecimiento personal y profesional.
   o Incrementar la propia reputación y aumentar su red de influencia.
   o Adquirir habilidades y experiencias exportables a otras aventuras personales.

3. ¿QUÉ ES UN PROYECTO?

1. DEFINICIÓN

Es un esfuerzo temporal emprendido para crear un único producto, servicio o resultado.

No debemos confundirlo con lo que se denomina la "declaración de trabajo" (*Statement of Work*, habitualmente se utiliza el acrónimo inglés SoW), que es una descripción narrativa de los productos o servicios que serán suministrados por el proyecto bajo contrato.

Características básicas de un proyecto (están subrayadas):

- Temporal
- Único
- Elaboración progresiva

En las siguientes secciones veremos con más detalle estas características.

2. TEMPORAL

No significa de corta duración, sino que se refiere a que tiene un principio y un final definido, determinado. Hay dos posibilidades:

- En positivo, este final dependerá de que se hayan conseguido los objetivos del proyecto.

- En negativo, el final ocurrirá cuando se tenga la certeza de que es imposible cumplir con sus objetivos o simplemente que el proyecto ya no es necesario.

Este concepto de *temporal* no se aplica a los productos o servicios que se deriven del proyecto, ya que el objetivo de la organización es conseguir resultados estables y duraderos en el tiempo. Se refiere exclusivamente a que el esfuerzo del proyecto no debe ser indefinido sino que debe acotarse en el tiempo.

La calificación de *temporal* también se podría extender a lo concerniente a la obtención de esos objetivos en una fecha determinada (aprovechar oportunidades, temas regulatorios, situación del mercado, acuerdo con el usuario o el cliente, etc.).

Podemos también referirnos a *temporal* si pensamos en que el equipo de trabajo del proyecto variará en su composición a lo largo de la ejecución del proyecto, ya que cada persona del equipo, o en su caso subcontratas, tendrán una ventana de tiempo en la que serán necesarias y, en cualquier caso, una vez terminado el Proyecto el equipo humano será reasignado a otros proyectos u otras funciones.

3. ÚNICO

Se refiere a que los proyectos se desarrollan para hacer algo (un producto o un servicio) que no se ha realizado con anterioridad, aunque conlleve un gran número de tareas repetitivas.

Ejemplo: La construcción de un barco. Cada barco puede tener diferente tamaño, diferente uso, diferentes subcontratistas, diferente armador, etc.

4. ELABORACIÓN PROGRESIVA

El concepto de único del producto o servicio no significa que en el momento de la concepción del proyecto se conozcan perfectamente las características del producto o servicio que se quiere conseguir, sino que esto se conseguirá de una forma progresiva.

Ejemplo: Podemos referirnos a los contratos de transferencia y/o desarrollo de tecnología en los que inicialmente suministradores y clientes, y algunas veces la Administración Pública, se reúnen con una idea básica que sirve de punto de partida para elaborar progresivamente las características del producto hasta llegar a una oferta del suministrador que se concretará en la firma de un contrato con el cliente en el que estará perfectamente descrito el alcance y características del producto.

La elaboración progresiva del producto debe estar sincronizada con los objetivos del proyecto. Esto es básico para el éxito del proyecto.

Por otro lado, el término **elaboración progresiva** tiene dos conceptos:

*   El concepto *progresivo* se refiere[a] "paso a paso".

*   El concepto *elaborado* se refiere a "trabajar con cuidado y detalladamente".

5. EL OBJETIVO FUNDAMENTAL DEL PROYECTO

La siguiente pregunta que debemos hacer es: ¿cuál es el objetivo fundamental de un proyecto? Recordemos la definición: *Un proyecto es un esfuerzo temporal emprendido para crear un único producto, servicio o resultado.*

Vamos a verlo desde dos perspectivas distintas para hacernos la composición más exacta:

1. **Desde la perspectiva del cliente:**

   o   Cuando hablamos del cliente nos referimos a la persona, organización o compañía que ha encargado el producto o servicio. El cliente podrá ser interno o externo a nuestra organización.

   o   El usuario es el que usará (perdón por la redundancia) el producto o servicio.

   o   El usuario final o el cliente que nos ha demandado este producto o servicio querrán que el producto o servicio satisfaga las funcionalidades para las que ha sido creado y que previamente se definieran durante la vida del proyecto. Es decir, que el producto o servicio tenga calidad y cumpla con los requisitos y/o especificaciones definidas.

   o   En el caso de que el proyecto tenga diferentes entregables se consensuará la lista de prioridades de estos.

   o   El carácter de temporal se refiere también a tener listo el producto o servicio para una determinada fecha de acuerdo con el usuario final o con el cliente, y poder transferir el derecho de uso o la propiedad del producto o servicio, si se da el caso.

2. **Hay otra componente muy importante y es nuestra compañía:**

   o Nuestra organización tiene recursos limitados tanto humanos como económicos y esto hace que quiera que limitemos el gasto ocasionado en la ejecución del proyecto.

   o O si el proyecto está relacionado con una venta, querrá obtener un porcentaje de beneficio determinado, por lo que el coste estará directamente limitado por el precio de venta al cliente, y por dicho porcentaje de beneficio.

En ambos casos el proyecto estará dotado de un presupuesto previamente acordado.

4. OPERACIONES Y PROYECTOS

1. OPERACIONES Y PROYECTOS

Todas las organizaciones realizan "trabajos" para lograr un conjunto de objetivos. Estos trabajos se clasifican en ***proyectos*** y ***operaciones***. En algunos casos se pueden superponer.

2. CARACTERÍSTICAS COMUNES

Podemos decir que operaciones y proyectos tienen **en común**:

- Son realizados por personas.
- Están condicionados por la limitación de recursos.
- Tienen que ser planificadas, ejecutadas y controladas.
- Y los dos tipos de trabajos son procesos.

Para obtener unos resultados adecuados necesitamos gestionar tanto las operaciones como los proyectos.

Es decir, ambas son capaces de producir un resultado, producto o servicio (salida) al aplicar unas herramientas y técnicas (proceso), a una información o producto preelaborado (entrada). Gráficamente, sería:

FIGURA 1.2

Tanto las operaciones como los proyectos pueden consistir en una serie de tareas o actividades enlazadas de forma que la actividad sucesora se comporta como cliente de la actividad predecesora.

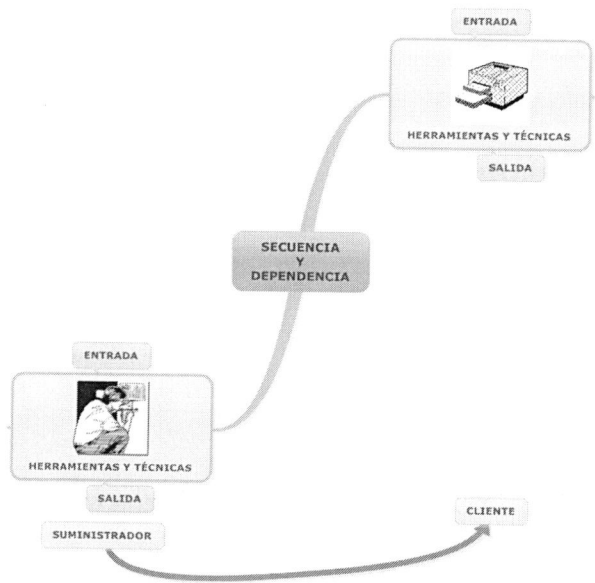

FIGURA 1.3

3. ¿CUÁL ES SU DIFERENCIA BÁSICA?

La **diferencia básica** estriba en:

- Las "**Operaciones**" son continuas y repetitivas.
- Los "**Proyectos**" son temporales y únicos.

Otras diferencias a tener en cuenta serían:

A.- Desde el punto de vista del equipo de trabajo:

- El proyecto variará su composición a lo largo de la ejecución del proyecto y una vez terminado, el equipo humano será reasignado a otros proyectos o funciones.

- En las operaciones, el equipo de trabajo es al menos semipermanente. Además, el equipo humano es más homogéneo que en los proyectos.

B.- Podemos también distinguirlos por su origen o su relevancia:

- Las organizaciones establecen sus políticas organizativas, expresando los valores que inspiran a la organización y a sus miembros. Estas políticas se traducen en diferentes tipos de planes estratégicos. Los proyectos son el medio para ejecutar las políticas establecidas y los planes correspondientes siendo su meta alcanzar los objetivos y luego concluir.

- Las operaciones continuas lo que pretenden es dar respaldo al negocio.

C.- Eficacia y eficiencia: Para aclarar la diferencia de estos términos ve a la sección de vocabulario común de este tema.

- Las operaciones tienen que ser eficientes.

- Los proyectos primero tienen que ser eficaces y después intentar ser lo más eficientes posible.

4. RESUMIENDO

FIGURA 1.4

5. ¿QUÉ ES UN PLAN DE PROYECTO?

1. ¿QUÉ ES UN PLAN DE PROYECTO?

Este es un término que debido a su importancia lo vamos a definir nada más comenzar el libro

2. DEFINICIÓN

Un **Plan de Proyecto** se compone de todo lo que hay que llevar a cabo para realizar el proyecto y obtener el producto o servicio comprometido. Normalmente será un conjunto de documentos, pero lo que nos tiene que quedar claro es que NO es el cronograma de las actividades del proyecto o, mejor dicho, incluye al <u>cronograma y a otros muchos documentos</u>.

3. ¿CUÁNDO LO GENERAMOS?

Para ello hay que conocer el ciclo de vida de Gestión del Proyecto, distinto al ciclo de vida técnico, y que engarzaremos el uno en el otro. El ciclo de vida para la Gestión de Proyectos sería:

FIGURA 1.5

Básicamente, este ciclo responde al de *PDCA de Calidad*:

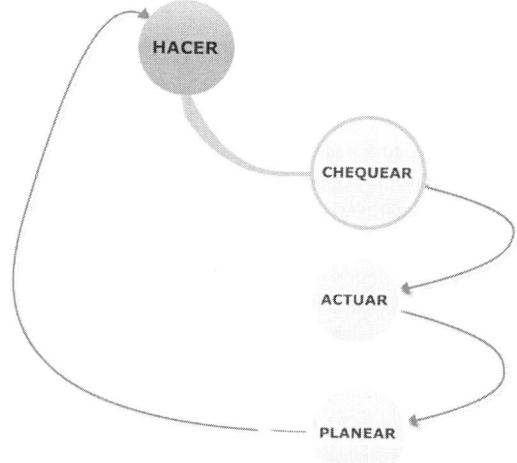

FIGURA 1.6

El Plan de Proyecto lo generaremos como resultado de la "Fase de Planificación" o, también llamada, de "Programación del Proyecto".

4. ¿DE QUÉ DOCUMENTOS SE PUEDE COMPONER?

Se puede componer, entre otros, de los siguientes:

- Plan de Gestión de Proyecto
- Plan de comunicaciones
- Plan de gestión de riesgos
- Plan de escalación / crisis
- Plan de seguridad
- Plan de calidad
- Plan de formación
- Plan de transición
- Plan de control de cambios / control de configuración
- Plan de gestión del ciclo de vida
- Plan financiero
- Plan de despliegue
- Plan de documentación

- Plan de *hardware*
- Plan de *software*
- Plan de instalación
- Plan de subcontratación
- Plan de integración
- Plan de pruebas y aceptación
- Plan de formación del cliente

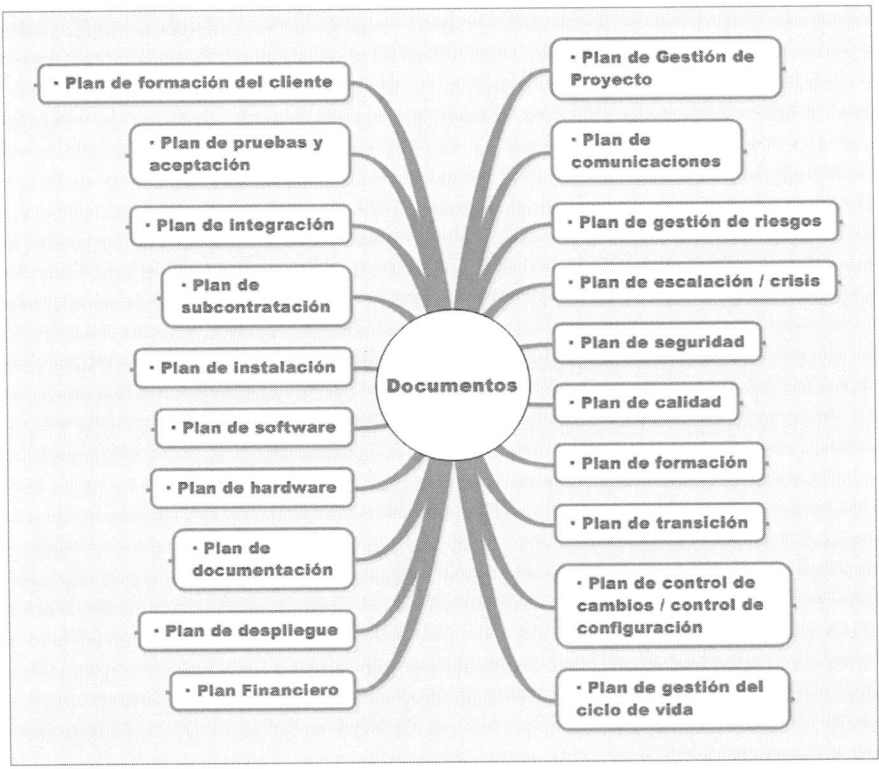

FIGURA 1.7

6. VOCABULARIO COMÚN

1. VOCABULARIO COMÚN

En esta sección describimos una serie de conceptos muy utilizados en el resto del libro.

2. LOS *STAKEHOLDERS*

Son los *participantes clave del proyecto:*

FIGURA 1.8

Son los <u>individuos u organizaciones que están activamente involucrados en el proyecto (internos o externos a nuestra organización), o cuyos intereses se pueden ver afectados, positivamente o negativamente, como resultado de la ejecución del proyecto y/o por su exitosa finalización.</u>

Los *stakeholders* centrales de nuestro proyecto serían:

- Director y/o Gestor del proyecto
- Equipo de Dirección de Proyecto
- Equipo de Proyecto
- Patrocinador

  Con mucha influencia:

- Cliente
- Usuario
- Organización

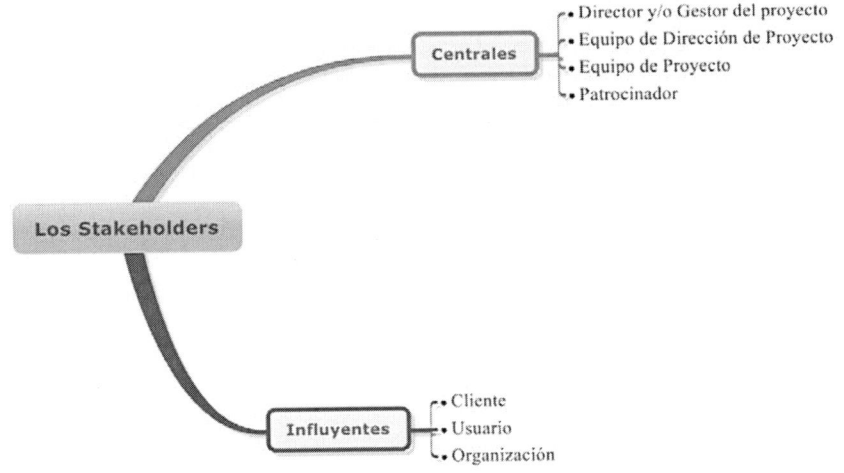

FIGURA 1.9

El Gestor de Proyectos debe gestionar las *necesidades* y expectativas de los participantes clave y resolver sus diferencias en favor del cliente.

Un objetivo del proyecto es cumplir con los requisitos (objetivos/entregables: productos o servicios) definidos, acordados y, a poder ser, firmados en un contrato del proyecto.

Se trata de dar al cliente (usuario, cliente interno o externo) a tiempo aquello por lo que ha pagado, de forma que cumpla con las especificaciones y funcionalidades definidas y acordadas. De esta relación honesta en la que cumplimos con los compromisos contraídos con el cliente es de donde nace la **fidelización**.

En la sección de Gestión de *stakeholders* (Módulo 4, Unidad 1), ampliaremos el concepto.

3. LA DUDA. SUPOSICIONES E HIPÓTESIS

Es una de las herramientas más poderosas que tenemos. Si damos el asunto por sentado no podremos analizarlo y ver sus posibilidades: no podemos gestionar lo que no conocemos.

Las suposiciones está bien usarlas y nos son muy útiles para el día a día pero también tenemos que ser consciente de cuándo las estamos usando. Por ejemplo, no podemos dudar todos los días cuando nos despertamos si tenemos el suelo en el mismo sitio donde lo dejamos la noche anterior…

Una **suposición** que documentamos y partimos de ella ante una falta de información pasa a ser una **hipótesis**. Su utilidad radica en la necesidad o no de dar marcha atrás: tendremos un fundamento de por qué llegamos a tomar esa decisión y no otra.

4. EFICACIA Y EFICIENCIA

1. **Eficacia:**
Una solución tiene eficacia cuando resuelve el problema.

Palabras relacionadas con eficacia: *eficaz, efectividad, efectivo.*

2. **Eficiencia:**
Una solución es eficiente cuando resuelve el problema de la mejor forma posible según las circunstancias, esto es, de las posibles soluciones (son todas eficaces) se selecciona la que mejor resuelve la situación.

Palabras relacionadas con eficiencia: *eficiente.*

Ejemplo: Hay una mosca en la pared y queremos matarla

Soluciones eficaces: matamoscas, poner miel, emplear un espray, usar un cañón…

Suponiendo que la pared la acabamos de pintar hace unos días y no queremos mancharla ni estropearla, la más eficiente sería el espray.

5. EQUILIBRIO

Aparece en la definición la palabra… *balanceando…*

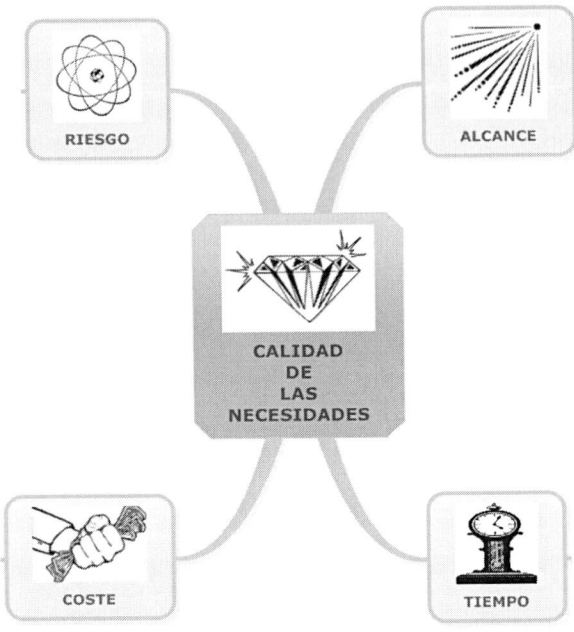

FIGURA 1.10

El Proyecto es una figura multidimensional con numerosos vértices todos interrelacionados. Podemos hacer el símil de un globo lleno de aire, si lo apretamos por un lado la deformación producida afectará al resto del globo.

Ejemplos:

1. Si quisiésemos reducir el tiempo de ejecución de un proyecto lo podríamos hacer aumentando los recursos, pero eso llevaría acarreado un aumento de costes.

2. Si perdiésemos alguna persona clave del proyecto y solo la pudiésemos sustituir con otra menos preparada, tendríamos que gastar dinero para formarla si fuese posible y hubiese tiempo.

Aunque esta nueva persona fuese más barata necesitaría más tiempo para ejecutar las tareas, con lo que se alargaría el tiempo de ejecución e incluso llegado el momento aumentarían también los costes. Si en este caso quisiésemos dejar el tiempo fijo, lo haríamos a base de reducir quizás la calidad del producto o servicio o reduciendo el alcance o los objetivos del proyecto.

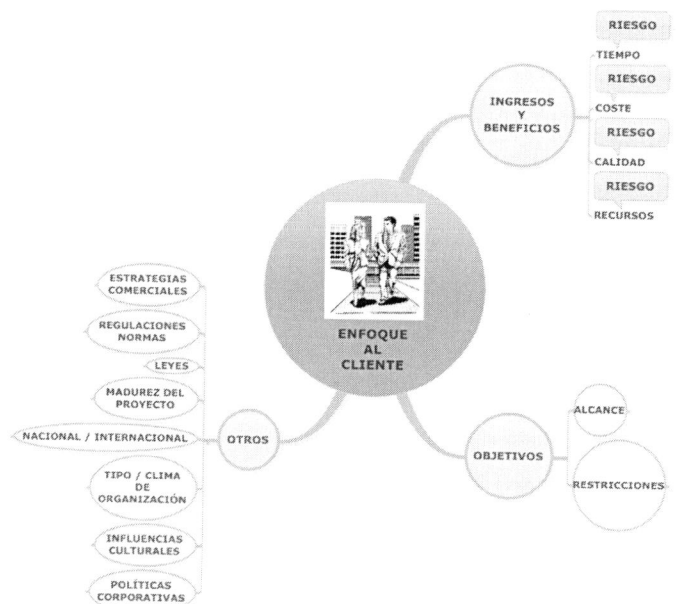

FIGURA 1.11

La Gestión de Proyectos aparece como una figura capaz de equilibrar las diferentes fuerzas y circunstancias adversas que tratan de dificultar la ejecución exitosa del proyecto y, por otra lado, trata de establecer armonía y equilibrio entre los intereses de los diferentes *stakeholders*, introduciendo el concepto de "gano-ganas" de forma que todos los participantes clave del proyecto obtengan un beneficio (tangible o intangible) razonable y equilibrado con relación a los otros.

6. EXPECTATIVAS VERSUS NECESIDADES

La **expectativa** es una necesidad subjetiva e indefinida y por tanto introduce un grado de incertidumbre en el proyecto imposible de gestionar. Hay que intentar eliminarla lo más posible objetivándola: ante todo hay que tener en cuenta que trabajamos con equipos humanos y es imposible eliminar completamente las expectativas, pero en la medida de lo posible y teniendo en cuenta que el gestor de proyectos deberá incluir entre sus habilidades las de liderazgo, tratará de convertir las expectativas en necesidades identificadas y explicitadas.

Las expectativas, al quitarles la componente de sentimiento, las transformamos en **necesidades**, pieza clave de los criterios de éxito como veremos en un tema posterior.

7. LOS PROCESOS.

Un término que ha aparecido durante este módulo y que vamos a definir a continuación dada su importancia: <u>conjunto de medidas</u> (en el sentido de mediciones) <u>y actividades interrelacionadas realizadas para obtener un conjunto específico de</u> *productos, resultados o servicios*.

Se compone de los siguientes elementos:

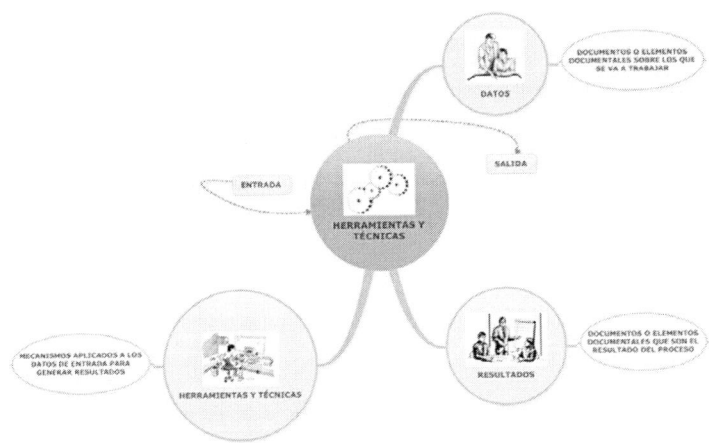

FIGURA 1.12

Ejemplo: comprar los ingredientes para hacer una paella.

- Partimos de una lista de ingredientes.

- Herramientas y técnicas que usamos: coche para ir a comprarlos, selección de los ingredientes más adecuados, tarjeta de crédito para pagar, etc.

- Salida: todos los ingredientes encima de la mesa de la cocina.

8. PROCEDIMIENTOS

Otro elemento que ha salido y que lo definimos para que no haya dudas sobre su empleo: <u>serie de pasos que se siguen en un orden regular definitivo con un propósito.</u>

Ejemplo: posibles pasos que se dan para preparar una paella:

Paso 1: Comprar los ingredientes

Paso 2: Prepararlos

Paso 3: Cocinarlos

Paso 4: Reposar

Paso 5: Presentación y servir

9. TAREAS Y ACTIVIDADES

En este libro y siguiendo al PMBOK® (Project Management Body of Knowledge) definimos **tarea** como sinónimo de *trabajo*. Esto es importante pues dependiendo de en qué norma nos movamos, las tareas incluirán actividades o viceversa.

¿Y qué es una **actividad**?: un *componente* del *trabajo* realizado en el transcurso de un proyecto.

Ejemplo: Tarea o trabajo --> Cavar un hoyo

Actividades: 1.- Prepara el terreno

2.- Extracción de la arena

3.- Eliminación de la arena

4.- Aceptación

Ejemplo de Definición del Problema

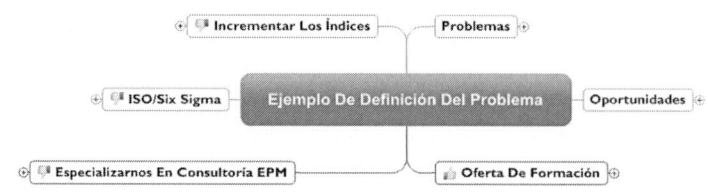

Problemas
1. Nuestros ingresos se han estancado
2. Estamos perdiendo oportunidades de negocio, ya que no ofrecemos formación
3. Se necesita nuevo canal de ventas para nuestros equipos de consultoría

Oportunidades
1. Aumentar las tasas de
2. Oferta de formación
3. Ampliar consultoría en ISO y Six Sigma
4. Especialización en sistemas de EPM
Primavera
MS Project Server
Otros

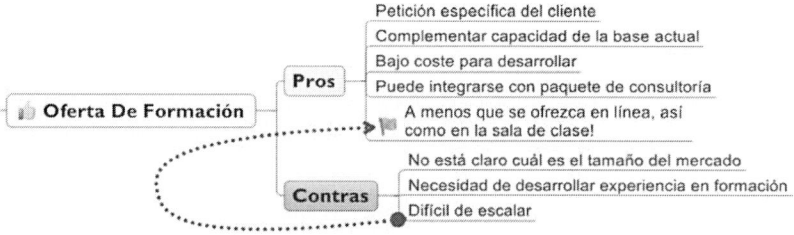

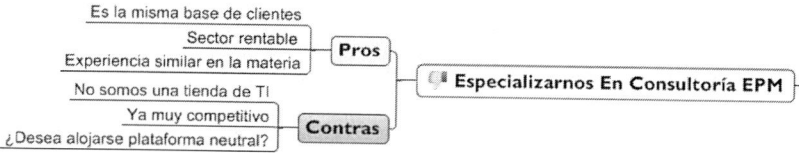

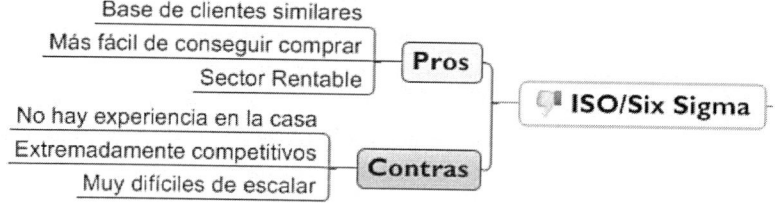

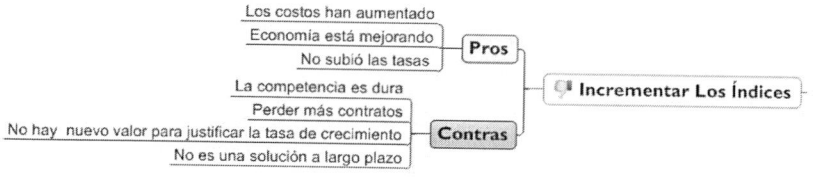

Módulo 2 Metodología del Proyecto

El aplazamiento es el asesino de la oportunidad.

Oscar Wilde

1. INTRODUCCIÓN

Las verdaderas riquezas son los métodos.

F. Nietzsche

Haciendo caso a Nietzsche, en este tema nos vamos a centrar en qué es una metodología y el valor de su aplicación. También hablaremos de los criterios de éxito y de la importancia que tienen para un proyecto.

¿De dónde obtendremos gran parte de esa información? Del PMBOK®, 4.ª edición, estándar escrito y mantenido por el PMI (www.pmi.org)

También hablaremos de otros conceptos relacionados con los proyectos: el origen de los proyectos, los porfolios de proyectos, los programas y los subproyectos. Analizaremos los tipos de organizaciones, cómo determinan su estructura y la forma de gestionarlas.

Para finalizar, veremos el papel del Jefe de Proyecto para saber lo que se nos va a pedir y se espera de nosotros.

2. EL PMI

1. EL PMI

El Instituto de Gestión de Proyectos (Project Management Institute, PMI®) es una asociación internacional sin ánimo de lucro, que está liderando en el mundo la creación de la profesión de *Project Manager* (Director/Jefe de Proyectos) y desarrollando el cuerpo de conocimientos de la gestión de proyectos (a través de estándares como el PMBOK®).

La principal fuente de conocimiento del PMI® son las asociaciones distribuidas por distintos países. Tiene alrededor de 306.980 miembros en más de 170 países, en activo y aplicando la filosofía de la Dirección/Gestión de proyectos a los nuevos desafíos de los negocios y la industria.

La participación como miembro activo nos permite a los profesionales tener a nuestra disposición todo el conocimiento, lecciones aprendidas y mejores prácticas en gestión de proyectos así como la posibilidad de participar como voluntarios en los equipos de trabajo que día a día están trabajando para el futuro de la profesión.

La metodología recomendada por el PMI® es el PMBOK®, edición 2008 (Project Management Body Of Knowledge), y será la base del presente libro.

1.1. ASOCIACIONES

El uso de una metodología que sea estándar y que esté reconocida internacionalmente por la gran mayoría de los profesionales de la Gestión de Proyectos nos permitirá pasar de una *Profesión ACCIDENTAL* a una *CARRERA PROFESIONAL*.

Este es el objetivo de todas y cada una de las Asociaciones de Gestión de Proyectos que aparecen listadas a continuación (esta lista no pretende ser completa pero sí incluye las mayores asociaciones del mundo)

1. **Project Management Institute (PMI): www.pmi.org**

2. **PMI Central Spain Chapter (Capítulo de España): www.pmi-es.org**

3. **International Project Management Association (IPMA): www.ipma.ch**

4. American Society for the Advancement of Project Management (ASAPM)

5. Association for Project Management (APM)

6. Australian Institute of Project Management (AIPM)

7. Croatian Association for Project Management (CAPM)

8. German Project Management Association (GPM)

9. Japan Project Management Forum (JPMF)

10. Korean Institute of Project Management and Technology (PROMAT)

11. North Atlantic Project Management Network (NORDNET)

12. Project Management Associates-India (PMA-India)

13. Russian Project Management Association (SOVNET)

14. Slovenian Project Management Association (ZPM)

Estas asociaciones, sin ánimo de lucro, animan al desarrollo y promoción de la profesión en Gestión de Proyectos, creando grupos de trabajo que están intercambiando constantemente información sobre cómo gestionar proyectos.

Esta difusión se hace a través de seminarios, talleres y la participación activa en grupos de trabajo internacionales.

1.2. LA ELECCIÓN POR EL PMI

¿Por qué seleccionar al PMI de todas estas organizaciones? Por las siguientes razones:

Por liderar la profesión de Gestión de Proyectos como carrera profesional

- Su cuerpo de conocimiento está siendo utilizado en el mundo entero y desde hace varios años en España por las principales compañías tecnológicas, llegando incluso a ser un requisito en muchas de ellas para poder acceder a un puesto de trabajo.

- La guía del PMBOK® desarrollada por el PMI ha sido aprobada por el American National Standard Institute como norma **ANSI**/PMI 99-001-2004, siendo incluso la base fundamental para otras organizaciones internacionales.

- Su departamento de certificación ha sido la primera certificación profesional que ha obtenido la certificación ISO 9001 en el mundo.

- Las certificaciones profesionales que emite el PMI (Project Management Professional, **PMP; CAPM**) están empezando a ser consideradas en el mundo entero como la seña de identidad de los profesionales de la Gestión de Proyectos.

1.3. *PROJECT MANAGEMENT BODY OF KNOWLEDGE (PMBOK®)*

El PMBOK® es el estándar de facto para gestionar proyectos individuales, con más de 3 millones de copias en circulación. De hecho, nos basaremos en él en este libro.

FIGURA 2.1

La principal finalidad de la Guía del PMBOK® es identificar el subconjunto de Fundamentos de la Dirección de Proyectos generalmente reconocido como buenas prácticas (PMI, PMBOK, 4.ª edición).

Veamos lo que significa cada término:

"**Identificar**": proporcionar una descripción general en contraposición a una descripción exhaustiva.

"**Generalmente reconocido**": los conocimientos y las prácticas descritos son aplicables a la mayoría de los proyectos, la mayor parte del tiempo, y existe un amplio consenso sobre su valor y utilidad.

"**Buenas prácticas**": existe un acuerdo general en que la correcta aplicación de estas habilidades, herramientas y técnicas puede aumentar las posibilidades de éxito de una amplia variedad de proyectos diferentes. No quiere decir que los conocimientos descritos deban aplicarse siempre de forma uniforme en todos los proyectos.

3. LA METODOLOGÍA

1. INTRODUCCIÓN

Comencemos por estudiar la metodología, sin perder de vista que su fin es aplicarla para ayudarnos a gestionar todo el conjunto de actividades (ciclo de vida), necesarias para obtener el objetivo del proyecto.

2. METODOLOGÍA Y MÉTODO

Vamos a comenzar viendo la diferencia y similitud entre ambas:

- **Método**: serie de pasos que, organizativa y conceptualmente, nos permiten llegar a una solución. Sería sinónimo de procedimiento.

- **Metodología**: originalmente se refería al estudio de los métodos científicos y técnicos. En nuestro libro, cuando hablemos de metodología, nos estaremos refiriendo al concepto de "sistema de prácticas, técnicas, procedimientos y normas utilizados por quienes trabajan una disciplina" (PMBOK®, edición 2008).

3. BENEFICIOS DE UNA METODOLOGÍA COMÚN

Beneficios del empleo de una metodología:

Definir de forma coherente los objetivos y el alcance del proyecto.

- Facilitar la comunicación dentro del equipo de trabajo gracias al vocabulario común que genera.

- Realizar estimaciones más realistas sobre el esfuerzo, plazos y costes del proyecto, pues se basan en la experiencia de los miembros del equipo de proyectos y en las bases de datos históricas sobre lecciones aprendidas de la organización.

- Hacer una monitorización eficaz del avance del proyecto.

- Posibilitar el acceso a la información del estado del proyecto al resto de la organización.

- Permitir la incorporación rápida y flexible de otros componentes al equipo, al conocer de antemano la metodología.

- Asegura una coherencia a la hora de definir tareas a los diferentes miembros del equipo.

- Aprovechar las lecciones aprendidas de otros proyectos, para maximizar aquello que fue positivo y minimizar lo que fue negativo.

- Posibilitar nuestra adaptación a las condiciones cambiantes y restrictivas del mercado de una forma eficaz y rápida, al trabajar todos dentro de los mismos parámetros (grado de madurez).

4. EL EMPLEO DE LA METODOLOGÍA

- El éxito o el fracaso de los proyectos no depende de la toma de grandes decisiones puntuales al estilo de las películas de cine, sino en cómo día a día se van tomando pequeñas decisiones que sirven para corregir las pequeñas desviaciones y mantener al proyecto dentro del plan definido. Esto me recuerda una cita del general D. Eisenhower:

"Los planes no son nada, es la planificación lo que cuenta".

- El uso de una metodología estándar (¡ojo!, estándar no significa que sea inflexible o fija), y que además esté reconocida internacionalmente por la gran mayoría de los profesionales de la Gestión de Proyectos, nos permitirá pasar de una…

- *Profesión "accidental" a una… "carrera profesional", con un cuerpo de conocimiento específico, unas habilidades y unas competencias obligatorias, y una certificación académica.*

- Queremos hacer hincapié en que la metodología nos propondrá un "mapa de carreteras" para llegar a nuestro destino, pero seremos nosotros, con nuestro equipo de proyecto, los que decidamos cuál será el camino a recorrer: una metodología **NO** es una receta de cocina con pasos determinados y en un orden preciso. La organización y la gestión de las actividades del proyecto es asunto de nuestra competencia.

- Como **ejemplo** y siguiendo el símil culinario, una metodología nos permite, partiendo de los mismos ingredientes o similares, preparar distintos platos en función de los condicionantes y restricciones, o sea, unas veces nos interesará crear paellas de marisco, otras de carne, arroz a banda, arroz negro… Nosotros decidiremos qué es lo que queremos y cómo aplicarla.

5. ELEMENTOS CONSTITUTIVOS DE LA METODOLOGÍA DE PROYECTOS

Como hemos visto en la definición de Metodología, tenemos:

- **Práctica:** un tipo específico de actividad profesional o de gestión que contribuye a ejecutar un proceso y que puede utilizar una o más técnicas y herramientas.

- **Proceso:** conjunto de medidas y actividades interrelacionadas para obtener un conjunto específico de *productos, resultados o servicios.*

- **Herramienta:** algo tangible, como una plantilla o un programa de *software*, utilizado al realizar una actividad para producir un producto o servicio.

- **Técnica:** procedimiento sistemático definido y utilizado por una persona para realizar una actividad para producir un producto o un resultado, o prestar un servicio, y que puede emplear una o más herramientas.

- **Procedimiento:** serie de pasos que se siguen en un orden regular definitivo con un propósito.

- **Norma:** reglas, pautas o características para las actividades o sus resultados.

Las prácticas, técnicas y procedimientos los iremos estudiando por áreas de conocimiento para un mejor entendimiento y asimilación.

- Las normas para la Gestión de Proyectos de un proyecto identificarán:

- La información necesaria (entradas y salidas), para iniciar, planificar, ejecutar, supervisar/controlar, y cerrar un proyecto individual.

- Los procesos de la dirección de proyectos, reconocidos como buenas prácticas, que se aplican globalmente y en todos los grupos industriales.

- Un conjunto de Grupos de Procesos de gestión de proyectos, sus procesos relacionados, y las funciones de control relacionadas que se consolidan y combinan en un todo funcional y unificado.

4. LOS CRITERIOS DE ÉXITO

1. INTRODUCCIÓN

Creo que fue Shakespeare quien dijo: "El que bien empieza, tiene la mitad del trabajo hecho". Esto viene a cuento porque si no conocemos lo que se espera conseguir, difícilmente lo conseguiremos. Si no fijamos los criterios de éxito, o sea, lo que tenemos que lograr… nuestra probabilidad de fracaso ha aumentado vertiginosamente.

¿Qué es un **criterio**?: conjunto de normas, reglas o pruebas sobre las que se puede basar una opinión o decisión, o por medio de la cual se puede evaluar un producto, servicio, resultado o proceso.

Se tiene que definir al principio del proyecto, se irá refinando durante este, pero es en el cierre cuando lo utilizaremos plenamente.

Cuanto más sentimiento le quitemos al criterio de éxito y más lo objetivemos, mejor y más fácil nos resultará *demostrar* y *presentar* lo que conseguimos al cierre del proyecto.

¿Cómo podemos quitarle la componente subjetiva? Existen varios métodos. Nosotros emplearemos el método SMART que enunciaremos en el módulo del alcance (trabajo que hay que realizar).

Ahora nos centraremos en los criterios de éxito en sí mismos.

2. LA TRIPLE RESTRICCIÓN

De la definición de proyecto identificábamos las siguientes limitaciones:

- **Alcance y Calidad (componente tecnológica)**
- **Tiempo**
- **Coste**

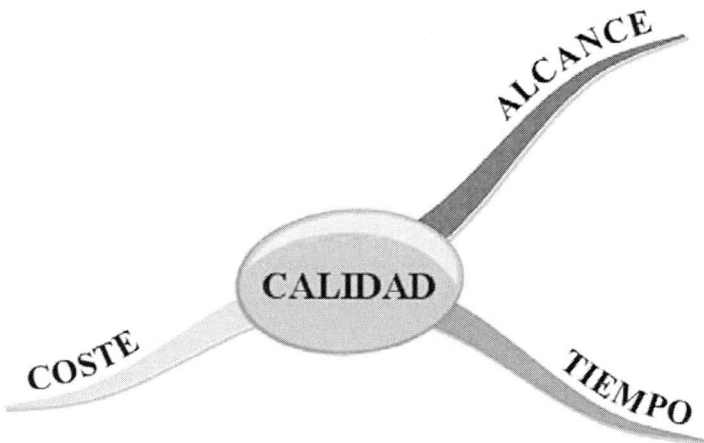

FIGURA 2.2

Originalmente se identificaron 3 restricciones mandatarias para un proyecto: Alcance, Tiempo y Coste. Posteriormente se añadió la Calidad.

Generalmente serán:

- **Una obligación fuerte:** no podemos variarla bajo ningún concepto.

- **Una obligación mediana:** tenemos poca posibilidad de variarla pero la hay.

- **Una obligación débil:** es la que tendrá las variaciones en caso de deterioro del proyecto.

- **Ejemplo 1:** En la parada anual de 2 semanas de mantenimiento en una cadena de producción para cambiar/reparar la maquinaria/instalación defectuosa, podríamos tener:

  o **obligatorio fuerte:** tiempo.

  o **obligatorio media:** alcance/calidad de las reparaciones/mantenimiento.

  o **obligatorio débil:** coste.

Analicemos cada restricción:

  o **Tiempo:** solo puede estar parada la cadena 2 semanas. Es la restricción mandatoria fuerte porque en ningún caso podemos estar más de 2 semanas con la cadena de producción parada.

  o **Alcance/Calidad:** una vez en la parada, podremos ver realmente todo lo que tendremos que cambiar o solo mantener. En función de lo que averigüemos, tendremos que realizar más o menos trabajo e incluso se puede dar el caso de tener que dejar programados cambios para el año que viene.

o   **Coste:** ante cambios no previstos, se puede dar la posibilidad de tener que contratar a más proveedores o más equipo del proveedor, con lo que el coste del mantenimiento nos subirá. Este incremento de presupuesto no podrá ser limitante si los queremos llevar a cabo.

- **Ejemplo 2:** Proyecto por parte del alumno de seguir un curso *e-learning* de 3 meses.

    o   **Obligación fuerte:** Tiempo. Solo tendrá ese servicio y sacarle un gran beneficio durante los tres meses que dura el curso.

    o   **Obligación media:** Coste. La variación del coste será mínima.

    o   **Obligación débil:** Alcance/calidad. En función de tu "proceso de estudio y dedicación" obtendrás más o menos rendimiento del curso, asimilando más o menos conceptos para poder llevarlos a la práctica.

La clave del éxito del curso será cuántos conceptos podremos integrar/relacionar con nuestra experiencia adquirida, cuántos seremos capaces de asimilar y cuántos llegaremos a poner en práctica.

Sigamos analizando otras posibles limitaciones o restricciones del proyecto, como puede ser el entorno del proyecto.

3. EL ENTORNO DEL PROYECTO

¿Cuál es el ambiente, tanto interno como externo, que nos rodea a la hora de gestionar proyectos?

Básicamente nos enfrentamos a tres circunstancias ambientales que limitarán y condicionarán nuestro estilo de gestión y la toma de decisiones:

1) **El Mercado**

2) **Nuestra Organización**

3) **La actitud del equipo humano**

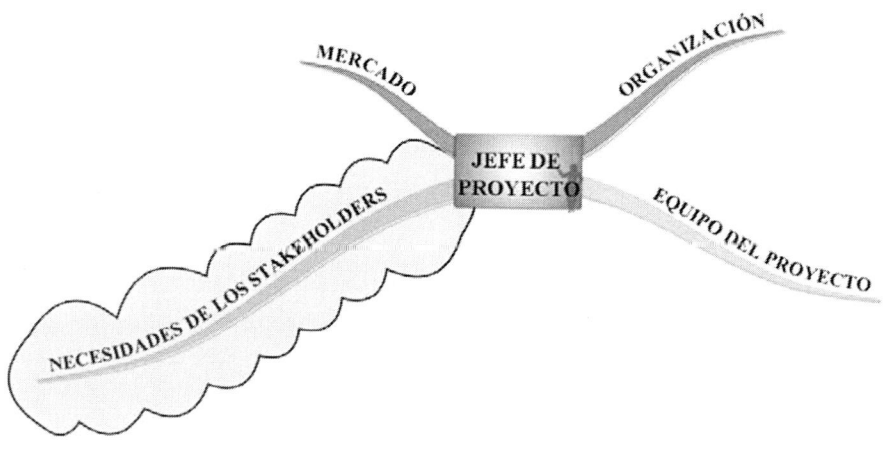

FIGURA 2.3

3.1. EL MERCADO

Hoy en día, estamos inmersos en un Mercado globalizado para el que debemos generar productos o servicios tecnológicamente adecuados, bajo la presión de una alta competencia. Donde los usuarios/clientes están cada vez mejor informados y con limitaciones regulatorias de las administraciones públicas.

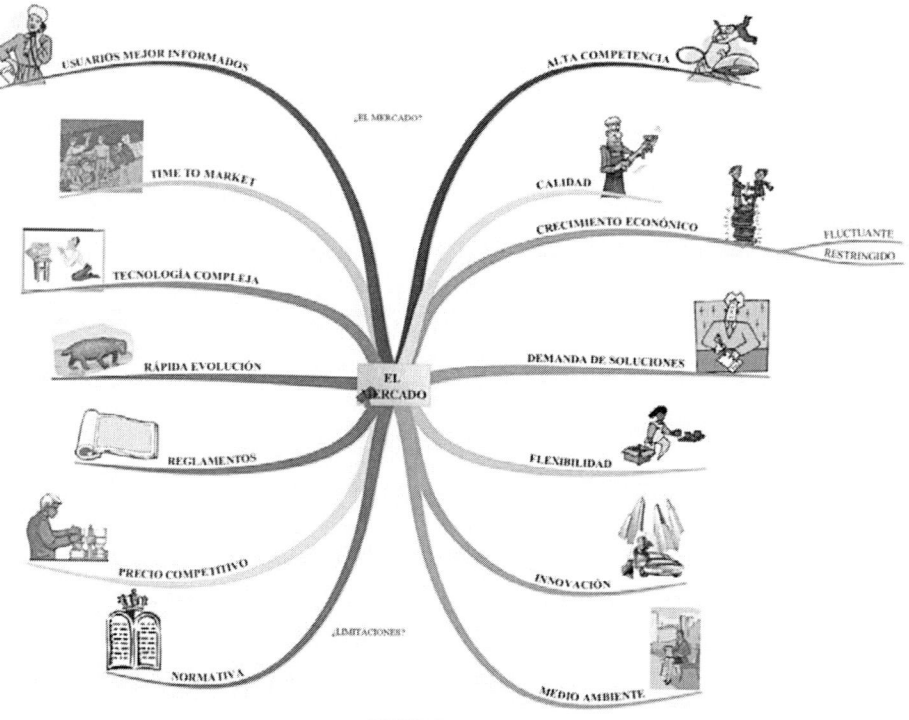

FIGURA 2.4

¿Nuestro proyecto en qué mercado se está moviendo? ¿Es prioritaria una fecha de entrega o *time-to-market*? ¿O son los costes los que no se pueden variar? ¿O quizás es lo que se ofrece como funcionalidad/calidad?

¿Estamos atendiendo a las necesidades de nuestro nicho de mercado?

3.2. NUESTRA ORGANIZACIÓN

Nuestra propia organización define generalmente los proyectos como parte de su estrategia, por lo que el proyecto estará limitado por todos los condicionantes definidos por dicha estrategia, por las políticas organizativas, por la situación financiera y por el modelo cultural donde se desarrolle nuestro negocio.

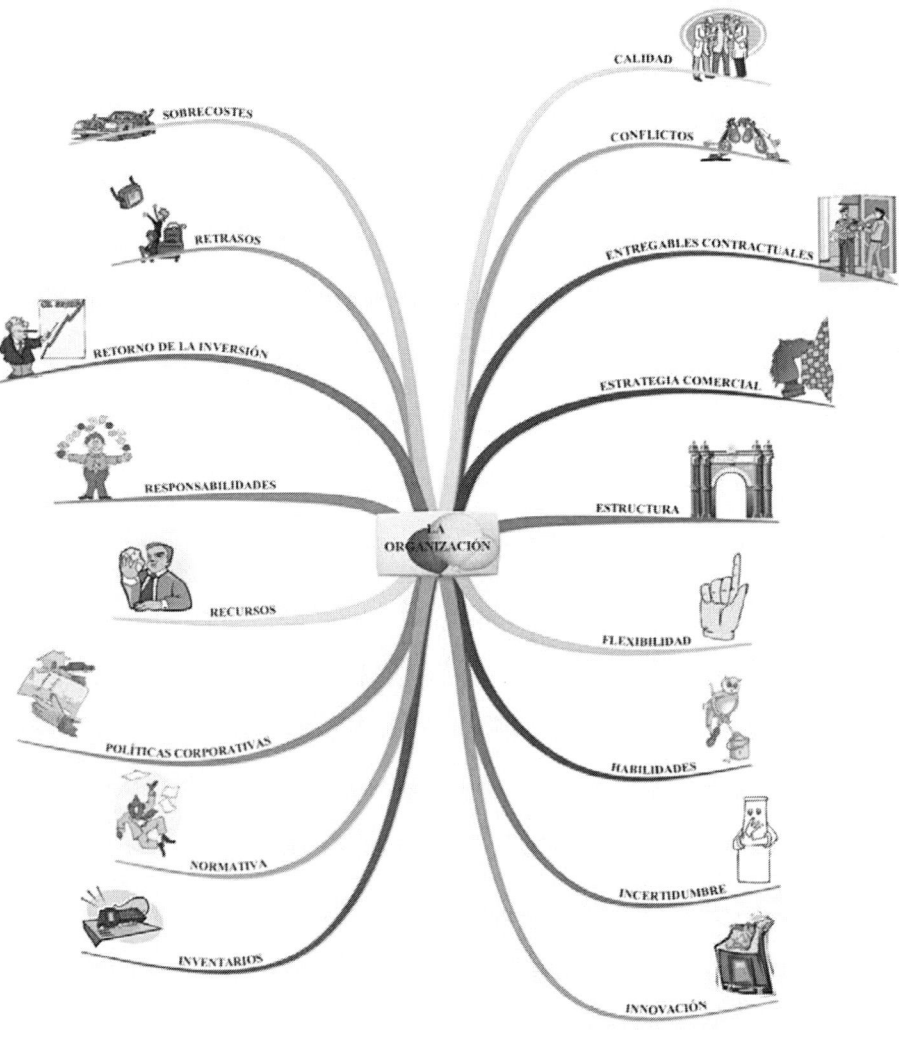

FIGURA 2.5

¿Qué prioridad tiene dentro de la estrategia de la empresa? ¿Cómo encaja el proyecto en su misión y visión?

¿Qué tipo de organización es? ¿Proyectizada, Funcional o Matricial?

3.3. *LA ACTITUD DEL EQUIPO HUMANO*

¿Quién lidera el proyecto realmente?

¿Qué nivel de responsabilidad tiene el Jefe de Proyectos? ¿A quién informa?

¿Qué nivel de autoridad tiene el Jefe de Proyectos?

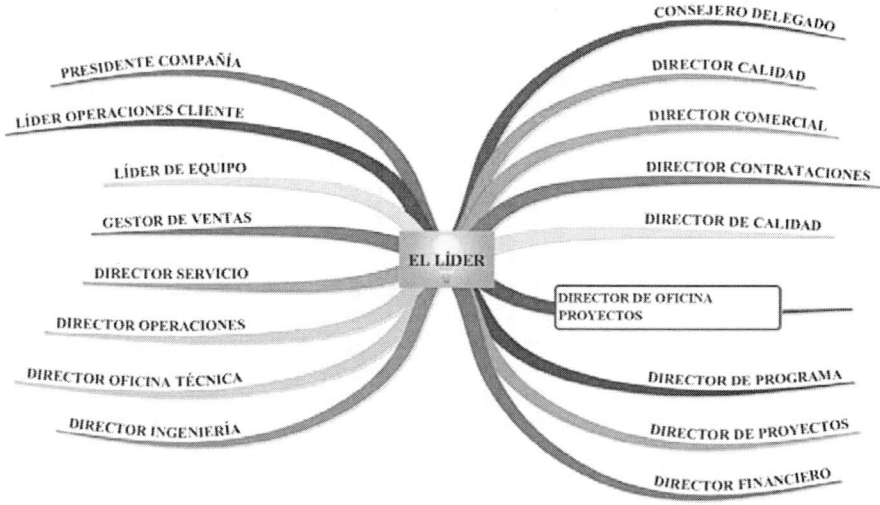

FIGURA 2.6

En general, el Jefe de Proyecto tiene dos tipos de sensaciones encontradas:

1. Una positiva, al considerar el reto de la gestión del proyecto como un progreso en el desarrollo de su carrera profesional.

2. Otra negativa, relacionada con los problemas de índole humana que tendrá que resolver y que podrán erosionar su imagen dentro de su organización.

Por último, queremos recalcar que como Jefe de Proyecto tenemos que desarrollar 2 habilidades clave:

1. estar orientado a resultados

2. liderazgo

Y que en cada proyecto que llevemos a cabo, nuestra reputación (e incluso la de nuestra compañía) está en juego...

4. CONCLUSIONES

1. A la vista de los criterios de éxito y su complejidad, sería conveniente una Metodología en la Dirección de Proyectos para tener una guía a la que atenernos.

2. Claro que también podríamos decir que para proyectos complejos seguramente que sí, pero que para proyectos sencillos es suficiente con poner un poco de atención y controlar las dos o tres tareas críticas... y lo demás es complicarnos la vida.

Es cierto que para proyectos sencillos:

o El número de tareas o actividades que intervienen es reducido.

o Las relaciones de dependencia entre ellas no son complejas.

o La necesidad de recursos (tanto de equipamiento como de personal) será limitada.

Podría ser fácil, en este caso, cumplir con los objetivos del proyecto, sin más, pero también hay que darse cuenta de que en esta situación estamos usando una metodología "casera". En cualquier caso, siempre es necesario hacer un esfuerzo de gestión por mínimo que sea y hacer un seguimiento de los compromisos de tiempo, alcance/calidad y coste.

Ejemplo: Veamos un caso muy sencillo donde realmente aplicaremos un metodología *casera* (*sistema de prácticas, técnicas, procedimientos y normas utilizados por quienes trabajan una disciplina*). Imaginemos que tenemos una casa con un pequeño jardín y vamos a hacer una barbacoa con los vecinos. Aparte de hacer las actividades propias de cocinar los ingredientes, tendremos que llevar a cabo una pequeña gestión de:

o Cuándo lo haremos.

o Dónde lo haremos.

o Cuánta comida será necesaria.

o Cuántos comensales seremos.

o Cuánto durará.

o Qué criterios de éxito tendremos que emplear (no es lo mismo si son vegetarianos que si no lo son, por ejemplo).

O sea, tendremos que tener:

Unas prácticas: encender el fuego, cocinar la carne, servir los platos a los comensales, etc.

- **Unas técnicas:** No es lo mismo encender una barbacoa de gas que una de leña. No es lo mismo cocinar ternera que pollo o que cerdo, son diferentes técnicas de cocinar.

- **Unos procedimientos (pasos a dar):** 1. encendemos, 2. ponemos los ingredientes al fuego, etc.

- **Unas normas:** qué criterio es que la carne esté en su punto, sea carne poco hecha o esté muy hecha.

El hecho de tener una Metodología evita olvidos y permite de una forma sistemática garantizar que en todo momento sabemos dónde se encuentra nuestro proyecto, cuáles son las desviaciones y sus acciones correctoras y, lo que es mejor, prever el futuro.

Luego, el Jefe de Proyectos y su equipo de proyecto, con base en esa información, decidirán en qué profundidad aplican los procesos que forman parte de la Metodología dependiendo de la complejidad y grado de incertidumbre del proyecto para obtener el máximo éxito posible.

5. EL ORIGEN DE LOS PROYECTOS

1. INTRODUCCIÓN

Como ya dijimos, los proyectos son el medio que tiene la organización de llevar a cabo la estrategia de la organización.

Vamos a irnos un poco hacia "arriba", hacia la dirección de la organización, para definir los elementos de las organizaciones que hacen nacer a los proyectos y tener un poco de visión global.

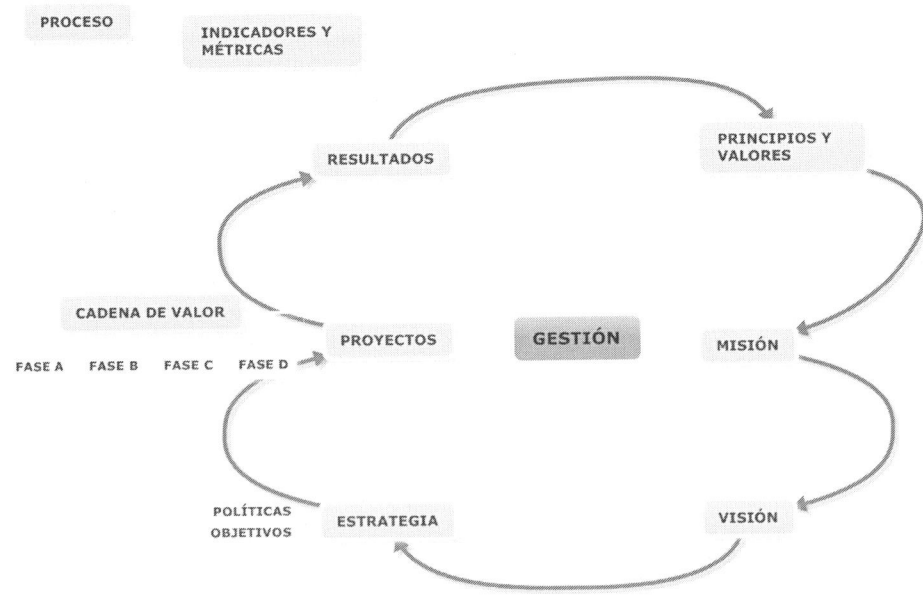

FIGURA 2.7

2. ELEMENTOS RELACIONADOS CON LA ESTRATEGIA DE LA COMPAÑÍA

Por un lado, será necesario conocer y revisar los objetivos de nuestra compañía a través de sus "principios y valores, visión y misión", ya que estos tomarán cuerpo en la estrategia y se hará realidad a través del cumplimiento de los objetivos de los proyectos en los que se divida.

Término	Definición	Ejemplo personal
Misión	Propósito genérico acorde con los valores o expectativas de los *stakeholder*. Dónde estamos en la actualidad	Ayudar a los demás.
Visión	Intención a largo plazo. Futuro deseado, o sea, la aspiración de la organización.	Ser médico.
Principios y Valores	Ética. En qué normas se basa el comportamiento.	Ser buena gente, honrado, no matar, etc.
Estrategia	Dirección a largo plazo.	Hacer la carrera de medicina y obtener la licenciatura.

3. LA FUENTE DE LOS PROYECTOS

Por otro lado, ¿de dónde surgen los proyectos?: de ideas que casan con la estrategia de la compañía y de obligaciones legales.

Este conjunto de ideas + estrategia produce un conjunto o *pool* de **proyectos**.

A los que se consideren más adecuados se les hará un estudio de viabilidad más o menos exhaustivo (este estudio de viabilidad puede ser un proyecto por sí mismo) para intentar quitar la máxima incertidumbre; o directamente se darán los pasos para que se inicie el proyecto.

6. EL PORTAFOLIO DE PROYECTOS

1. INTRODUCCIÓN

Se detalla el concepto de *Port folio Management* como la gestión centralizada de uno o más portafolios e incluye la identificación, priorización, autorización, gestión y control de proyectos, programas y otros trabajos relacionados. Los proyectos y los programas son revisados periódicamente para priorizar la asignación de recursos y verificar si el portafolio está alineado con los objetivos estratégicos de la organización.

Vamos a ver los distintos elementos en los que podemos descomponer un portafolio de proyectos y relacionarlo con el concepto de proyecto que tenemos.

1. **Plan Estratégico: Portafolio de Proyectos**

2. **Programa**

3. **Proyecto**

FIGURA 2.8

Dependiendo de la complejidad de los proyectos, se pueden agrupar en programas o se puede descomponer en subproyectos.

2. LOS PROGRAMAS

Cuando los proyectos son relativamente sencillos y similares, y es posible obtener más beneficios si los gestionamos de forma conjunta que si los gestionamos de forma separada, los agrupamos en un Programa.

Los Programas suelen incluir tareas repetitivas (operaciones).

3. LOS SUBPROYECTOS

Cuando los proyectos son largos en el tiempo, o son complejos, se pueden subdividir en subproyectos para facilitar su gestión.

Los subproyectos se gestionan como si fuesen proyectos independientes y suelen ser ejecutados por grupos funcionales independientes. A menudo algunos de estos subproyectos son subcontratados a organizaciones externas.

4. DIRECCIÓN DE PROYECTOS EN LA DIRECCIÓN DE OPERACIONES

Se diferencia entre los "Objetivos de Negocio" (alcanzados a través de las Operaciones) y los "Objetivos Estratégicos" (alcanzados a través de los proyectos).

Los proyectos requieren "dirección de proyectos" y las operaciones "dirección de procesos de negocio".

7. TIPOS DE ORGANIZACIONES

1. INTRODUCCIÓN

Diremos, como 1ª aproximación, que hay 3 tipos de organizaciones:

1. **Funcional**

2. **Por proyecto o proyectizada**

3. **Matricial**

El tipo de organización elegido dependerá del sector de negocios e industrial, del tipo de compañía, del tipo de proyecto y de su complejidad, de la importancia del proyecto frente a la estrategia de la compañía.

En los tres gráficos siguientes se ha representado con la palabra *coordinación* a los responsables de la coordinación del proyecto, y con la palabra *actividad* a los empleados que forman parte del equipo de trabajo como responsables de algunas de las actividades.

2. ORGANIZACIÓN FUNCIONAL

En este tipo de organización el equipo de trabajo está formado por un grupo interdisciplinario, coordinado por el grupo de los Directores Funcionales involucrados en el proyecto.

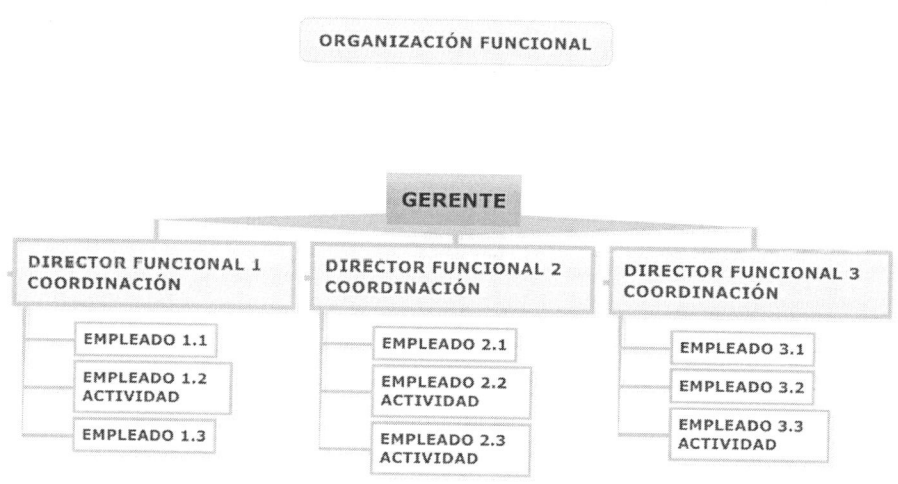

FIGURA 2.9

3. ORGANIZACIÓN POR PROYECTOS

En la organización por proyectos existe una estructura diseñada por proyectos en la que solo existen Directores de Proyectos con un equipo humano dedicado. Es el Jefe de Proyecto quien coordina completamente al proyecto.

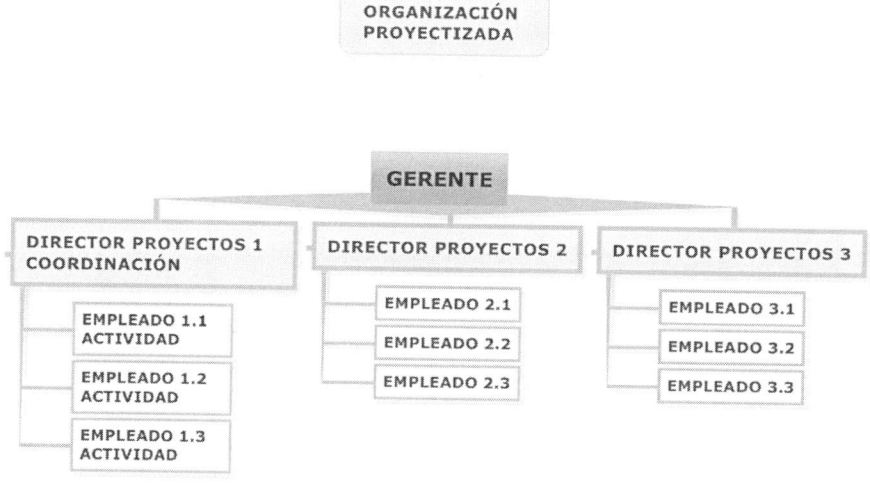

FIGURA 2.10

4. ORGANIZACIÓN MATRICIAL

Los dos tipos de organizaciones anteriores son los dos extremos del péndulo. Lo habitual es una situación intermedia, organización matricial, en la que coexisten los Directores Funcionales y un Departamento de Gestión de Proyectos (Oficina de Proyectos).

El Jefe de Proyecto será el coordinador, pero deberá asegurarse el adecuado soporte de los Directores Funcionales. Los empleados están al cargo del Jefe de Proyecto de forma temporal, pero siguen dependiendo de sus Directores Funcionales.

FIGURA 2.11

En el módulo de Riesgos y en el de RR.HH. volveremos a recordar estos conceptos y analizarlos desde esas perspectivas.

8. EL PAPEL DE JEFE DE PROYECTO

1. INTRODUCCIÓN

Vamos a ver, en esta unidad, el papel del Jefe de Proyecto, o sea, sus atribuciones, responsabilidades y autoridad que conlleva.

2. EL JEFE DE PROYECTO Y EL DIRECTOR DE PROYECTO

- En este libro, cuando hablemos de Jefe de Proyecto estaremos refiriéndonos al gestor de proyectos y a su gestión.

- Cuando hablemos de Director de Proyecto nos estaremos refiriendo a la dirección, que, como vimos en el tema anterior, es un concepto más amplio y que engloba a la gestión dentro de su cometido.

- La Gestión de Proyectos se realiza mediante la aplicación e integración de los procesos de gestión de proyectos: inicio, planificación, ejecución, seguimiento y control, y cierre. Incluye:

  o Identificar los requisitos y cumplirlos.

  o Establecer unos objetivos claros y posibles de realizar.

  o Equilibrar las demandas concurrentes de:

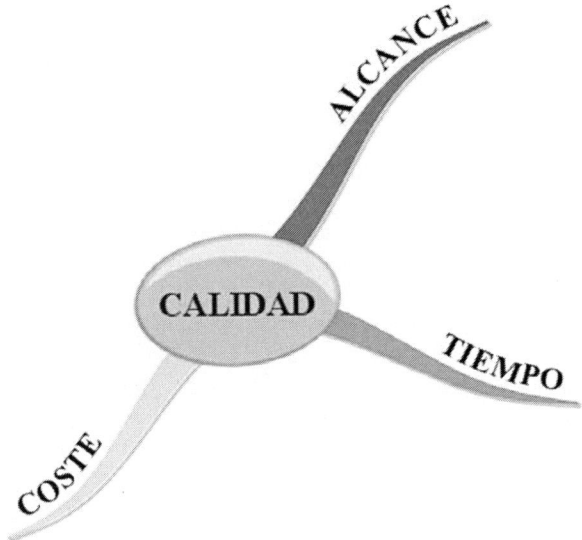

FIGURA 2.12

- o   Adaptar las especificaciones, los planes y el enfoque a las diversas inquietudes y expectativas de los diferentes interesados.

- El Director/Jefe de Proyecto es la persona responsable de alcanzar los objetivos del proyecto. Tiene que estar orientado a los resultados.

- Por cierto, ¿los procesos se "gestionan" y las personas se "dirigen"?

3. PAPELES A DESEMPEÑAR POR EL JEFE DE PROYECTO

1. Asegura que el proyecto está bien definido para alcanzar su éxito.

2. Trabaja continuamente para identificar riesgos y aplicar respuestas anticipadas (proactividad).

3. Evita la microgestión y tiene los objetivos globales siempre presentes.

4. Determina qué actividades, cuándo, quién, en qué orden y costes.

5. Identifica a los *stakeholders* y su influencia/poder en el proyecto.

6. Es un punto central en las comunicaciones del proyecto.

7. Controla sistemáticamente el progreso del proyecto y lo compara con el Plan. Hace el seguimiento para garantizar que se cumplen los compromisos.

8. Integra las diferentes perspectivas del proyecto.

9. Alcanza el acuerdo con los *stakeholders* sobre los criterios de éxito. Gestiona las expectativas a lo largo de toda la vida del proyecto.

10. Soluciona problemas o ayuda a solucionarlos.

11. Protege al equipo de políticas y ruidos para que trabajen centrados.

12. Gestiona toda la información, las comunicaciones y la documentación generada.

4. HABILIDADES DEL JEFE DE PROYECTO

Para llevar a cabo las anteriores labores mencionadas, el jefe de proyecto tiene que tener o debe desarrollar 3 dimensiones dentro de las competencias de la dirección de proyectos:

1. **Competencias en Conocimientos:** El equipo de proyecto <u>debe conocer</u> los principios, técnicas y herramientas del *Project Management*.

2. **Competencias en Resultados:** Se refiere a los que el equipo de proyecto <u>es capaz de hacer</u> (competencia) o desarrollar.

3. **Competencias Personales:** se refiere a <u>cómo el equipo de proyecto se comporta</u> cuando desarrolla las actividades del proyecto.

<u>Cuerpo de conocimiento de la Gestión de Proyectos:</u> Conocimientos, habilidades, técnicas, herramientas y prácticas aceptados mayoritariamente.

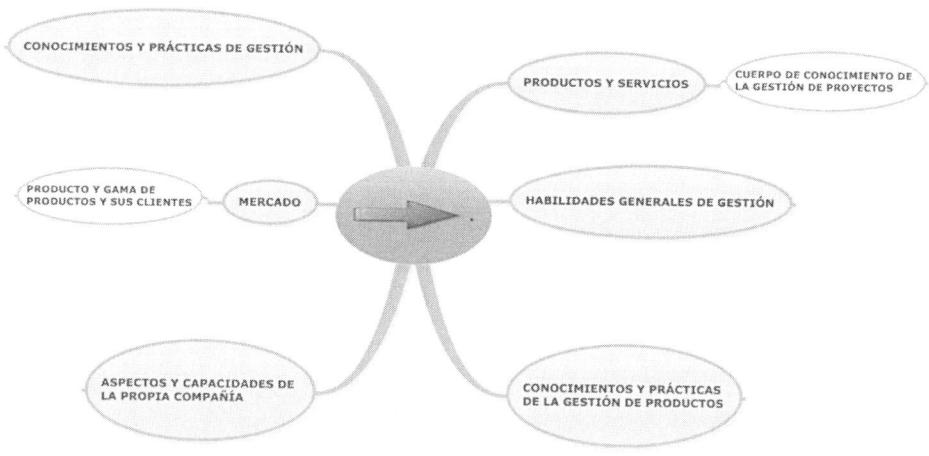

FIGURA 2.13

¿Qué habilidades generales debe desarrollar el Director de Proyectos?

Liderazgo	Orientación a resultados
Negociación	Comunicación
Resolución de problemas	Influencia en la organización
Negociación contra la resistencia	Proactividad
Empatía	Orientación hacia el cliente

5. EL JEFE DE PROYECTO Y LOS DIRECTORES FUNCIONALES

Veamos ahora cuál es la relación entre el Jefe de Proyecto y los responsables de los grupos funcionales.

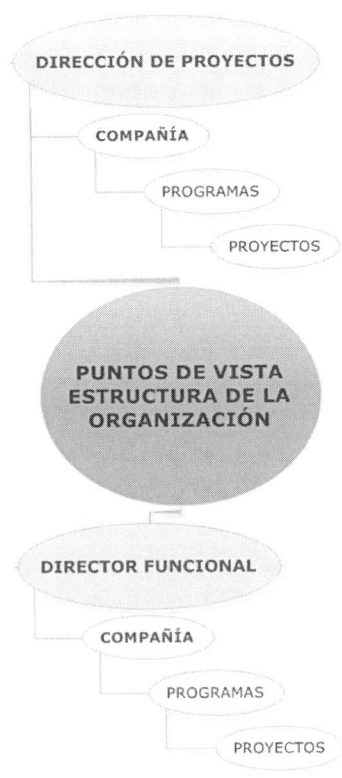

FIGURA 2.14

El Jefe de Proyectos debe asegurar que los Directores Funcionales conocen el proyecto y sus objetivos y tienen los recursos entrenados para llevar a cabo su ejecución.

Son, por tanto, los expertos de los grupos funcionales los que llevarán a cabo los proyectos con la dirección y supervisión del Jefe de Proyecto. Veámoslo con una imagen:

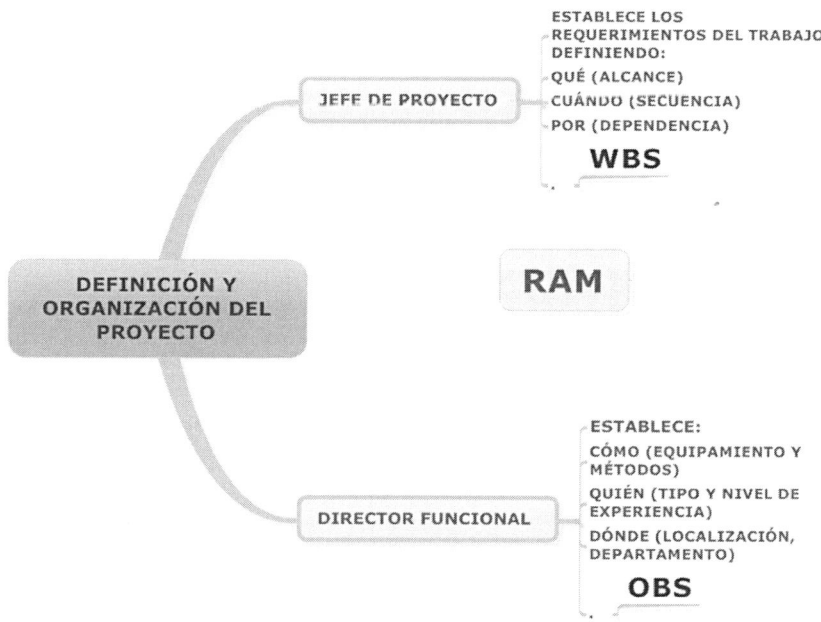

FIGURA 2.15

Las siglas corresponden a entregables y representan:

- **WBS** (abreviatura de Work Breakdown Structure) es la descomposición del alcance del proyecto en actividades.

- **OBS** (abreviatura de Organization Breakdown Structure) es el organigrama de la Compañía.

- **RAM** (Responsibility Assignation Matrix) es la matriz de responsabilidades.

El Jefe de Proyecto unirá estas dos estructuras de descomposición, WBS y OBS, y creará la RAM o matriz de asignación de responsabilidades de forma que todas y cada una de las actividades tendrán un responsable de un grupo funcional, quien será el responsable de hacer las estimaciones de tiempo y coste así como decir cómo se ejecutará la actividad en cuestión.

De todas maneras, y para dejarlo claro y dicho de forma explícita, *el responsable del proyecto es... el Jefe del Proyecto.*

6. EL JEFE DE PROYECTO Y LOS *STAKEHOLDERS*

Todos los *stakeholders* (personas y organizaciones que se ven afectados de alguna forma por el proyecto), en mayor o menor medida, son responsables o soportan una o varias de las actividades o procesos que componen el proyecto.

Esta identificación es una de las tareas más importantes que debe llevar a cabo el Jefe de Proyecto.

6.1. *CLIENTES, USUARIOS Y PROVEEDORES*

Usuario/Cliente	Son las personas u organizaciones que usarán el producto, servicio o resultado del proyecto:
	Pueden ser internos (de dentro de nuestra organización) o externos a la organización ejecutante.
	En algunas áreas de aplicación, clientes y usuarios son sinónimos, mientras que en otras, clientes se refiere a la entidad que adquiere el producto del proyecto y usuarios hace referencia a aquellos que usan el producto directamente.
Patrocinador	Es la persona o grupo que proporciona los recursos financieros para el proyecto. Es también el que lo defiende y cumple un rol significativo en el desarrollo inicial del Alcance y del acta de constitución del proyecto. Sirve como vía de escalamiento para los asuntos que están fuera del alcance del director del proyecto. Puede autorizar cambios en el Alcance y cuando los riesgos son particularmente altos, decidir si el proyecto puede continuar o no.
Proveedores y Subcontratistas	Son todas aquellas empresas externas con las cuales firmamos contratos para que nos suministren componentes o servicios para el proyecto. También aquí se incluyen los socios de negocios que nos proporcionan experiencia especializada o desempeñan una función específica, como una instalación, adecuación, capacitación o apoyo.

Por supuesto, existen otros *stakeholder* dentro de cada proyecto, como pueden ser:

- Directores del Portafolio, Directores del Programa.

- Oficina de Dirección de Proyectos (PMO).

- Directores de proyectos.

- Equipo del proyecto, Gerentes Funcionales.

- Gerentes de Operaciones y todos los externos como pueden ser: el mercado, la normativa legal, licencias, normativa de seguridad, medioambiente, etc.

6.2. LOS REQUISITOS

¿Qué es un requisito? Una condición o capacidad que un sistema, producto, servicio, resultado o componente debe satisfacer o poseer para cumplir con un contrato, norma, especificación u otros documentos formalmente impuestos. Los requisitos incluyen las necesidades, deseos y expectativas cuantificados y documentados del patrocinador, del cliente y de otros interesados. Requisito y requerimiento es lo mismo.

Deberemos identificar y tener en cuenta a todos estos *stakeholders*, ya que serán fuente de requisitos y restricciones para el producto o servicio desarrollado.

Cuando se analicen estos requisitos deberemos subdividirlos en:

- **Obligatorios o imperativos (*must have*):** forman parte inexcusable del objetivo del proyecto

- **Accesorios o deseables (*nice to have*):** aportarían valor añadido a la satisfacción de los *stakeholders* pero que no están incluidos obligatoriamente en el objetivo.

Una vez identificados los requisitos o necesidades, será necesario priorizarlos para estar seguros de alcanzar, al menos, los requisitos básicos identificados en el objetivo del proyecto. Esta priorización pasa por:

1. Identificar el beneficio para estos *stakeholders* (usuario, cliente, proveedor).

2. Determinar:

   o Cómo podemos medir este beneficio.

   o Durante cuánto tiempo este beneficio es real.

   o Cuál es el nivel de esfuerzo que la organización tiene que hacer para satisfacer cada requisito.

7. EL JEFE DE PROYECTO Y LA COMUNICACIÓN

El Jefe de Proyecto debe asegurar una adecuada gestión del conocimiento, asegurando que siempre está disponible, para todos los *stakeholders*, la mejor información disponible del proyecto.

Según indica el PMI después de haber analizado esta competencia, el Jefe de Proyecto dedica alrededor de un 90 % de su tiempo a la comunicación.

A continuación, analicemos los datos expuestos sobre los perjuicios y beneficios que tiene la disponibilidad de la información (conocimiento).

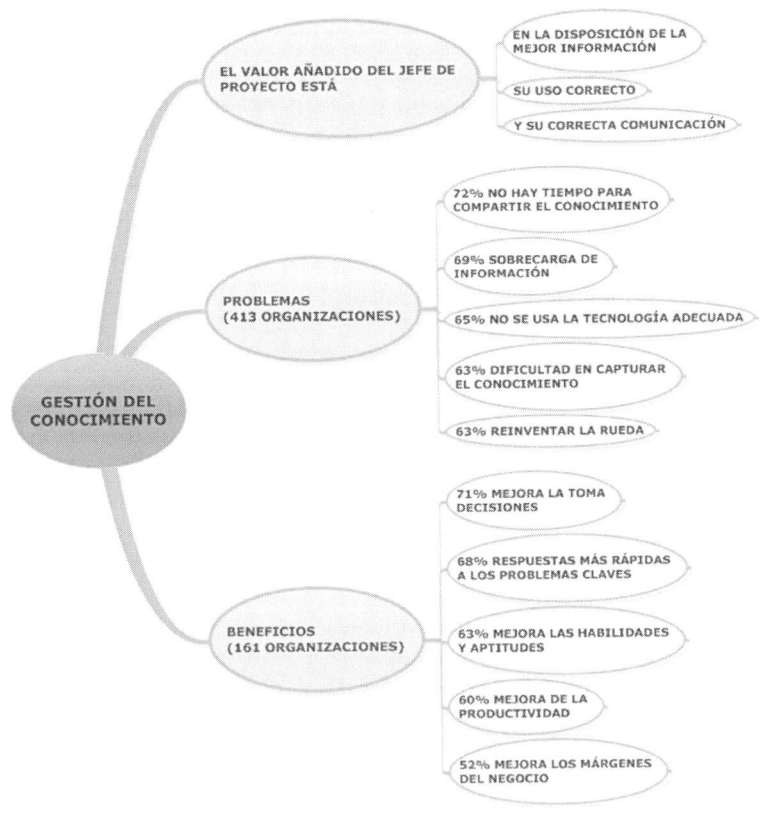

FIGURA 2.16

8. EL JEFE DE PROYECTO Y LOS RIESGOS

La *gestión de los riesgos* del proyecto es la parte fundamental de la *gestión activa* del proyecto. Es el sistema de radar del director/jefe de proyecto.

Según el PMI, los riesgos que tiene un proyecto se pueden reducir hasta un 90 % si se gestionan de manera adecuada.

La esencia, el trabajo primario de la gestión de proyectos, es precisamente la gestión del riesgo. La gestión de los riesgos del proyecto es una tarea muy proactiva y el cometido más importante que tendremos entre manos a lo largo de la vida del proyecto.

9. EL JEFE DE PROYECTO Y EL CICLO DE VIDA DEL PROYECTO

El Jefe de Proyecto deberá adecuar su comportamiento a la fase en la que se encuentre en cada momento el ciclo de vida del proyecto. Su gestión será situacional y para ello necesitará conocer cuál es la variación de las diferentes áreas del conocimiento a lo largo del ciclo de vida del proyecto.

Toda esta estructuración de proyecto y de los grupos de procesos persigue mejorar la efectividad del Director/Jefe de Proyecto, de forma que maximice la calidad de las tomas de decisiones y que asegure para la organización que no solo es eficiente sino que alcance un gran grado de efectividad en su gestión y consecución de resultados.

10. EL RESPONSABLE DEL PROYECTO

El **responsable último** del proyecto es el **Jefe del Proyecto**.

El equipo de proyecto (o sea, el director/jefe del proyecto y su equipo) tiene la autoridad y asumirá la responsabilidad de aplicar en cada proyecto, o circunstancia concreta, las acciones o prácticas que considere más apropiadas en cada caso, o sea, *es el responsable de determinar lo que es apropiado para su proyecto.*

Ejemplo de Definición de Requisitos

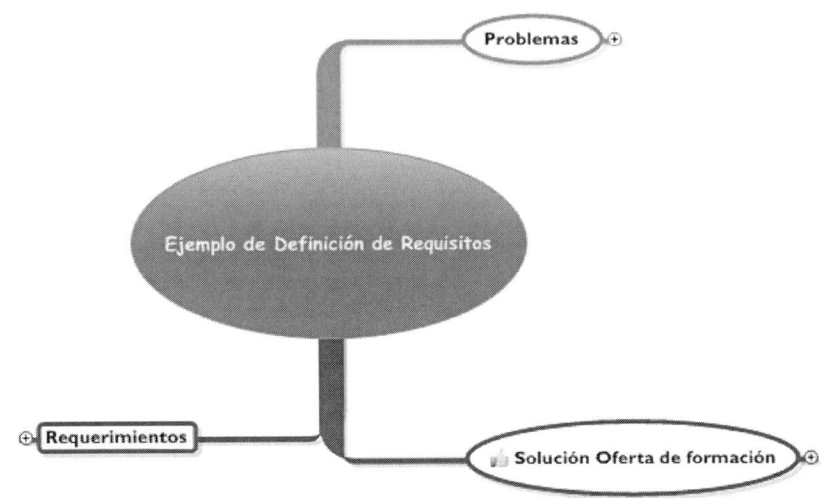

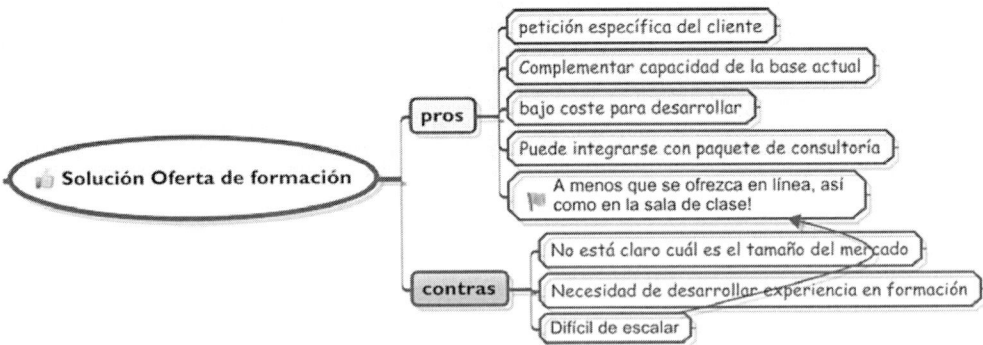

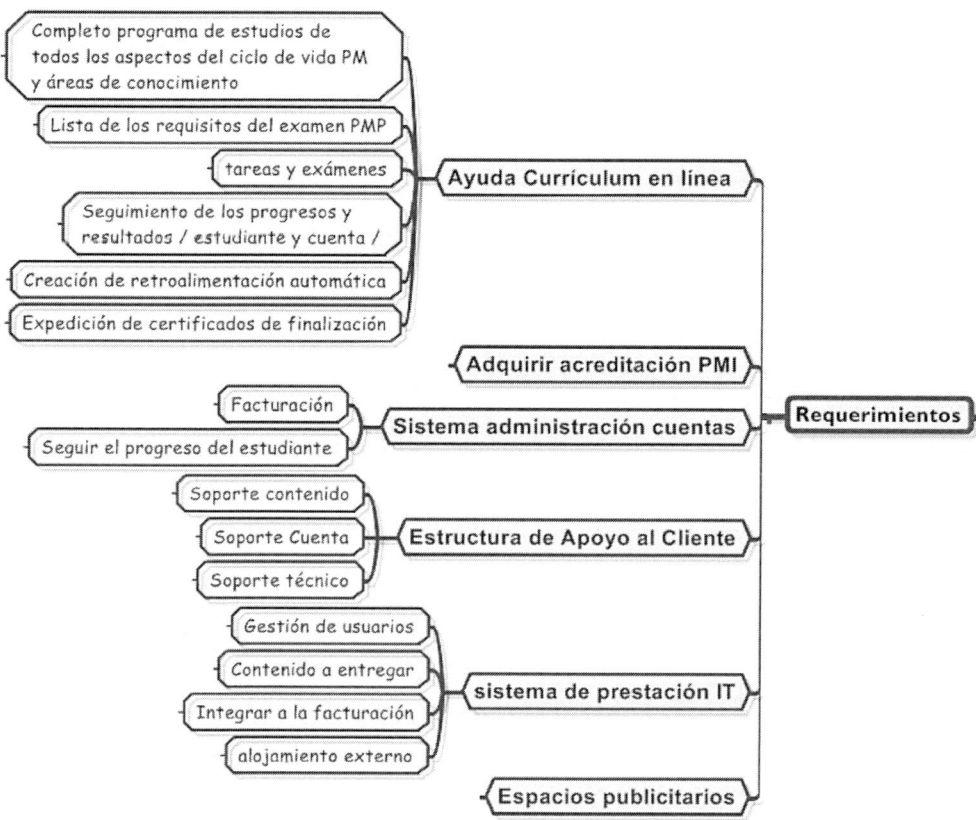

Módulo 3 Esquema del Conocimiento

Las decisiones son las bisagras del destino.

Edwin Markham

1. INTRODUCCIÓN

En este módulo, en su primera unidad, trataremos el ciclo de vida de los proyectos, sus fases temporales, sus procesos y las actividades de las que consta. Veremos que hay, o que puede haber, 2 tipos **de ciclo de vida** diferentes y complementarios: el de **gestión** (para planear y controlar lo que hay que hacer), y el **técnico / industrial** (lo que hay que hacer). Voy a usar una cita de León Felipe para indicar lo importante que es saber manejar estos ciclos de vida:

> *"Nuestra riqueza no se midió nunca por lo que tenemos, sino por la manera de organizar lo que tenemos".*

En la siguiente unidad hablaremos de los Procesos y su relación con los anteriores elementos, con lo que habremos visto lo necesario, la base, para afrontar con éxito el resto de los módulos del libro.

En la última unidad nos acercaremos al contenido de la Metodología de Gestión de proyectos, o sea, al conocimiento a aplicar para gestionar proyectos. Este cuerpo de conocimientos está agrupado en áreas de conocimiento para ayudar a su asimilación y a su ordenación sistemática. Como comprobaremos, es bastante extenso, así que no perdamos de vista lo que nos dijo Victor Frankl:

> *"La formación debe orientarse hacia la aptitud para decidir".*

Pues hay que tener siempre presente que el Jefe de Proyecto es (con su equipo de Dirección del Proyecto) el responsable de determinar en todo momento lo que es apropiado para su Proyecto. Esto no es una receta de cocina, rígida e inflexible.

Estos tres módulos son la base del resto de los módulos del libro. Y una buena base es fundamental para aprovechar al máximo tanto los conocimientos que ponemos a vuestra disposición como vuestros esfuerzos para llevarlos a la práctica.

2. CICLO DE VIDA DEL PROYECTO Y ORGANIZACIÓN

1. INTRODUCCIÓN

Los Proyectos y la Dirección de Proyectos se llevan a cabo en un entorno más amplio que el del proyecto en sí. Entender bien esto nos llevará a asegurarnos de que el trabajo que realicemos esté alineado con los objetivos de la empresa y que se gestione en conformidad con las metodologías de prácticas establecidas en la organización.

Por lo tanto, debemos conocer bien la estructura básica de un Proyecto, así como otras consideraciones importantes de alto nivel, que incluyen cómo el Proyecto afecta al trabajo operativo continuo de nuestra organización, las influencias de los interesados (*stakeholders*) y el modo en que la estructura de la organización afecta al Proyecto en cuanto a asignación de personal, la dirección y la ejecución.

Vamos a empezar haciendo una recapitulación de 3 conceptos que tenemos que tener en cuenta en todo momento.

2. RECAPITULACIÓN

- **1)** Un **Proyecto** es un *esfuerzo temporal emprendido para crear un único producto o servicio*.

- **2)** Los Proyectos son el *medio para ejecutar el plan estratégico* de la organización.

- **3)** *Gestionar un Proyecto es la aplicación* de:

  o **a)** *Conocimientos*

  o **b)** *Habilidades* ("capacidad para usar los conocimientos, una aptitud desarrollada o una capacidad para ejecutar o realizar una actividad en forma eficiente y de inmediato").

o   *c) Herramientas* ("algo tangible, como una plantilla o un programa de *software*, utilizado al realizar una actividad para producir un producto o servicio").

o   *d) Técnicas* ("procedimiento sistemático definido y utilizado por una persona para realizar una actividad para producir un producto o un resultado, o prestar un servicio, y que puede emplear una o más herramientas").

A las actividades del mismo *con el objetivo de cumplir con los requisitos* del Proyecto, equilibrando por un lado el *alcance, tiempo, coste, riesgo y calidad*, con las necesidades (requerimientos identificados) y con los diferentes *intereses y expectativas de los* stakeholders.

3.   ¿QUÉ ES UN CICLO DE VIDA?

- *3.1. Distinción entre ciclos de vida*
- *3.2. Definición de ciclo de vida*

3.1. DISTINCIÓN ENTRE LOS CICLOS DE VIDA

En este libro vamos a ver el *ciclo de vida de gestión* (inicio, planifico, ejecuto, controlo y cierro), donde llevaremos a cabo las actividades necesarias para producir una buena gestión del proyecto.

Sin embargo, en todo proyecto hay otro *ciclo de vida*, que llamaremos *técnico*, que consta de las actividades que tenemos que ejecutar para producir el resultado del proyecto dependiendo de la industria o de la tecnología empleada.

3.2. DEFINICIÓN DE LOS CICLOS DE VIDA

Independientemente de que sea un ciclo de vida técnico o de gestión, nuestro ciclo de vida tendrá una o más fases.

Una <u>*Fase*</u> *es un conjunto de actividades del proyecto relacionadas lógicamente y que ayudan a enlazar a dichas actividades con los distintos grupos funcionales y que, generalmente, culminan con un producto entregable principal.*

Por tanto, podemos sacar como conclusión que un **ciclo de vida** <u>*es el conjunto de actividades necesarias para alcanzar el objetivo del proyecto (la creación de un producto o servicio único)*</u>. Estas actividades se pueden agrupar en fases para ayudarnos a su gestión y para enlazarlas con los distintos grupos funcionales (o departamentos) que haya en la empresa.

4. ELEMENTOS DEL CICLO DE VIDA

*   **1)** Fases

*   **2)** Actividades

*   **3)** Entregables

*   **4)** Procesos

5. LAS FASES

La estructuración en Fases permite la división del Proyecto en subconjuntos lógicos para facilitar su dirección, planificación y control. Los Proyectos se subdividen en fases y todas ellas tienen unos rasgos a tener en cuenta:

*   Al terminar una fase se entrega o se transfiere un entregable.

*   El trabajo tiene un enfoque único que difiere de cualquier otra fase.

*   Permite una mejor gestión de las actividades.

*   Enlaza las actividades con los distintos grupos funcionales.

Veamos un ejemplo con una imagen:

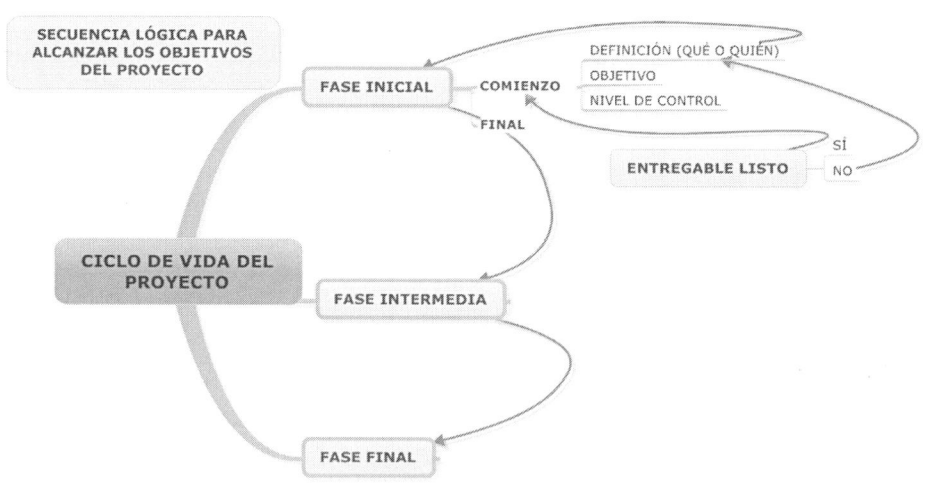

FIGURA 3.1

La ***Fase*** *es una colección de Actividades que culminan al completar un entregable. Características principales de las Fases:*

o   Permiten un mejor control.

o   Crean una mejor relación con la organización.

o   Disminuyen la complejidad.

o   Reducen la incertidumbre y, por tanto, el riesgo.

o   La suma de las fases determina el ciclo de vida del proyecto.

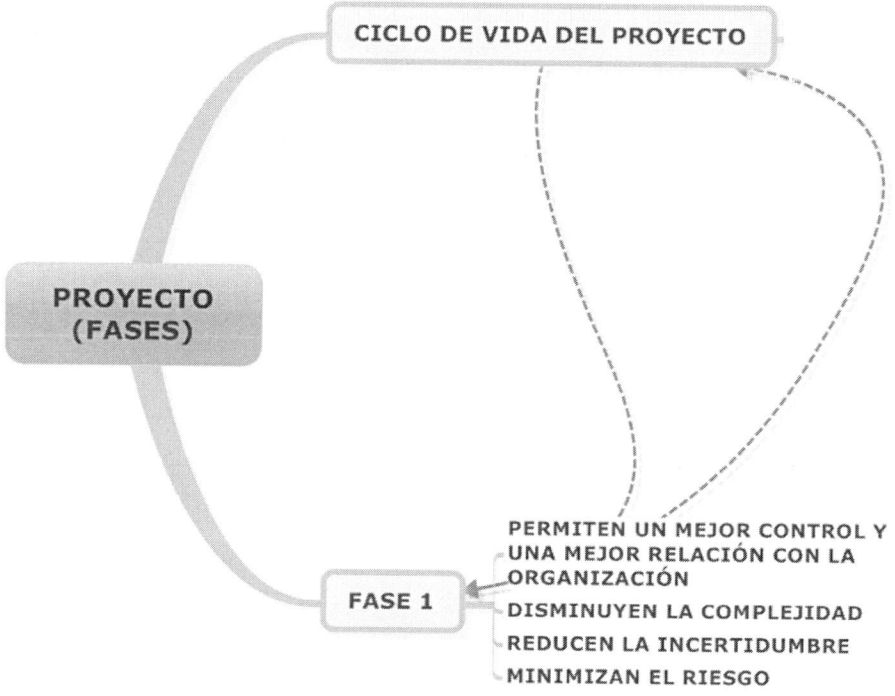

FIGURA 3.2

Como con el propio proyecto, se deberán definir los objetivos de cada Fase (entregable/s), fijar quién debe hacer qué y determinar el nivel de control necesario para detectar de forma inmediata cualquier desviación.

En las revisiones de Fase:

•   Se revisa si el entregable está listo.

•   Se revisa el rendimiento del Proyecto (cómo vamos).

•   Se determina si el Proyecto debe continuar a la Fase siguiente.

•   Se detecta si existen errores y se corrigen.

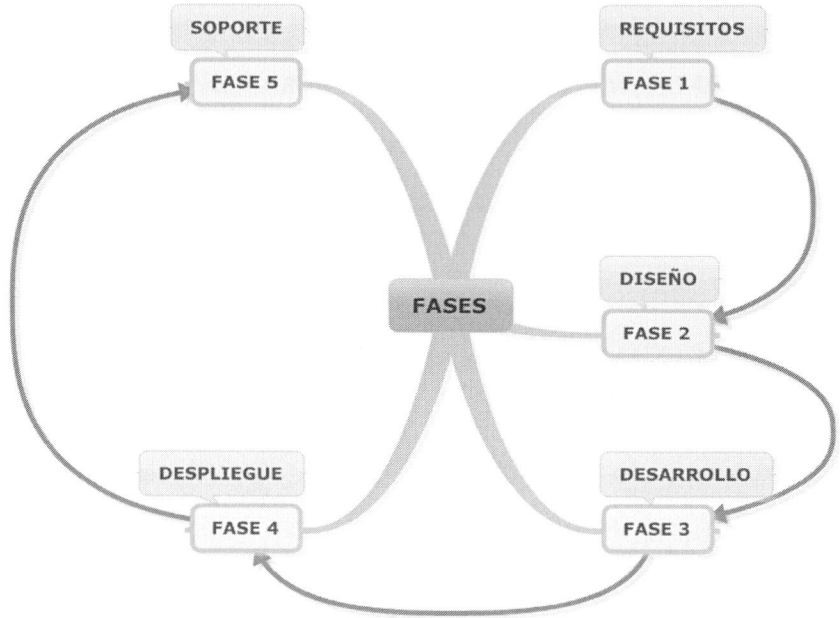

FIGURA 3.3

Cada Fase termina al completar un entregable, que sirve como entrada a la Fase siguiente.

El objetivo del Proyecto se consigue de forma progresiva a través de la ejecución de las diferentes Fases.

6. LAS ACTIVIDADES

Recordemos la definición de ***Actividad:*** *es un componente del trabajo realizado en el transcurso de un proyecto o de una fase del proyecto.*

Lo dicho para las Fases es aplicable de igual modo a las Actividades, o sea:

o   Se deberán definir los objetivos de cada Actividad (entregable/s).

o   Fijar quién debe hacer qué.

o   Determinar el nivel de control necesario para detectar de forma inmediata cualquier desviación.

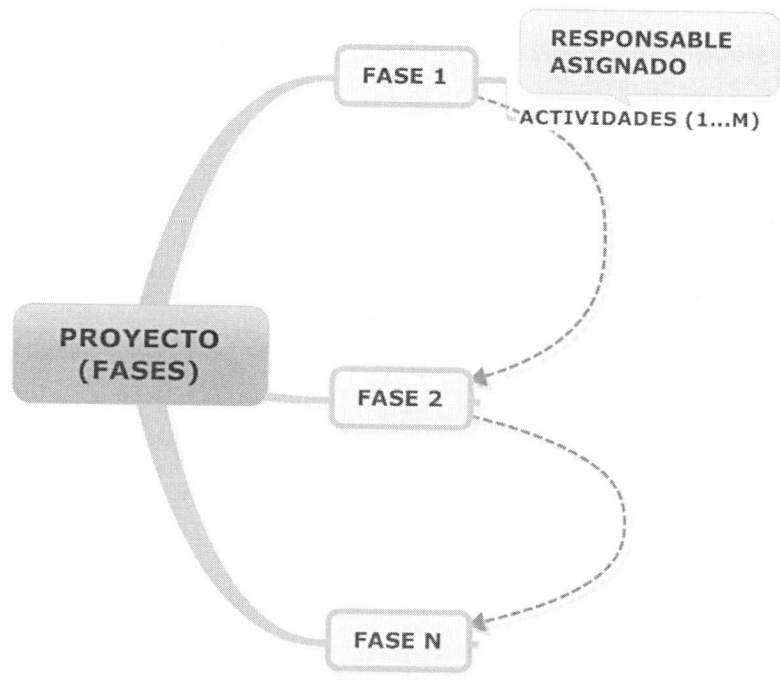

FIGURA 3.4

En las revisiones de la Actividad se revisa:

o   Si el entregable está listo.

o   El rendimiento del Proyecto (cómo vamos).

o   Para detectar si existen errores y se corrigen.

Cada Actividad termina al completar un entregable que sirve como entrada a la Actividad siguiente.

El objetivo del Proyecto se consigue de forma progresiva a través de la ejecución de las diferentes Actividades.

7. LOS ENTREGABLES

Un ***entregable*** *es un elemento físico documentable o un documento*. Esta definición es fundamental para una eficaz gestión de los proyectos que llevemos.

Podemos encontrar los siguientes tipos de entregables:

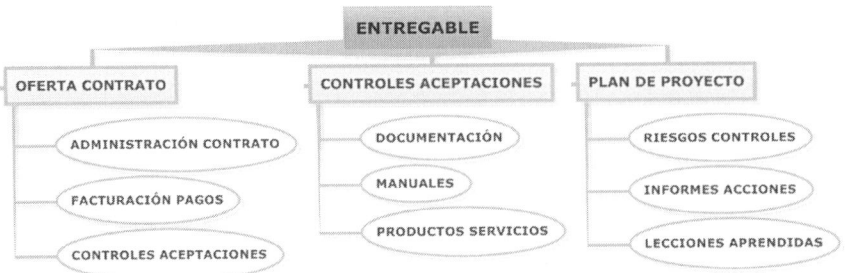

FIGURA 3.5

Los *entregables son los resultados (objetivos) de las Actividades, de las fases o del proyecto.*

FIGURA 3.6

Concepto clave: *Todos los entregables deben aparecer en la planificación.*

8. NIVELES DE ESFUERZO EN EL CICLO DE VIDA

Si analizamos cómo varía el *nivel de esfuerzo a lo largo del ciclo de vida* vemos que va aumentando gradualmente hasta llegar a un máximo, y que disminuye rápidamente hasta finalizar el Proyecto.

Este máximo se corresponde a la Fase de ejecución, donde los recursos asignados (humanos y económicos) son mayores.

Veámoslo con un gráfico:

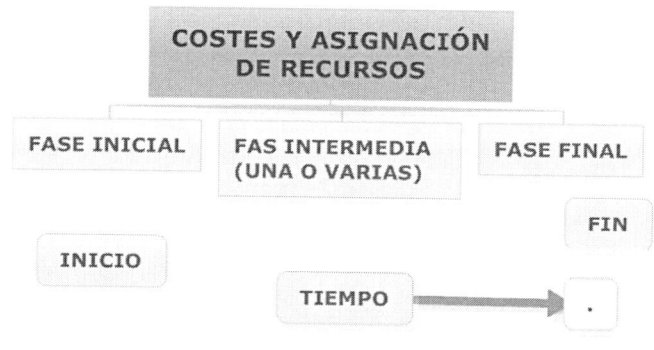

FIGURA 3.7

9. TIPOS DE CICLO DE VIDA

- **9.1.** *Ciclos de vida de gestión*
- **9.2.** *Ciclos de vida técnicos/industriales*

9.1. CICLOS DE VIDA DE GESTIÓN

Definamos brevemente los diferentes tipos de ciclos de vida:

- **a)** <u>Ciclo de vida del proyecto:</u> conjunto de Fases que conectan el inicio del Proyecto con su fin. Estas fases tienen enlaces con operaciones de la organización ejecutante. Un ciclo de vida puede ser documentado con una metodología.

- **b)** <u>Ciclo de vida del producto:</u> conjunto de Fases del producto que generalmente son secuenciales y sin superposición [...]. La última Fase del ciclo de vida del producto es, generalmente, el deterioro y muerte del producto. Generalmente, en el ciclo de vida del producto se han realizado distintos ciclos de vida del Proyecto.

Nosotros nos vamos a referir a la 1ª definición en este libro, al ciclo de vida del Proyecto, cuando hablemos de ciclo de vida de gestión del Proyecto.

9.2 CICLOS DE VIDA TÉCNICO/INDUSTRIALES

En numerosas ocasiones la relación entre las Fases es secuencial. Como uno de nuestros objetivos clave como Jefes de Proyecto es entregar los Proyectos a tiempo puede ocurrir que la duración del Proyecto sea mayor que la necesaria para cumplir con los compromisos de tiempo, por lo que será necesario poner las Fases en paralelo en la medida de lo posible (esta técnica es denominada *fast tracking*).

Esta técnica de Fases parcialmente en paralelo es la utilizada en los Proyectos de diseño de alta tecnología.

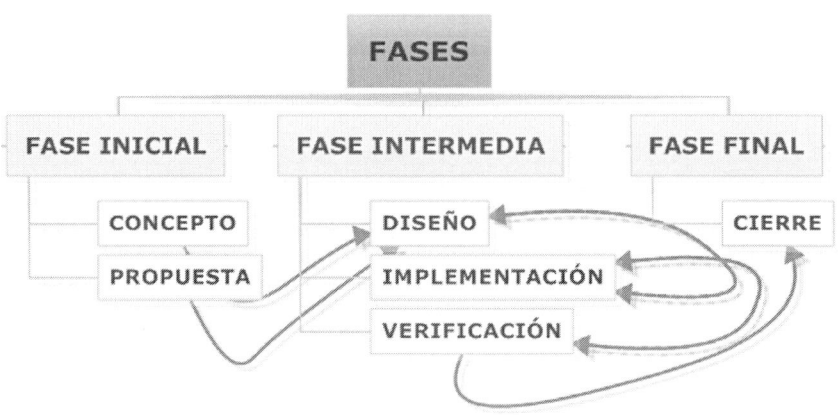

FIGURA 3.8

En el ejemplo siguiente, desarrollo de un producto farmacéutico, se utilizan Fases en secuencia y Fases en paralelo.

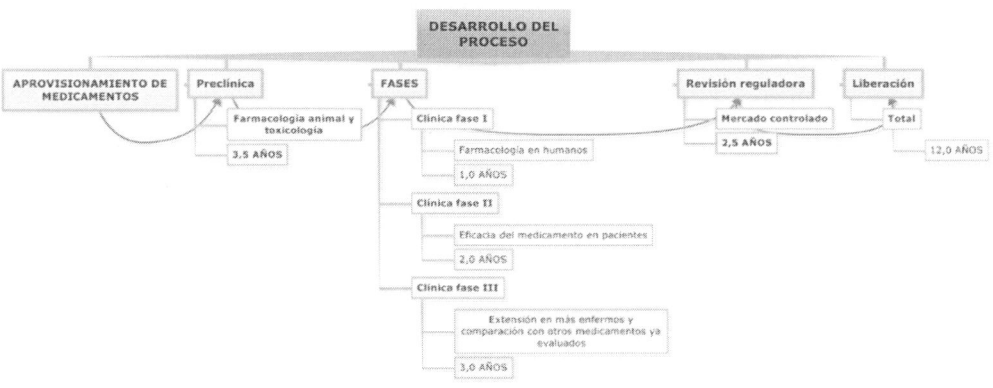

FIGURA 3.9

En el ejemplo siguiente vemos las Fases colocadas en espiral, esta técnica se utiliza en Proyectos en los que se llega al producto o servicio final a través de aproximaciones sucesivas, esta técnica se utiliza en, por ejemplo, Proyectos de desarrollo *software*.

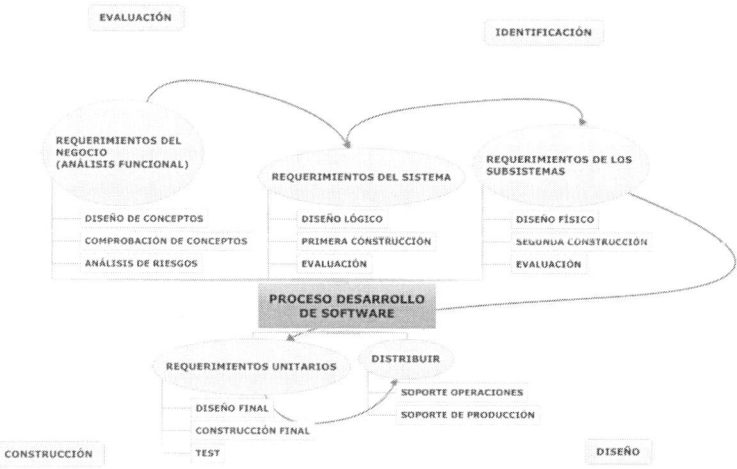

FIGURA 3.10

10. LOS PROCESOS

- **10.1.** *Definición*
- **10.2.** *Procesos, fases y actividades*
- **10.3.** *Aplicación del concepto de proceso*

10.1. DEFINICIÓN

Recordemos la definición de ***Proceso:*** *conjunto de medidas y actividades interrelacionadas realizadas para obtener un producto, resultado o servicio predefinido.*

FIGURA 3.11

10.2. PROCESOS, FASES Y ACTIVIDADES

¿Cómo integramos los Procesos en el ciclo de vida y los elementos que hemos visto hasta ahora? ¿Con qué elementos interactúa?

Veámoslo con una imagen:

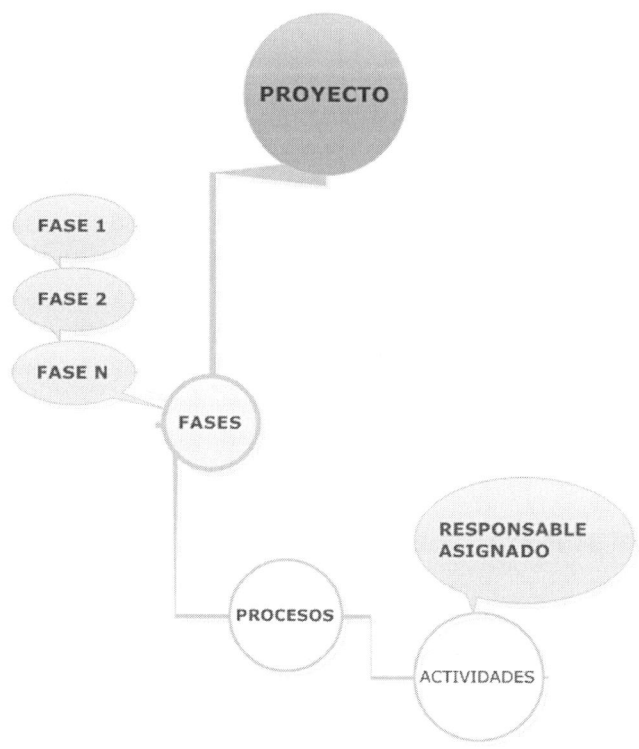

FIGURA 3.12

En el dibujo se pretende que los Procesos sean transversales (perpendiculares si lo prefieres) a las Fases.

Los Procesos son otra forma de agrupar a las Actividades para aplicarles medidas de control y producir los entregables requeridos. Sus Actividades pueden estar en Fases distintas.

Veamos el tema desde la perspectiva de las Actividades:

• Pueden estar distribuidas entre las diferentes Fases que haya.

• Pueden estar distribuidas entre los diferentes Procesos que haya.

En el siguiente cuadro vamos a poner las diferencias y semejanzas entre fases y procesos:

Característica	Fase	Proceso
Orientado a entregable	Sí	Sí
Conjunto de actividades	Sí	Sí
Ayudar a la gestión de las actividades	Sí	Sí
Enlazar con los grupos funcionales de la organización	Sí	
Medidas relacionadas para su control		Sí

Aplicación del concepto de proceso

Para cada uno de estos niveles (Proyecto, Fase y Actividad), se puede aplicar individualmente el concepto de Proceso (entrada, ejecución de acuerdo a unas técnicas y herramientas, y salida).

11. EJEMPLO DE RESUMEN

Tenemos una casa con una parcela extensa y necesitamos regarla, de cuando en cuando, para conservar los árboles frutales y el jardín que tenemos. Por las últimas restricciones para regar por sequías y subidas en la tarifa del agua, nos hemos planteado crear en una zona baja y baldía de la parcela una instalación para almacenar el agua de lluvia y aprovecharla cuando consideremos oportuno.

Vamos a definir el conjunto de Actividades, Fases y Procesos para que apliquemos los conceptos vistos hasta ahora en este pequeño proyecto.

Lista de Actividades:

Podríamos tener:

o   **1)** Toma de requisitos

o   **2)** Diseño de la instalación

o   **3)** Firma del contrato

o   **4)** Replanteo

o   **5)** Excavación

o   **6)** Construcción depósito almacenaje

o   **7)** Construcción sistema recolección lluvia

o   **8)** Instalación eléctrica

o   **9)** Instalación de la motobomba

o   **10)** Instalación programador de riego

o   **11)** Instalación sistema de recolección

o   **12)** Instalación cañerías de riego

o   **13)** Probar la instalación

o   **14)** Aceptación de la obra

FIGURA 3.13

<u>Fases:</u>

Podríamos tener:

•   **1)** Inicio

•   **2)** Albañilería

•   **3)** Electricidad

•   **4)** Riego

•   **5)** Cierre

Fases y departamentos implicados (de forma implícita, ya estaríamos asignando responsables, esto es, a los jefes de departamento correspondientes):

Fase	Departamento
Inicio	Arquitectura
Albañilería	Construcción
Electricidad	Electricidad
Riego	Agua
Cierre	Arquitectura

Distribución de Actividades en Fases:

Fase	Actividad	Entregable
Inicio	Toma de requisitos	Contrato firmado
	Diseño de la instalación	
	Firma del contrato	
Albañilería	Replanteo	Alberca construida
	Excavación	
	Construcción depósito almacenaje	
	Construcción sistema recolección lluvia	
Electricidad	Instalación eléctrica	Aparataje eléctrico en funcionamiento
	Instalación de la motobomba	
	Instalación programador riego	
Riego	Instalación cañerías de riego	Recolección y riego en funcionamiento
	Instalación sistema de recolección	
Cierre	Probar la instalación	Obra aceptada
	Aceptación de la obra	

Procesos:

Procesos que podemos tener:

- **1)** Crear estudio de viabilidad
- **2)** Crear contrato
- **3)** Preparación del terreno
- **4)** Ejecutar obra civil
- **5)** Instalar la red eléctrica
- **6)** Instalar los equipos
- **7)** Hacer las pruebas
- **8)** Aceptar el contrato

Proceso	Actividad/es	Entregables
Crear estudio de viabilidad	Toma de requisitos	Acta del proyecto con:
	Diseño de la instalación	• Criterios de éxito del proyecto • Requisitos • Restricciones e hipótesis • Expectativas y necesidades • *Stakeholders* • Riesgos • Objetivos Planos preliminares.
Crear contrato	Firma del contrato	Contrato estándar con los términos negociados en anexos
Preparación del terreno	Replanteo	Terreno marcado y preparado
	Excavación	Excavado todo lo necesario y apuntalado si fuera necesario
Ejecutar obra civil	Construcción depósito almacenaje	Cementación de la alberca, recubrimiento y remates acabados
	Construcción sistema recolección lluvia	Sistema de canalización acabado
Instalar la red eléctrica	Instalación eléctrica	Puntos de luz instalados según normativa vigente y en funcionamiento. Pruebas de sobrecarga hechas
Instalar los equipos	Instalación de la motobomba	Motobomba instalada y probada
	Instalación programador riego	Programador instalado y probado
	Instalación cañerías de riego	Puntos de goteo y/o aspersores, instalados y probados
	Instalación sistema de recolección	Canalones instalados y probados. Prefiltro instalado y probado

Hacer las pruebas	Probar la instalación	Prueba general con aspersores externos simulando lluvia
Aceptar el contrato	Aceptación de la obra	Firmada su aceptación y factura firmada

12. CONCLUSIONES DE ESTA UNIDAD

- **1)** La Actividad es la unidad básica y fundamental para realizar los Proyectos.

- **2)** Las Actividades se agrupan en Fases para una gestión más fácil, porque tienen una relación lógica y/o para conectarlas con la estructura de la organización.

- **3)** Las Actividades se pueden agrupar en Procesos para poder crear entregables y para controlarlas con medidas relacionadas.

- **4)** Los Procesos pueden ser transversales: los Procesos pueden constar de Actividades distribuidas en diferentes Fases.

3. GRUPOS DE PROCESOS Y CICLO DE VIDA

1. INTRODUCCIÓN

*Un **grupo de procesos** es un conjunto de procesos relacionados.*

Los grupos de procesos pueden estar enfocados a:

- Procesos de Dirección de Proyectos: mejorar la gestión de proyectos.

- Procesos orientados al Producto: al desarrollo del producto o servicio y varían dependiendo del área de aplicación.

En este libro nos ocuparemos de los primeros, "Procesos de Dirección de Proyectos: la mejora de la gestión de proyectos".

Recordatorio: una Fase del Proyecto **NO** es un grupo de Procesos de gestión de Proyectos.

2. DEFINICIÓN DE LOS GRUPOS DE PROCESOS

Los procesos que vamos a usar también los vamos a agrupar. Estos grupos de proceso son:

- **Grupos del Proceso de Iniciación:** Aquellos Procesos realizados para definir un nuevo Proyecto o una nueva Fase de un Proyecto ya existente, mediante obtención de la autorización para comenzar dicho Proyecto o Fase.

- **Grupos del Proceso de Planificación:** Aquellos Procesos requeridos para establecer el alcance del Proyecto, refinar los objetivos y definir el curso de acción necesario para alcanzar los objetivos para cuyo logro se emprendió el Proyecto.

- **Grupos del Proceso de Ejecución:** Aquellos Procesos realizados para completar el trabajo definido en el plan para la Dirección del Proyecto a fin de cumplir con las especificaciones del mismo.

- **Grupos del Proceso de Seguimiento y Control:** Aquellos Procesos requeridos para dar seguimiento, analizar y regular el progreso y el desempeño del Proyecto, para identificar áreas en las que el plan requiera cambios y para iniciar los cambios correspondientes.

- **Grupos del Proceso de Cierre:** Aquellos Procesos realizados para finalizar todas las Actividades a través de los grupos de procesos, a fin de cerrar formalmente el Proyecto o una Fase del mismo.

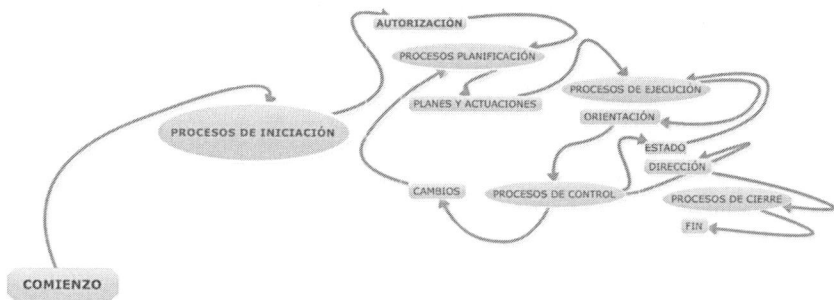

FIGURA 3.14

3. EL CICLO DE VIDA DE GESTIÓN PROPUESTO Y SU CONTROL

Es un ciclo de vida de gestión basado en 5 grupos correspondientes a las definiciones anteriores, en la medida en que estos grupos de procesos se aplican a nivel de Proyecto, Fase o Actividad.

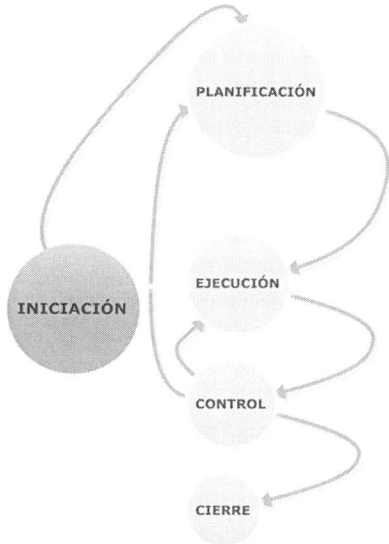

FIGURA 3.15

En este caso, el concepto de Proceso los estaríamos *aplicando* a nivel de Proyecto, Fase o Actividad.

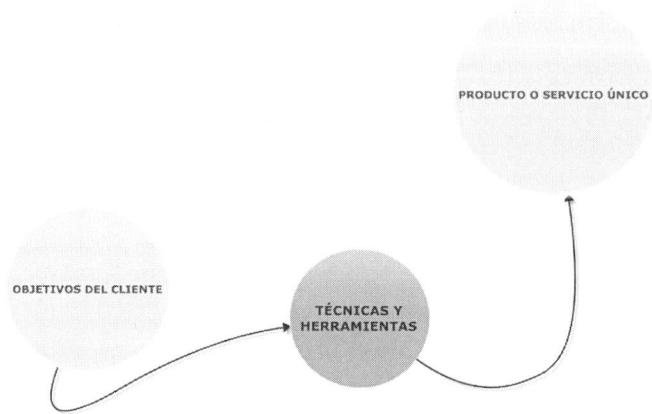

PRODUCTO O SERVICIO ÚNICO

OBJETIVOS DEL CLIENTE

TÉCNICAS Y HERRAMIENTAS

FIGURA 3.16

Todo Proceso ha de ser controlado para poder producir lo que realmente queremos. ¿Cómo se controlan los procesos? Usando medidas. Esto es la aplicación de la definición dada.

¿Cuál será la medida relacionada para controlar el Proyecto, pues no deja de ser un Proceso? Usaremos los *costes de las Actividades* (o una medida similar como horas/hombre), para llevar a cabo un control del rendimiento del Proyecto:

• *La técnica del Valor Ganado* (Earned Value Management) o *EVM*. Es predictivo a partir del 15 % de realización del Proyecto, en cuanto a cómo vamos en alcance, tiempo y costes.

• Si no hemos alcanzado el suficiente grado de madurez o no lo creemos conveniente, podemos usar *la técnica del análisis de Valoración de Hitos*, que es más simple pero reactiva.

Al mismo tiempo, y a través de las diferentes Fases o Actividades, y teniendo en cuenta que *la elaboración del producto o servicio es progresiva*, los Procesos actúan tanto secuencial como paralelamente, o sea, es un ciclo de vida iterativo e incremental.

Una vez que hemos acordado, en la ***Fase de inicio***, los objetivos del Proyecto, hemos analizado las ventajas que para nuestra organización supone el proyecto y hemos decidido emprender el esfuerzo que conlleva su ejecución, se emite una autorización formal por parte de la organización que nos permitirá acometer la **planificación** para obtener un ***Plan de Proyecto*** *que será la guía de la ejecución.*

Esta **_Planificación_** será gradual o continua con incremento de detalle (en inglés _rolling wave planning_).

CON LOS JALONES PRINCIPALES

INTERMEDIA (WBS & OBS)

PLANIFICACIÓN

DE LAS CUENTAS DE CONTROL

DETALLADA DEL SOPORTE

FIGURA 3.17

O lo que es lo mismo, hay que evitar la "parálisis" por el análisis. Según avance el Proyecto, y en función de su complejidad, podremos ir a planificaciones más exhaustivas de la zona del Proyecto que más nos interese. Vamos, que no es necesario que tengamos todo planificado para poder empezar con la ejecución del Proyecto.

¿Y qué criterio seguiremos para saber cuál es la zona más interesante para hacer una programación más exhaustiva? El riesgo (nuestro principal cometido).

La **_Ejecución_** se monitorizará regularmente, con el intervalo que el Jefe de Proyecto indique. Así obtendremos informes de estado del Proyecto para ver si se está siguiendo el plan diseñado y/o cuales son las desviaciones (y tendencias), para reorientar esta ejecución con acciones correctoras. En algunos casos será necesario inducir cambios en la planificación.

Según se vaya ejecutando el Proyecto y para nosotros **_Controlar_** plenamente el Proceso, aparte de usar el plan de comunicaciones, tendremos que hacer el análisis del Valor Ganado o _Earned Value_, otra medida necesaria para utilizar el EVM.

Por cierto, ya hablaremos de cómo evitar en este proceso a _uno de nuestros peores enemigos: el micromanagement_.

Cuando mediante el control confirmemos que hemos conseguido el producto o servicio objetivo del Proyecto, se darán las instrucciones para proceder al ***Cierre*** formal del Proyecto, que supondrá el cierre financiero del Proyecto y en su caso el cambio de propiedad o derecho de uso sobre el producto o servicio a los clientes y/o usuarios.

Nivel de actividad en función de los grupos de procesos:

Los procesos de iniciación y cierre marcan los extremos del ciclo de vida. El proceso de planificación tiene un máximo en la parte inicial del proyecto, mientras que el máximo de ejecución se localiza en la fase final del proyecto. El proceso de Control tiene sentido a lo largo de todo el proyecto.

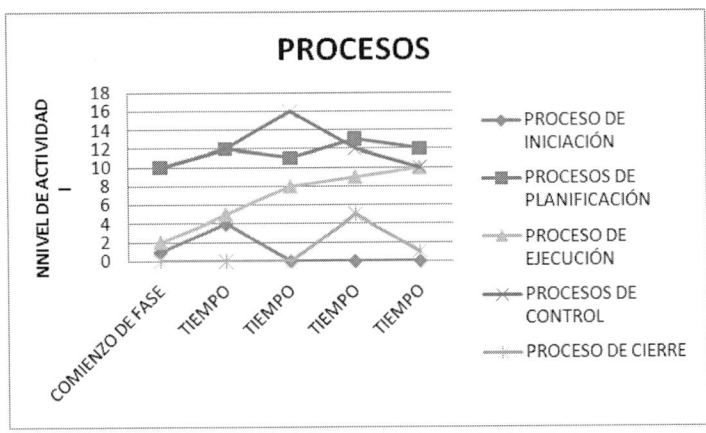

FIGURA 3.18

4. FINALIDAD DE CADA GRUPO DE PROCESOS

De acuerdo con la definición de los grupos de procesos vamos ahora a fijarnos en más detalle en la finalidad de cada uno de ellos.

Procesos de Iniciación:

• Comprometer a la organización con un Proyecto o una Fase. Fijar la orientación de la solución global.

• Definir los objetivos de alto nivel.

• Confirmar la alineación con los objetivos estratégicos.

• Asegurar las aprobaciones y recursos necesarios, identificar las localizaciones geográficas involucradas.

• Identificar las responsabilidades de gestión. Asignar a un Director de Proyectos. Identificar y asignar otras posiciones clave.

- Identificar y documentar limitaciones y asunciones. Tomar las decisiones estratégicas sobre aprovisionamiento (hacer, comprar, etc., identificar a los suministradores cualificados) Identificar, negociar, escribir y refinar el libro del Proyecto

Procesos de Planificación:

Simplistamente en el Proceso de planificación estamos definiendo cómo vamos a llegar al objetivo del Proyecto, cuánto tiempo nos va a llevar realizarlo, cuántos recursos humanos, materiales y económicos vamos a consumir y durante cuánto tiempo, y qué riesgos asociados hay.

A lo largo del ciclo de vida del Proyecto la gestión se enfoca principalmente en la calidad, el tiempo y el coste. Desde un punto de vista de control estos parámetros se traducirán en:

Alcance/Calidad = Especificaciones

Tiempo = Cronograma

Coste = Presupuesto

Cuando desarrollemos con el equipo de Proyecto un plan de Proyecto (*Project Plan*), lo que queremos es:

- Facilitar el cumplimiento de lo que hay que hacer.

- Asegurar la integración del Proyecto.

- Vigilar los cambios de forma efectiva.

- Asegurar un entendimiento común de todos los *stakeholders* sobre los objetivos del Proyecto y su correcta traslación al alcance.

- Proporcionar información a los *stakeholders* para la toma de decisiones adecuados

- Poder actualizar de forma iterativa las Actividades de planificación.

- Proporcionar una descripción general de la suma de los productos o servicios que deben ser suministrados por el Proyecto.

- Identificar las herramientas y técnicas utilizadas en el proceso de planificación.

- Identificar quién debe hacer qué, cuándo debe hacerlo, con qué calidad, y con qué coste.

- Ser la base del Proceso de control: especificaciones, cronograma y presupuesto.

Procesos de Ejecución:

Coordinar, integrar y gestionar todos los recursos:

- ¿Para qué?: Para lograr los objetivos del Proyecto.
- ¿Cómo?: Llevando a cabo el Plan de Proyecto, *Project Plan*.
- Mientras se responde a cambios y se mitigan los riesgos.

Procesos de Seguimiento y control:

Mantener el Proyecto según los planes para conseguir sus objetivos tal y como se expresan en el Plan de Proyecto (*Project Plan*):

- Vigilando e informando de variaciones.
- Controlando los cambios de alcance (*scope changes*).
- Controlando cambios de planificación (*schedule changes*).
- Controlando costes.
- Controlando la calidad.
- Respondiendo a los riesgos.
- Midiendo tendencias y analizando su impacto final sobre el objetivo.

Procesos de Cierre:

Formalizar la aceptación del Proyecto o Fase cerrándolo de forma ordenada mediante:

- El *cierre del contrato.*
- El *cierre administrativo y archivo.*
- Asegurándose de que quedan *registradas las "lecciones aprendidas"* del Proyecto (cosas positivas para repetirlas, cosas negativas para evitarlas) para poderlas utilizar en otros Proyectos futuros. Recuerde que las mejores prácticas en Dirección de Proyectos vienen de la experiencia histórica registrada de otros Directores de Proyectos.

4. LAS ÁREAS DE CONOCIMIENTO

1. INTRODUCCIÓN

¿Qué *conocimientos* nos convertirán en *profesionales de la Gestión de Proyectos?*

Una posible respuesta es aquellos que nos permitan:

- Tener una visión global del negocio y del mercado.

- Entender la estrategia de nuestra compañía.

- Conocer los recursos y capacidades reales de nuestra organización.

- Nos habiliten para liderar los proyectos que llevarán al éxito a nuestra compañía.

Este conocimiento consta de 42 Procesos. Cada uno de ellos tiene sus técnicas, herramientas, prácticas y habilidades.

Podemos agrupar este conocimiento en *9 Áreas* aunque con numerosas ramificaciones como veremos a lo largo de todo el libro:

- **Integración:** Los distintos elementos del Proyecto son coordinados adecuadamente.

- **Alcance:** El Proyecto incluye todo el trabajo y solo el trabajo requerido para completar el Proyecto con éxito.

- **Tiempo:** El Proyecto se completa a tiempo.

- **Coste:** El Proyecto es completado según el presupuesto aprobado.

- **Calidad:** El Proyecto cumplirá las necesidades para las que fue creado.

- **Recursos Humanos:** Se hace el uso más efectivo de los recursos involucrados.

- **Comunicación:** Se genera, recopila, difunde, almacena y se destruye la información del Proyecto a tiempo y adecuadamente.

- **Riesgo:** Se identifican, analizan y se responde a los riesgos del Proyecto.

- **Adquisiciones:** Adquirir bienes y servicios fuera de la propia organización.

2. RELACIÓN ENTRE LAS 9 ÁREAS DE CONOCIMIENTO

Ya hemos visto que hay relación entre diferentes áreas (tiempo, calidad, coste, recursos). ¿Están todas ellas relacionadas entre sí?:

FIGURA 3.19

El área de Integración es la armonización de todas las áreas de conocimiento:

- Las <u>áreas núcleo o principales:</u> Alcance, Calidad, Tiempo y Coste.

- Las <u>áreas soporte:</u> Riesgo, Recursos humanos, Adquisiciones y Comunicación.

La misión de la Integración es satisfacer los objetivos del proyecto y las necesidades de todos los grupos implicados/afectados por el.

¿Es suficiente y completo este grupo de conocimientos para la Gestión de los Proyectos?

Los conocimientos que aquí se desarrollan son los conocimientos necesarios para una aplicación exitosa de la Gestión de Proyectos e incluyen parte de las habilidades generales de gestión.

Pese a que la profesión de Gestión de Proyectos es independiente del sector empresarial donde se desarrolle, si es cierto que mejora su eficacia en la medida en que el Jefe de Proyecto adquiere los conocimientos suficientes del área particular de aplicación que le permitirán optimizar su comunicación con los *stakeholders*. ¿A qué es debido esto? Sencillo, el Jefe del Proyecto es el que tiene que defender los intereses del Proyecto a capa y espada, así que, cuanto más informado esté de lo que tiene entre manos, mayor probabilidad de una mejor defensa de su Proyecto.

3. ELEMENTOS DE LA METODOLOGÍA

El elemento constitutivo básico es el Proceso y, como hemos visto ya, se podrían definir *5 grupos de Procesos* generales:

- **Grupos del Proceso de Iniciación.**

- **Grupos del Proceso de Planificación.**

- **Grupos del Proceso de Ejecución.**

- **Grupos del Proceso de Seguimiento y Control.**

- **Grupos del Proceso de Cierre.**

Por otro lado, contamos con las *9 Áreas de conocimiento:*

• Integración.	• Coste.	• Comunicación.
• Alcance.	• Calidad.	• Riesgo.
• Tiempo.	• Recursos Humanos.	• Aprovisionamiento.

Cada una de estas Áreas tiene su propio grupo de Procesos (en total 42 procesos):

Relación entre las 9 áreas de conocimiento y los 5 grupos de procesos:

Tenemos:

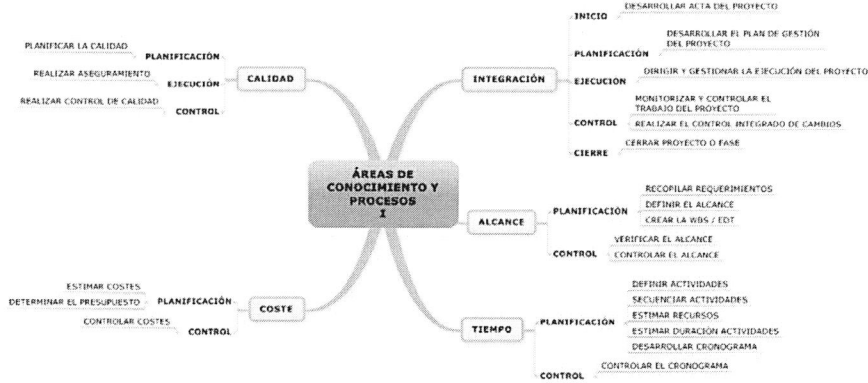

FIGURA 3.20

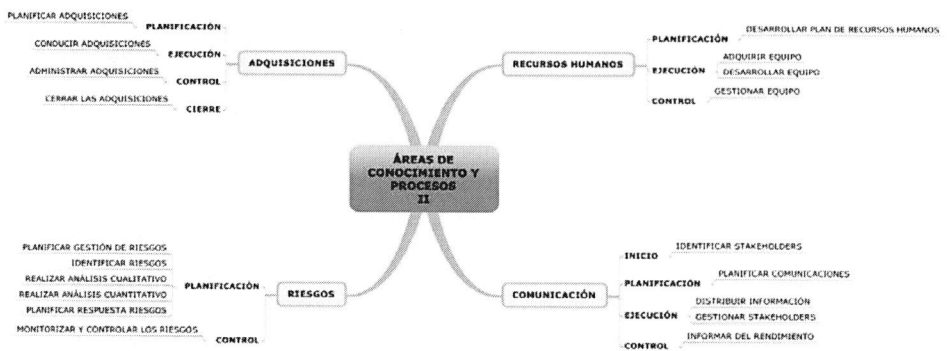

FIGURA 3.21

¿Es conveniente saberse este mapa de memoria? La respuesta es que SÍ, además, es importante saber utilizarlas dependiendo del tipo de Proyecto y del nivel de nuestra organización. Como hemos comentado anteriormente, es decisión del Director de Proyectos y de su equipo elegir cuáles de estos 42 Procesos son necesarios, obligatorios o suficientes para conseguir el objetivo del Proyecto. (Recordad el dicho de no matar moscas a cañonazos).

Sin lugar a dudas <u>podemos afirmar que el mayor esfuerzo realizado, desde un punto de vista de gestión, es el Proceso de *Planificación*, del que dependerá el éxito o fracaso del Proyecto.</u> Una vez planificado el Proyecto deberemos monitorizarlo para asegurarnos de que cumple con el Plan de Proyecto diseñado.

Cada uno de estos 42 Procesos tendrá, de acuerdo a la teoría general de Procesos, una información de entrada que mediante las técnicas y herramientas adecuadas producirá las salidas o resultados esperados. Toda esta información será analizada en detalle cuando se estudie en profundidad cada una de las nueve áreas del conocimiento, en posteriores módulos.

A lo largo de los ejercicios habrá oportunidad para poner en práctica las técnicas y herramientas de Dirección de Proyectos, las que aquí serán analizadas y evaluadas son las mejores prácticas a día de hoy. Recuerda **que** la decisión final de qué utilizar y **cuándo**, será de responsabilidad exclusiva del **equipo de Dirección de Proyectos**.

Una vez entendida la *lógica* del esquema de las 9 áreas de conocimiento con 42 Procesos que siguen el esquema de los 5 grupos de procesos y la relación entre ellos para establecer el Plan de Proyecto y su control, será muy fácil mantener un mapa mental que permitirá avanzar muy rápidamente a través de la Gestión de Proyectos sin que suponga ningún esfuerzo excesivo de memorización.

4. PARÁMETROS DE LOS NIVELES DE ESFUERZO DEL CICLO DE VIDA

Veamos cómo varían los parámetros definidos y usados en las áreas de conocimiento a lo largo del ciclo de vida del Proyecto:

1) Incertidumbre: en la Fase inicial es donde la incertidumbre es máxima y donde hay más probabilidad de que esta sea negativa y se convierta en riesgo. Es en esta Fase donde se empieza a definir cómo vamos a ser capaces de llegar al objetivo y donde se empieza a comprobar la bondad del Plan de Proyecto definido, y si habíamos determinado adecuadamente el presupuesto asignado. Estas dudas se irán disipando a lo largo de la ejecución de Proyecto o habremos actuado para corregir la parte mal planificada, si la hubiese habido.

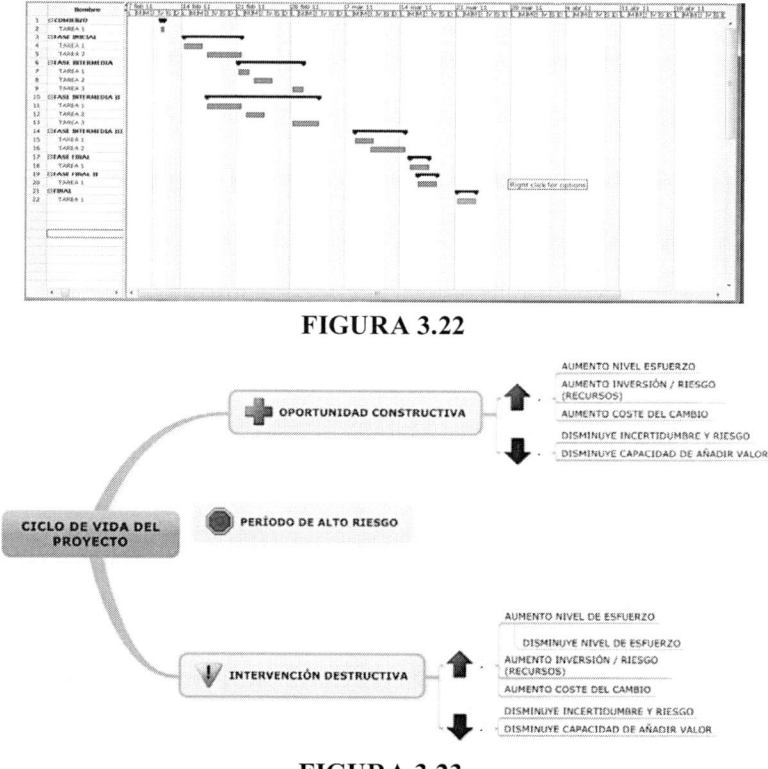

FIGURA 3.22

FIGURA 3.23

- **2) Probabilidad de éxito:** su evolución es justo contraria a la de la incertidumbre. Mientras más cerca estemos del final más probabilidad de éxito tendremos, ya que, si no fuese así, ya habríamos tomado la decisión de abandonar el Proyecto (o recomendarlo).

- **3) Capacidad de cambio:** el objetivo final, el producto o servicio desarrollado, dependerá en gran medida de cómo lo definimos y planificamos en la Fase inicial, luego es en esta Fase cuando tenemos la máxima capacidad de influir en el resultado final.

- **4) Coste de los errores:** pensemos que la ejecución de un Proyecto es como una cadena de producción, según va avanzando el producto por la cadena, más valor tiene porque más elaborado está, luego cuanto más tarde nos demos cuenta de un error inicial más difícil y más caro será resolverlo.

- **5) Riesgo frente** a la inversión necesaria para paliar los efectos de que ocurra el riesgo: al principio del ciclo de vida, la mitigación de los riesgos será más barata, sin embargo, llega un momento que el coste de mitigación de los riesgos es muy alta o afectan directamente al éxito del Proyecto.

- **6) Relación capacidad de añadir valor frente al coste del cambio:** en las Fases iniciales podemos negociar con el usuario o el cliente final los objetivos porque pensemos que estos pueden variarse para alcanzar un valor añadido mayor en nuestro producto o servicio desarrollado sin afectar sustancialmente al coste. Sin embargo, una vez que avanzamos en la ejecución será difícil o costoso hacer algún cambio, ya sea para mejorar el producto, ya sea para resolver una mala definición inicial.

CONCLUSIÓN FINAL

A modo de recordatorio, se dijo que una Metodología (más o menos compleja) se lleva a cabo hasta en los Proyectos más sencillos <u>pues como mínimo se tiene en cuenta el tiempo y/o los recursos necesarios y/o el trabajo que se ha de realizar, etc.</u>

El trabajo, por mucha gestión que hagamos, hay que hacerlo y nosotros, como ***Jefes de Proyecto***, tenemos que estar ***orientados a los resultados***. Entonces, ¿cuándo merece la pena que haya un gestor para que los técnicos se concentren exclusivamente en su trabajo y no se dispersen en otras actividades?

Esta pregunta tiene una respuesta directa: cuando **el valor añadido** que el Jefe de Proyectos dé al proyecto con su gestión sea superior al sobrecoste que por él se incurre.

Esto se producirá en Proyectos con una o más de las siguientes características:

- Complejos
- Innovadores
- De alto riesgo

En estos Proyectos, nuestra **visión global que obtengamos, la gestión de los** *stakeholders* **que hagamos y, sobre todo, nuestra gestión de riesgos serán los pilares del valor añadido** que demos para obtener un producto o servicio lo más efectivo posible según los criterios de éxito definidos.

Ejemplo de un Plan de Negocios

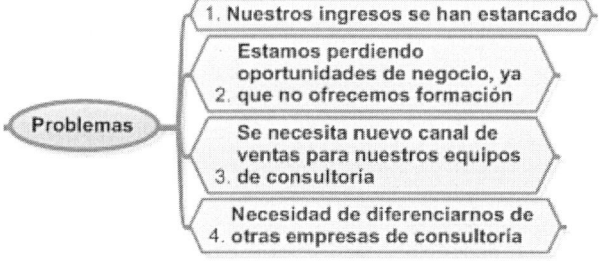

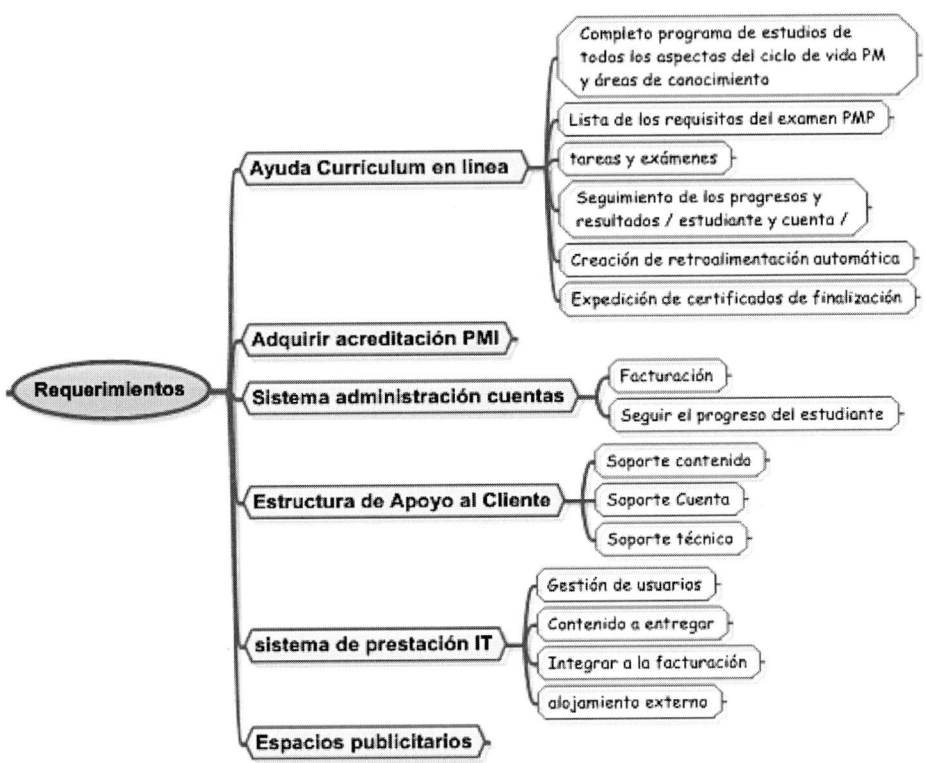

Módulo 4 Iniciación y Planificación del Proyecto. Alcance

La capacidad para aceptar las responsabilidades indica la medida de un ser humano.

Roy L. Smith

1. INTRODUCCIÓN

Un viaje de mil kilómetros comienza con un paso (proverbio chino).

Hemos querido empezar con este dicho pues aquí iniciamos el viaje para conocer, comprender, asimilar, manejar y aplicar la Metodología de gestión de los Proyectos. Expresado de otra forma, vamos a aprender a aplicar el "sistema de prácticas, técnicas, procedimientos y normas utilizado por quienes trabajan en una disciplina", en nuestro caso, la disciplina de gestión de Proyectos.

En los anteriores módulos sentamos los conceptos básicos para gestionar Proyectos con éxito, acometimos los preparativos (preparamos las maletas), para realizar este viaje. Como repaso, comentamos rápidamente lo que hemos visto:

- Gestionar y/o Dirigir Proyectos
- Definición de Proyecto y de Operación. El Plan del Proyecto
- Los *stakeholders*. Expectativas y necesidades
- El origen de los Proyectos. Tipos de organizaciones
- El portafolio de Proyectos. Programas y Fases
- El papel de Jefe de Proyecto
- Los criterios de éxito del Proyecto: triple restricción y entorno
- La Metodología
- El ciclo de vida. Tipos
- Fases. Procedimientos, Procesos, Tareas y Actividades. Entregables
- Ciclo de vida de gestión del Proyecto. Su control
- Grupos de Procesos. Áreas de conocimiento

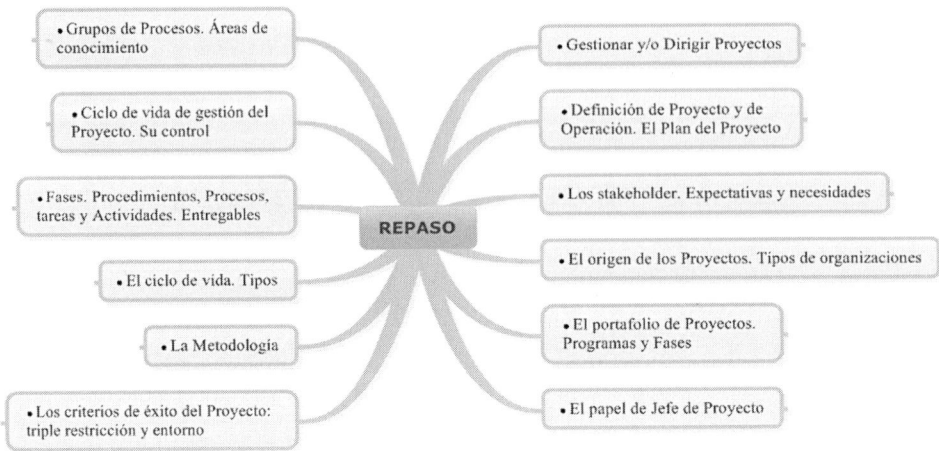

FIGURA 4.1

Si bien nos vamos a basar en las Áreas de conocimiento para presentar de forma sistemática los Procesos (sus entradas, salidas, técnicas y herramientas necesarias), también es cierto que iremos situándolos en los distintos grupos de Procesos del Proyecto.

2. ESTRUCTURACIÓN DEL MÓDULO

En este módulo empezaremos estudiando el <u>grupo de Procesos del **Inicio**</u> (unidad 1), pues antes de autorizar la Planificación del Proyecto, tendremos que tener claro los *requerimientos y necesidades* de los clientes y otros *stakeholders*, transformándolos en *objetivos de alto nivel del Proyecto* que regularán el resultado de este.

Como Confucio apuntó: "*Para* quien *no tiene un objetivo, nada es relevante*". Hay que evitar caer en ese error al gestionar el Proyecto. Es fundamental saber el objetivo integrado del Proyecto.

Una vez finalizado el grupo de Procesos del Inicio y con la autorización dada, se pasa al <u>Grupo de Procesos de Planificación</u>. ¿Por dónde empezaremos para planificar un Proyecto? Por el *Área de conocimiento* llamada <u>"Gestión del Alcance"</u> (unidad 2 de este Módulo), <u>que se encarga de trasladar las necesidades del cliente en trabajo a realizar</u>.

Aunque se comienza la Planificación en la unidad 2 de este Módulo, el grupo de Procesos de Planificación lo iremos ampliando a través del resto de los Módulos que veremos a lo largo del libro, ya que en cada área de conocimiento tenemos Procesos pertenecientes a la Planificación.

3. CONCEPTOS BÁSICOS

Vamos a recordar los siguientes conceptos para no perder la perspectiva (el norte de nuestro viaje) ante la información que vamos a explorar en este Módulo y en los siguientes:

- Los Proyectos son el medio que tienen las organizaciones para llevar a cabo sus ideas y conseguir alcanzar sus objetivos estratégicos.

- El Jefe de Proyecto y su equipo de Proyectos deciden qué aplicar de las áreas de conocimiento (qué elementos de la Metodología y de los Procesos son necesarios), y cuáles no, para obtener el mejor resultado del Proyecto.

- La finalidad de la Gestión de Proyectos es planificar, organizar y controlar todas las Actividades, de forma que se lleve a cabo con el mayor grado de éxito posible a pesar de todas las dificultades y riesgos.

- El objetivo del Proyecto es que su resultado final cumpla las necesidades y requerimientos tanto del cliente como del resto de *stakeholders*.

4. DEFINICIONES CLAVE DE TÉRMINOS DEL MÓDULO

Aunque estas definiciones ya las conoces de Módulos anteriores, he querido ponerlas aquí todas juntas para que las puedas comparar entre ellas y, de esta forma, asimilarlas más fácilmente:

Término	Definición
Requisito o Requerimiento	Condición o capacidad de un sistema, producto, servicio, resultado o componente que debe satisfacer o poseer para cumplir con un contrato, norma, especificación u otros documentos formalmente impuestos. Incluyen las necesidades, deseos y expectativas cuantificadas y documentadas del patrocinador, del cliente y de otros interesados.
Restricción	Condicionamiento o limitación aplicable al Proyecto, ya sea interna o externa y que afectará el rendimiento de este o al de un Proceso. Por ejemplo, una restricción del cronograma sería la existencia de fechas impuestas fijas.

Asunciones o Hipótesis o Premisas Suposiciones o Supuestos	Son factores que, para los propósitos de la planificación, se consideran verdaderos, reales o ciertos, sin necesidad de contar con evidencia o demostración. Afectan a todos los aspectos de la Planificación del Proyecto y son parte de la elaboración gradual del Proyecto. Los equipos del Proyecto frecuentemente identifican, documentan y validan las asunciones como parte de su Proceso de Planificación. Las asunciones generalmente involucran un grado de riesgo.
Metodología	Sistema de prácticas, técnicas, procedimientos y normas utilizados por quienes trabajan una disciplina.
Procedimiento	Serie de pasos que se siguen en un orden regular definitivo con un propósito.
Proceso	Conjunto de medidas y Actividades interrelacionadas realizadas para obtener un conjunto específico de producto, resultado o servicio
Paquete de trabajo	Producto entregable o componente del trabajo del Proyecto en el nivel más bajo de cada sector de la EDT (Estructura de Descomposición del Trabajo). El paquete de trabajo incluye las actividades del cronograma y los hitos del cronograma requeridos para completar el producto entregable del paquete de trabajo o el componente del trabajo del Proyecto.
Actividad	Un componente del trabajo realizado en el transcurso de un Proyecto. También llamada actividad del cronograma.
Relación entre Paquete de trabajo y Actividad	Los paquetes de trabajo del Proyecto están planificados (descompuestos) en componentes más pequeños denominados Actividades del cronograma.
Tarea	Sinónimo de trabajo.

2. LA FASE DE INICIO

1. INTRODUCCIÓN

No hay viento favorable para quien no sabe a dónde se dirige. (Séneca)

Así que comenzaremos por lo que queremos conseguir (a dónde queremos ir).

Esta primera parte se puede entender como el <u>Proceso de definición del Proyecto</u>. Comienza cuando el cliente concibe la idea de llevar a cabo el Proyecto y nos plantea el interés de conseguirlo.

También es conocida como la del <u>análisis de *viabilidad*</u> y de *definición*.

Aquí <u>se constituye o se desecha el Proyecto: se toma una decisión</u>. Si se aprueba el Proyecto, nos permitirá *vincular* dicho Proyecto con el trabajo en curso de la organización.

2. PROCESO DE DECISIÓN

Un problema sin solución es un problema mal planteado (Albert Einstein)

Decidir es un Proceso que abarca toda la Actividad de resolución de problemas desde que se identifican estos (entrada), hasta que se adoptan las medidas necesarias para solucionarlos (salida).

Las etapas del Proceso decisorio se resumen en las siguientes:

- Identificar el problema y definir sus características.

- Fijar las causas del problema y evaluarlas: Definir un buen planteamiento de partida (información).

- Buscar alternativas al problema.

- Evaluar las alternativas, compararlas y conocer las consecuencias de la implantación de cada una.

- Elección de la mejor alternativa de acuerdo a una serie de criterios definidos.

- Puesta en práctica de la alternativa elegida para poner en marcha la solución.

Aplicando este Proceso a nuestro problema con nuestro cliente, o sea, al Proyecto:

FIGURA 4.2

- Fijaremos los requisitos y objetivos de alto nivel establecidos a partir de sus necesidades.

- Analizaremos las distintas soluciones conceptuales basándonos en los requisitos y objetivos de todos los *stakeholders* implicados.

- Seleccionaremos la solución que tenga mejor balance entre dichos objetivos, limitaciones de coste, plazo y calidad, según la estrategia de la organización.

Al final tendremos que tener:

- Definidas las necesidades del cliente y del resto de *stakeholders*.

- Definidos los requisitos del cliente y del resto de *stakeholders*.

- La descripción de las solución/es adoptada, una vez evaluadas las soluciones propuestas.

- La autorización de continuar con el Proyecto y comenzar con la *Planificación*.

3. LA IMPORTANCIA DE ESTA PARTE EN EL PROYECTO

Recordemos el ciclo de vida y su interrelación:

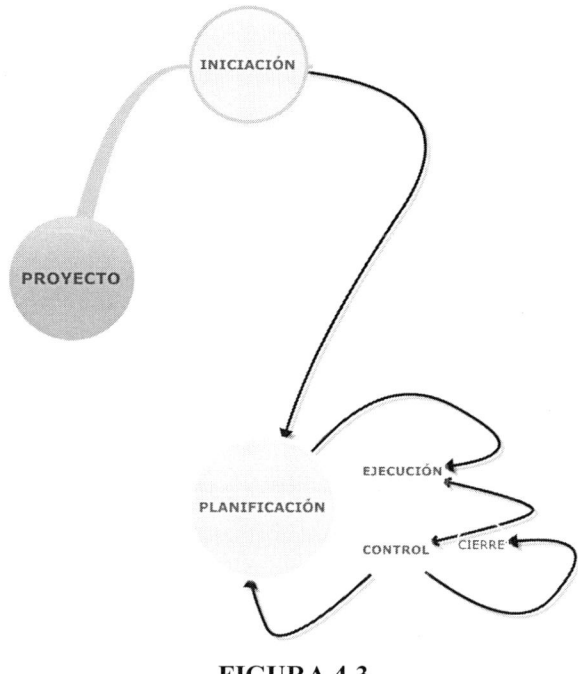

FIGURA 4.3

En el gráfico siguiente se describen los niveles de esfuerzo que probable-mente nos vamos a encontrar en cada parte del ciclo de vida de la Gestión del Proyecto:

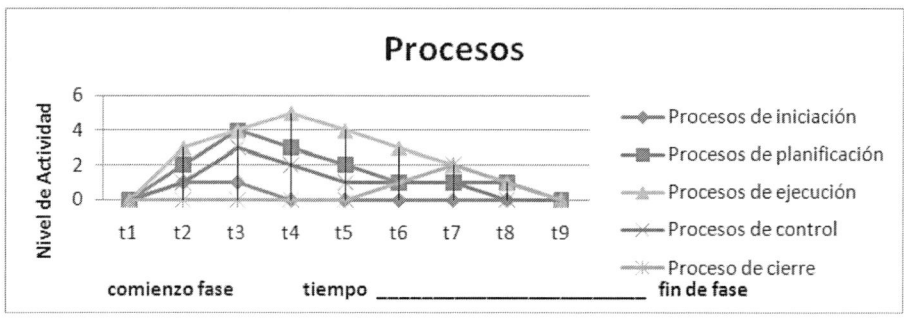

FIGURA 4.4

Fuentes: Guide to the Project Management Body of Knowledge

Aunque parece que esta parte de los Procesos de Iniciación es la más "pequeña" junto con la de *cierre, no cometamos el error de subestimar su importancia pues en ella se definen y se asientan las bases para definir:*

- Las necesidades del cliente y de los otros *stakeholders.*

- Los requisitos del cliente y de los otros *stakeholders.*

- Los objetivos de alto nivel.

- Los criterios de éxito: triple restricción, entorno del Proyecto.

- Los criterios de aceptación.

- Las restricciones y asunciones.

- Puede que ya haya un contrato. Y con anexos.

- El presupuesto del Proyecto.

- Los hitos.

- Riesgos identificados.

- Relación de *stakeholders* identificados.

- Decisiones sobre qué hacemos y qué compramos.

- Nombramiento del Jefe de Proyecto y su nivel de autoridad.

Como podéis comprobar por la lista, *en esta fase tendremos que definir las bases de nuestro Proyecto*.

4. CÓMO COMENZAR

Encontrar la respuesta correcta depende normalmente de plantear la pregunta correcta (Comdisco)

Las primeras preguntas que plantearnos cuando nos encontremos frente a la responsabilidad de la Gestión de un Proyecto deberían ser las siguientes:

- ¿Por qué se inicia el Proyecto?

- ¿Cuál es el objetivo del Proyecto?

- ¿Qué producto o servicio debemos realizar?

- ¿Cuándo debemos entregarlo?

- ¿Qué calidad se requiere para su realización y entrega?

- ¿Cuál es la inversión necesaria o el coste asociado con el mismo?

En cualquier caso, las preguntas fundamentales que se responden en el Inicio serían:

- ¿Por qué debemos realizar el Proyecto?

- ¿Qué se supone que vamos a hacer?

- ¿Quiénes son los *stakeholders*? ¿Cliente? ¿Patrocinador?

1. **Primeros pasos:**

La *Metodología* nos da la posibilidad de, paso a paso, *ir resolviendo los problemas y riesgos que surjan y poder alcanzar el éxito en nuestro Proyecto.*

2. **Resultados a obtener:**

Las salidas de este Grupo de Procesos del INICIO son 2 documentos básicos y fundamentales para todo Proyecto:

o El Acta de Constitución del Proyecto (dentro del área de conocimiento: Integración)

o La Identificación de los Interesados/*Stakeholders* (dentro del Área de conocimiento de Comunicación)

En los siguientes puntos desarrollaremos los conceptos asociados a estos documentos en profundidad, ya que si fallamos en esta parte fracasaremos en el Proyecto, o bien el Proyecto no existirá.

3. **Temas a tener en cuenta:**

Estos temas que vamos a ver a continuación nos ayudarán a la hora de definir, decidir y realizar cualquier tipo de Proyecto.

o **Las Expectativas:**

Empezaremos diciendo que las expectativas se forman a partir de la realidad y de las percepciones:

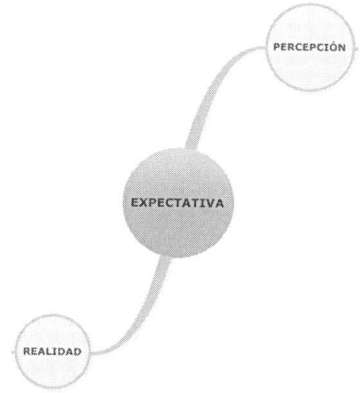

FIGURA 4.5

En un Proyecto ideal estarían alineados, durante toda su duración, los siguientes elementos:

• Tanto la realidad como las percepciones de los objetivos del Proyecto.

• El impacto que tendrá.

- El rendimiento de este.

- Los resultados esperados.

El problema es que hay muchos factores e influencias que pueden alterar las expectativas durante el Proyecto. El Jefe de Proyecto deberá guiarlas teniendo en cuenta que su componente de percepción (subjetivo e indefinido) introduce un grado de incertidumbre en el Proyecto difícil de gestionar al no ser cuantificable: es un riesgo importante del Proyecto.

Las expectativas tienen 4 componentes fundamentales:

- Factores críticos de éxito (alcance, tiempo y coste + criterios aceptación).

- Impacto del Proyecto.

- Productos del trabajo.

- Ejecución del Proyecto.

Por último, decir que debemos tener en cuenta que trabajamos con equipos humanos y es prácticamente imposible eliminar completamente sus expectativas transformándolas en necesidades identificadas y cuantificadas pero, en la medida de lo posible, el Jefe de Proyecto lo tratará de hacer.

Como conclusión podríamos indicar que:

- Tendremos que intentar conocer bien las expectativas de todos y cada uno de los *Stakeholders*, consiguiendo convertirlas en requisitos cuantificables. Así, de esta manera, podremos cumplir satisfactoriamente con sus necesidades.

- La gestión de las expectativas es un trabajo dinámico y continuo que acaba con el cierre del Proyecto.

o **Los Requisitos:**

¿De dónde surgen los requisitos? De las necesidades, deseos y expectativas del cliente, del patrocinador y demás *stakeholders*.

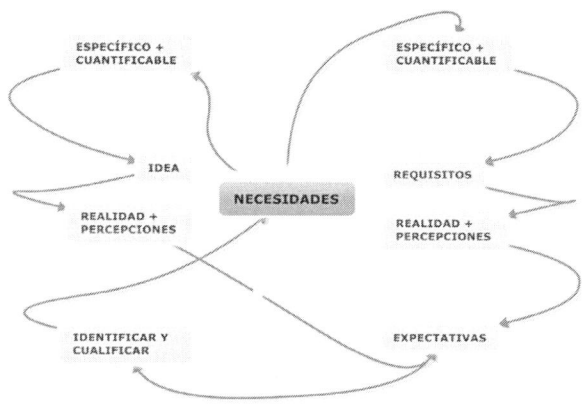

FIGURA 4.6

Los requisitos *incluyen*:

- Ambiente: el entorno donde va a operar el producto o servicio.
- Comportamiento en uso.
- Resultados finales deseados.
- Los que son obligatorios (*must have*), y los opcionales (*nice to have*).

Los requisitos *resultan de*:

- Una necesidad.
- Una deficiencia.
- Una oportunidad de crecimiento.

Los requisitos deben ser:

- Completos y consistentes.
- Claros y fiables.
- Poder ser seguidos y verificados.
- Estar documentados.
- Ser revisados y reconocidos por el grupo de gestión de Proyectos.
- Ser trazables hasta la solución.

Estos requisitos irán evolucionando a lo largo del Proyecto.

o **Las Asunciones o Hipótesis. Las Suposiciones:**

Las hipótesis son factores que, para los propósitos de la Planificación, se consideran como verdaderos, reales o ciertos. Afectan a todos los aspectos de la Planificación del Proyecto y son parte de la elaboración progresiva del Proyecto. Los equipos del Proyecto frecuentemente identifican, documentan y validan las hipótesis como parte de su Proceso de Planificación.

¿Cuál es la diferencia básica entre asunciones y suposiciones? Una suposición documentada es una asunción.

El equipo de Proyecto debe acostumbrarse a trabajar con información parcial y con un cierto nivel de incertidumbre. En cuanto tenga más información, el equipo deberá analizar las posibles opciones y evaluarlas en función de su impacto en los objetivos del Proyecto, y elegir la más adecuada.

Las hipótesis suelen llevar asociado un grado de riesgo por la incertidumbre (ausencia de información) en su formulación. A lo largo de la vida del Proyecto obtendremos más información que servirá para apoyar la decisión tomada o para reformular las hipótesis. Si hemos documentado la hipótesis inicial, será factible revisar la Planificación de Proyecto en función de la nueva información.

Por ejemplo, si la fecha en que una persona estará disponible es incierta, el equipo puede asumir una fecha específica de inicio (recuerda: estamos orientados a resultados y no podemos paralizarnos con el análisis).

4. Finalidad o justificación del Proyecto:

Los Proyectos son el medio que tienen las organizaciones para llevar a cabo sus estrategias y necesidades. Por tanto, será necesario conocer y revisar los objetivos de nuestra compañía a través de sus "valores, visión y misión", ya que estos tomarán cuerpo en la estrategia y esta se hará realidad a través del cumplimiento de los objetivos de los Proyectos en los que se divida.

Recordemos:

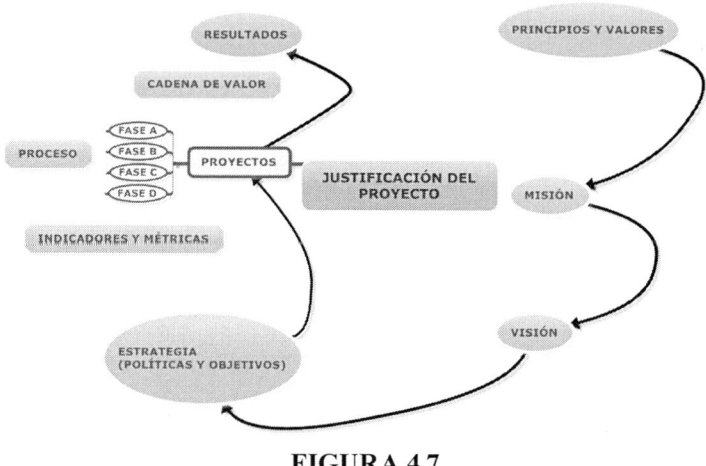

FIGURA 4.7

5. Métodos de selección de Proyectos:

Se usan para determinar qué Proyecto será seleccionado por la organización en función de su misión, visión, valores y estrategia.

Por supuesto, una vez alineados con nuestra organización se priorizáran los Proyectos basándose en factores cuantitativos (financieros...) y factores cualitativos (estratégicos, nuevos mercados...).

5. EL ACTA DE CONSTITUCIÓN DEL PROYECTO. EJEMPLO

El **Acta de Constitución del Proyecto** documenta las necesidades comerciales, el conocimiento actual de las necesidades del cliente y el nuevo producto, servicio o resultado que el Proyecto debe proporcionar.

Es un documento con dos características principales:

1. Autoriza formalmente un Proyecto o una fase de este.

2. Confiere al Jefe de Proyecto autoridad para aplicar los recursos de la organización a las Actividades del Proyecto.

Esta acta suele ser emitida por el patrocinador del Proyecto. El Jefe de Proyecto debe ser nombrado antes del inicio de la Planificación, aunque es preferible que ese nombramiento sea durante el desarrollo del Acta.

El Acta documentará principalmente:

• Las necesidades de negocio (relación con la estrategia de la organización).

• La justificación del Proyecto (estudio de viabilidad).

- La comprensión efectiva de los requisitos del cliente y resto de *stakeholders*.

- La comprensión efectiva del nuevo producto, servicio o resultado.

- Los objetivos medibles del Proyecto y los criterios de éxito relacionados.

- Los riesgos de alto nivel.

- Un resumen del cronograma de hitos.

- Un resumen del presupuesto.

- Los requisitos de aprobación del Proyecto.

Veamos con más detalle el proceso completo con todos los elementos para desarrollar el Acta de Constitución del Proyecto:

ENTRADAS:

1. **Enunciado del Trabajo del Proyecto** (SWO: Statement of Work): es una descripción narrativa de los productos o servicios que debe entregar el Proyecto. Hace referencia a:
   o **Una necesidad comercial:** una petición de un cliente…

   o **Una descripción del alcance del producto:** documenta las características del producto que el Proyecto se encargará de entregar…

   o **Un plan Estratégico:** que esté dentro de las metas de nuestra organización.

2. **Plan de Negocios:** determinar si el Proyecto vale o no la inversión requerida (necesidad comercial y el análisis coste-beneficio).

3. **Contrato.**

4. **Factores ambientales de la Empresa:** normas gubernamentales o industriales, infraestructura de la organización y las condiciones del mercado.

5. **Activos de los procesos de la organización:** procesos estándares de la organización, las políticas y las definiciones de procesos normalizados que se utilizan en la organización; las plantillas; la información histórica y la base de conocimientos de las lecciones aprendidas.

HERRAMIENTRAS Y TÉCNICAS:

1. **Juicio de los Expertos:** el juicio y la experiencia se aplican a cualquier detalle técnico y de gestión. Y es proporcionado por cualquier miembro de nuestra organización, consultores, asociaciones profesionales y técnicos, expertos en la materia, universidades, etc.

SALIDAS:

1. **Acta de Constitución del Proyecto:** documenta las necesidades comerciales, el conocimiento actual de las necesidades del cliente y el nuevo producto, servicio o resultado que el Proyectos debe proporcionar.
   La información contenida en el Acta de Constitución del Proyecto será:

   o   El **título** del Proyecto.

   o   Nombre que tendrá el Proyecto.

   o   El Propósito o **justificación del Proyecto** (metas y objetivos): cómo casa el Proyecto con la estrategia de la organización.

   o   Los **requisitos** que *satisfacen* las necesidades, deseos y expectativas del cliente, el patrocinador y demás *stakeholders*: ¿*Para qué*?

   o   **Descripción a alto nivel** del Proyecto o **requisitos del producto** del Proyecto.

   o   Los riesgos a alto nivel.

   o   **Un resumen del Cronograma de Hitos.**

   o   **Un resumen del Presupuesto.**

   o   **Oportunidades de negocio** que **justifiquen el Proyecto**, incluido el retorno sobre la inversión (*business case*): estudio de viabilidad.

   o   **Asunciones** de la organización, ambientales y externas.

   o   **Restricciones** de la organización, ambientales y externas.

   o   Resumen del cronograma de **hitos**.

   o   **Influencias** de los **stakeholders**.

   o   **Organizaciones funcionales** y su **participación**.

   o   **Los requisitos de aprobación del Proyecto** (qué constituye el éxito del Proyecto, quién decide si el Proyecto es exitoso y quién firma la aprobación del Proyecto).

   o   **Jefe de Proyecto asignado, su responsabilidad y su nivel de autoridad.**

   o   **El nombre y nivel de autoridad del Patrocinador o de quienes autorizan el Acta de constitución del Proyecto.**

   o   **Firmado y Aprobado.**

Ejemplo de Acta de constitución del Proyecto:

El Proyecto ha sido encargado por un cliente que vive en un chalé de dos plantas en una parcela de 2.000 m^2 sin apenas pendiente. Su idea es recoger el agua de lluvia, tratarla, almacenarla y poder disponer de ella cuando la necesite para regar las plantas que tiene en su parcela con el consiguiente ahorro.

Nosotros pertenecemos a una organización cuya misión es instalar piscinas y sistemas de riego en chalé. Y dentro de nuestra visión empresarial está el instalar paneles solares para calentar el agua del domicilio y/o piscina.

Ítem	Información	Descripción
Título del Proyecto	Nombre del Proyecto	Almacén lluvia.
Descripción breve del Proyecto	Breve descripción aclaratoria del título	Recolección de lluvia, tratarla, almacenarla y poder disponer de ella cuando la necesite para regar las plantas que tenga en la parcela.
Necesidades y expectativas	¿Para qué?	Captar toda la lluvia posible. Disponer de ella en cualquier punto de la parcela para regar las plantas.
Requisitos	Condiciones	• Agua de lluvia. • El almacén de agua de lluvia no se verá o no desentonará con el paisaje. • El sistema de recogida de lluvia y de riego estará integrado en la parcela. • Para riego de plantas (no potable). • Riego automático y flexible para el usuario. • No se vuelva insalubre ni críe mosquitos u otros bichos.
Descripción a alto nivel del Proyecto	Descripción con detalles	Se recolectará toda la lluvia posible y se conducirá al almacén de lluvia donde se tratará y guardará. Se dispondrá de ella en toda la parcela para regar plantas y con programadores automáticos. El almacén no puede desentonar en la parcela. Posibilidad de ampliar el Proyecto para hacer captación de pozo y llenar el almacén de lluvia en épocas de sequía. También existiría la posibilidad de instalar en la casa otro sistema de cañerías para uso no potable desde el almacén de lluvias.

Requisitos del producto del Proyecto	Descripción del entregable	El agua no supondrá riesgo para la salud pero no será potable. Se podrá disponer de ella de forma flexible en toda la parcela.
Finalidad o justificación del Proyecto	Casar con la estrategia de la compañía	Para la organización: Apertura de nueva línea de negocio: instalación del almacén en chalés con parcelas > 200 m². Posible cambio legislación y aumento de tarifas crearán un gran mercado potencial. Para el cliente: La factura del agua actual es altísima. Bajar la factura del agua por el ahorro supuesto. Posible cambio en legislatura que penalizará al usuario con multas por un consumo doméstico tan alto.

Oportunidades de negocio (*business case*)	Estudio de viabilidad (criterios financieros y no financieros)	Se supone hecho el estudio preliminar de viabilidad y aquí simplemente se ponen los resultados. Previsión: debido al ahorro de agua se recuperará la inversión a los 7 años. Si se mantienen las tarifas y el actual consumo de agua, la bajada de la factura será de un 50 % el 1.er año, con un año de pluviosidad media. Si cambia la legislación, el ahorro en sanciones haría que el plazo de amortización baje a 3 años.
Asunciones de la organización, ambientales y externas	Hipótesis	El usuario llevará un correcto mantenimiento de la instalación, una vez acabada, para mantener el periodo de amortización. Se pueden instalar canalones en los alerones del tejado. Ejecutaremos revisiones anuales durante el periodo de garantía, que es de 5 años. Mantenimiento también nuestro a módico precio.

Restricciones de la organización, ambientales y externas	Limitaciones	Se toma como dato de pluviosidad los datos aportados por el Instituto Nacional de Meteorología. Uso no potable del agua. Almacén de lluvia subterráneo o integrado en el paisaje. Parcela con desnivel mínimo. El Proyecto no puede pasar de un presupuesto de 125.000 €. Nuestra organización es matricial.
Resumen del cronograma de hitos	Hitos contractuales	Desde la firma del contrato y en 15 días laborables se le presentarán los 3 posibles Proyectos hablados con el cliente. Si se selecciona el previsto en las conversaciones llevadas a cabo, en un plazo de 6 meses desde la autorización, estará acabado y puesto en marcha.
Presupuesto resumido	Oferta. 10 % error.	15.000 € el estudio del Proyecto por arquitectura, sin IVA. 100.000 € el presupuesto total del Proyecto probable, sin IVA. Total: 115.000 € sin IVA
Stakeholder	Identificación	Administraciones con legislación sobre: • Edificabilidad • Apertura de pozos • Permiso de obras Vecinos y presidente comunidad.
Organizaciones funcionales y su participación	De la organización	El departamento de Arquitectura propondrá los 3 posibles Proyectos con base en los requisitos tomados y hará el estudio.
Jefe de Proyecto	Responsable Proyecto	
Firmado, Aprobado	Patrocinador	

6. OTROS TEMAS PARA MEJORAR LA DEFINICIÓN DEL PROYECTO

La gente exitosa, al igual que las organizaciones exitosas, tiene objetivos y planes (Michael Edwards)

Dentro del Acta de Proyecto podemos distinguir los siguientes pasos para definir mejor el Proyecto, o sea, los objetivos a cumplir y la solución adoptada para conseguirlos.

FIGURA 4.8

Este gráfico nos ofrece una descripción de alto nivel del trabajo a llevar a cabo, una vez seleccionada la solución de entre las posibles que hubiera.

Este documento contendrá:

• Las características y los límites del Proyecto

• Los productos y servicios relacionados

• Los métodos de aceptación

7. DEFINICIÓN DEL ALCANCE Y EL ÉXITO DEL PROYECTO

El nivel de éxito del Proyecto está directamente relacionado con el grado y nivel de detalle con que hayamos definido "qué trabajo se realizará y qué trabajo quedará excluido".

En esta Fase, se crea una primera versión preliminar del enunciado de lo que se quiere obtener, a refinar posteriormente por el equipo de Proyecto según se vaya disponiendo de más información. Su elaboración será progresiva a lo largo del ciclo de vida del Proyecto.

La traslación de las necesidades a requisitos, de requisitos a objetivos, y de objetivos a Alcance, se debe realizar durante todo el ciclo de vida del Proyecto para hacer correctamente el trabajo que llevemos a cabo

8. OBJETIVO INTEGRADO DEL PROYECTO

¿El objetivo del Proyecto se limita al acuerdo inicial de objetivos entre cliente y suministrador? ¿Podemos decir que el éxito del Proyecto estriba en entender el objetivo, limitándose este a la relación cliente/suministrador? La respuesta es NO.

Erróneamente pensamos que asegurar el éxito del Proyecto depende exclusivamente de la definición del objetivo del Proyecto, y que este se limita a cumplir con los acuerdos establecidos en los pedidos de nuestros clientes referenciados en un contrato marco o en un contrato singular (clientes externos), o en la hoja de requerimientos que recibimos (clientes internos).

¿Cómo podremos fijar el objetivo integral del Proyecto? Veamos:

1. Se deben **traducir** las **necesidades** y expectativas del cliente en cuanto al producto y los procesos (tanto las declaradas como las implícitas), en requisitos documentados, que incluyan los aspectos legales y reglamentarios, y que deberán, cuando lo requiera el cliente, ser aceptados mutuamente.

2. **Entendiendo** los **intereses** y las perspectivas de todos los implicados, y el poder que tienen para afectar al Proyecto.

3. **Entendiendo** los posibles **conflictos** de intereses, entre las partes interesadas y el patrocinador del Proyecto, o bien entre los diferentes grupos de interés.

4. **Establecer** las **necesidades** de los *stakeholders*. Estas deberían traducirse en requisitos documentados y, cuando proceda, ser aceptadas por el cliente.

5. Continuando este **proceso dinámico** a lo largo del ciclo de vida del Proyecto hasta que la participación deseada de cada uno de los *stakeholders* es definida para cada fase del ciclo de Proyecto.

6. **Monitorizando** a los *stakeholders*.

La elaboración de los objetivos es compleja como refleja resumidamente el siguiente esquema:

FIGURA 4.9

9. MÉTODO SMART

Todavía nos debemos de hacer otra pregunta: ¿Cómo deben ser los objetivos? **SMART** es la respuesta. Este método nos va a servir para definir cómo debe ser un objetivo (y una actividad y una fase y un requisito, etc.):

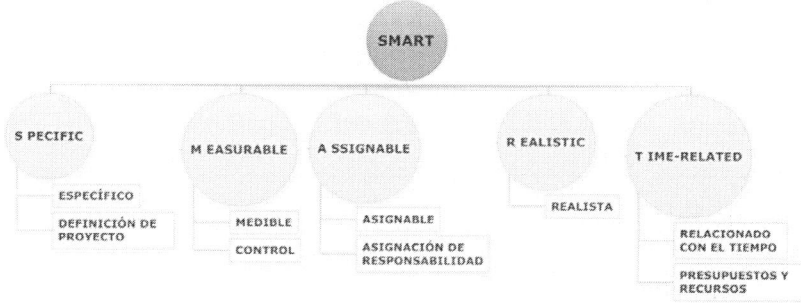

FIGURA 4.10

- **Específico:** Debe poder ser definido a través de unos requisitos (especificaciones), y también debe permitir definir una lista de pruebas o una lista de comprobación (*check list*) para asegurar que los términos de aceptación del producto o servicio están claros y acordados entre el equipo de Proyecto y el cliente.

- **Medible:** Debe permitir establecer una línea base o la definición de unas métricas para poder medir las desviaciones y el logro del objetivo.

- **Asignable:** Debe permitir la asignación de la responsabilidad del objetivo a una persona o a un grupo funcional.

- **Realista:** ¿Puede ser llevado a cabo? En términos de recursos (materiales, económicos, humanos), tiempo y calidad.

- **Relacionado con el tiempo:** Debe permitir la planificación temporal y establecer un compromiso de entrega en el tiempo.

Si nos falta alguna de estas características, el objetivo no estará bien definido y solo estaríamos hablando de "deseos" (y las subjetividades y/o percepciones no son gestionables).

Si tenemos unos objetivos que cumplan con el término SMART habremos resuelto el 50 % de nuestro problema, de nuestro Proyecto, y estaremos un 50 % más cerca de alcanzar su éxito.

El hacer un objetivo (u otro elemento) SMART también es un desarrollo gradual pues no siempre tenemos toda la información disponible. Lo haremos, por tanto, lo más 'SMART' posible y continuaremos.

Como hemos indicado, este método se puede emplear para definir no solo los objetivos sino también el Proyecto, los entregables, las actividades, etc.

Ejemplo: analicemos unas vacaciones veraniegas desde el método SMART

Específico	Ir a un pueblo costero del Mediterráneo español. Con playa. La 1ª quincena de agosto. Con la familia. En hotel de 3 a 5 estrellas y media pensión. Cena fuera del hotel Transporte en mi coche.
Medible	Estar fuera de casa desde el 1 de agosto hasta el 15. Volver morenos. Gastarnos lo presupuestado ± 10 %. Sin accidentes ni contrariedades importantes.
Asignable	Yo planearé las vacaciones en cuanto a viaje y estancias en hotel
Realista	Tengo el presupuesto necesario con base en años anteriores. Los componentes de la familia ya están de acuerdo en el plan.
Relacionado con el tiempo	Sí. Tiene un periodo específico. Las reservas tienen que estar hechas antes del 1 de junio.

Este ejemplo puede ser lo más específico posible a una determinada fecha, pongamos que esto se planteó en febrero y todavía no sabíamos el pueblo al que ir en función de las ofertas que hubiera en las agencias de viaje.

10. LA SOLUCIÓN SELECCIONADA

Características de la solución seleccionada (acordada):

*   **Debe ser documentada:** que quede por escrito, pues las palabras se las lleva el viento. Por el equipo del Proyecto.

*   **Debe ser validada contra los requerimientos:** la traslación de requerimientos a enunciado del alcance debe ser lo más fiel posible por parte del equipo de Proyecto, al haber entendido las necesidades del cliente.

*   **Debe ser revisada y aprobada por el grupo del cliente:** tiene que haber una implicación del cliente y confirmación.

*   **El equipo de Proyecto debe habilitar un proceso de control de cambios:** debe establecer la línea base de la solución.

11. TIPOS DE ENTREGABLES

Tenemos:

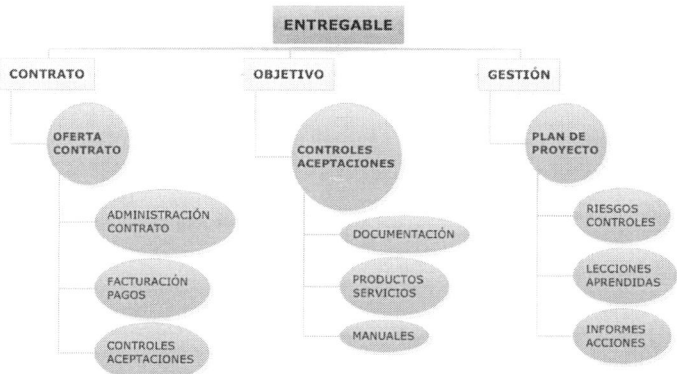

FIGURA 4.11

Hay tres niveles de entregables:

1. Los **relacionados con el contrato** firmado entre las partes o con la preparación de la oferta previa (propuesta, valoración, oferta, pedido, facturación, etc.)

2. Los **relacionados con la propia ejecución del Proyecto y con el producto o servicio objetivo** del Proyecto (diseños, documentos de instalación, listas de materiales, manuales de uso, etc.)

3. Los **relacionados con la gestión del Proyecto** (el Acta del Proyecto, el Plan de Proyecto, los informes de cumplimiento, las métricas, etc.)

Continuación Ejemplo del Acta de Proyecto:

Continuamos con el Proyecto de almacenamiento del agua de lluvia.

Posibles soluciones que proponemos al cliente:

1. En la recolección:
   o Recoger agua de lluvia de los tejados y conducirla a través de canalones hasta una piscina o depósito subterráneo
   o Recoger agua de pozo si da positiva la prospección

2. Almacén del agua:
   o Subterráneo
   o Alberca sobre el suelo
   o Alberca a ras de suelo

3. Distribución:
   o Riego manual
   o Riego automático
   o Instalación pequeño depósito en buhardilla (o depósito en alto, con gran impacto visual) e instalación de otro sistema de cañerías para cisterna y electrodomésticos como lavadora y lavavajillas.

Una vez hablado con el cliente y dado los presupuestos, este elige la solución que detallamos a continuación:

Ítem	Información	Descripción
Objetivos del Proyecto.	¿Qué?	Recoger agua de lluvia del tejado. Almacenarla en un depósito subterráneo de entre 100 y 200 m³ según posibilidad y presupuesto. Regar automáticamente la parcela con esta agua.
Descripción del alcance del Proyecto.	¿Cómo?	Instalando canalones de aluminio en todas las vertientes del tejado. Construyendo piscina subterránea de dimensiones adecuadas según situación casa en parcela. Instalando programador de riego. Instalando sistema de riego con bomba de agua.

Objetivos del producto.	¿Qué?	Obtener agua al mínimo coste procedente de la lluvia. Agua no potable pero sin riesgos para la salud. Posibilidad de regar la parcela automáticamente y por fases.
Descripción del alcance del producto.	¿Cómo?	Canalones instalados con la suficiente pendiente para conducir el agua al almacén, sin acumulaciones ni goteos. Clorando el agua directamente en el depósito con pastillas o garrafas de cloro. Programador de riego con varias fases y varios tiempos de riego.
Requisitos del Proyecto	Condiciones	Parcela de 2000 m² Superficie del tejado de más de 75 m² Almacén de agua de 100 m³ o más. La cara superior del almacén de aguas quedará enterrada a 0,5 metros. Canalones de aluminio. Riego por aspersión y por goteo. El programador contará con sistema de alimentación independiente por si falla el suministro eléctrico y no perder su programación. La bomba de impulsión será eléctrica.
Límites del Proyecto	Lo que sí y lo que no. Frontera del Proyecto	No se cavará un pozo como complemento No se instalará un pequeño depósito de agua en buhardilla. En cambio se pone bomba de agua. No se instalará encima del almacén, césped o cualquier otro elemento decorativo. La trampilla quedará a la vista y será fácil de abrir pero con candado. No se instalará ningún grupo autógeno por si falla el suministro eléctrico.
Entregables del Proyecto	Relación y breve descripción	Canalones instalados. Tanque de agua cuadrado o rectangular subterráneo. Bomba de impulsión. Cañerías de riego.

Criterios de aceptación del producto	*Check list*	Depósito subterráneo ≥ 100 m³ Condiciones del agua: Análisis bacteriológico y elementos químicos dentro de límites legales de agua de riego no potable. Los canalones ni gotean ni tienen acumulaciones. El almacén de agua no presenta fugas. El almacén de agua tiene un buen acceso a su interior por si se requiere su limpieza. El sistema de riego no presenta fugas. El programador funciona adecuadamente en cuanto a tiempos y fases.
Restricciones del Proyecto	Limitaciones	6 meses desde la firma del contrato.
Asunciones del Proyecto	Hipótesis	Acceso de materiales y maquinaria a parcela sin problemas. Materiales retirados son de nuestra propiedad. Zona de instalación está despejada de plantas. Casa construida.
Limitación de presupuesto		Presupuesto máximo 125.000 € sin IVA.
Riesgos iniciales definidos		Parcela rocosa y aumente el presupuesto de excavación. Haya que arrancar o trasplantar plantas donde vaya a ir el almacén con el consiguiente aumento de coste. El acceso de la maquinaria al sitio no sea viable o muy complicado.

12. IDENTIFICACIÓN DE LOS *STAKEHOLDERS*

El propósito del Proceso de la identificación de los *stakeholders* es conocer a todas las personas u organizaciones que se pueden ver afectadas por el Proyecto, tanto de forma positiva como de forma negativa, y documentar la información relativa a sus intereses, participación, influencia e impacto en el éxito del mismo.

De esta forma, se puede elaborar una estrategia para abordar a cada uno de ellos y determinar el nivel y el momento de su participación, a fin de maximizar las influencias positivas y mitigar los impactos negativos potenciales. La evaluación y la estrategia correspondiente deben revisarse de forma periódica durante la ejecución del Proyecto para ser ajustada frente a los posibles cambios.

El siguiente esquema muestra la relación entre los diferentes interesados (*stakeholders*) que vamos a encontrarnos como mínimo en un Proyecto:

FIGURA 4.12

El procedimiento para el análisis de los *stakeholders* sería el siguiente:

1. Desarrollar una lista de *stakeholders*.

2. Identificar el papel de cada *stakeholders*.

3. Identificar el impacto que el Proyecto tendrá para los *stakeholders*.

4. Identificar su interés.

5. Identificar las relaciones entre los *stakeholders*.

6. Identificar el objetivo/necesidad de cada *stakeholders*.

7. Establecer el orden de prioridad.

8. Establecer la estrategia para asegurar el objetivo del stakeholders.

Aunque este procedimiento lo desarrollaremos más detalladamente en el Área de Gestión de las Comunicaciones del Proyecto, sí es importante que realicemos una lista lo más exhaustiva posible de los *stakeholders*, una Matriz de Poder/Interés y una Matriz de Análisis y Estrategia de los *Stakeholders* en este Grupo de Procesos del INICIO.

Lista de los *stakeholders*: simplemente enumerar los posibles afectados por el Proyecto

Matriz de Poder/Interés:

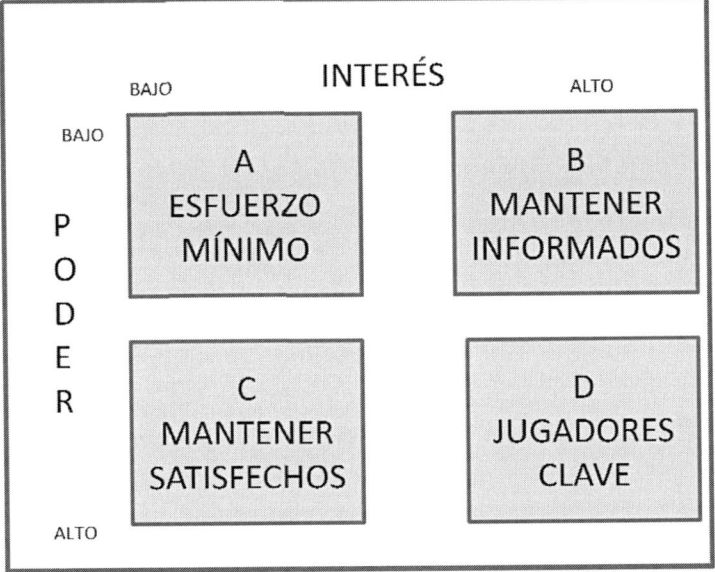

FIGURA 4.13

Matriz de Análisis y Estrategia de los *stakeholder*:

STAKEHOLDER	PAPEL QUE JUEGA EN EL PROYECTO	CÓMO LE IMPACTA EL PROYECTO	INTERÉS	PODER / INFLUENCIA	RELACIONES CON OTROS	OBJETIVO / NECESIDAD	PRIORIDAD	ESTRATEGIA

FIGURA 4.14

13. CIERRE DEL GRUPO DE PROCESOS DEL INICIO

Una vez obtenida el Acta de Constitución del Proyecto (requisitos, objetivos de alto nivel y la solución propuesta) y la Identificación de los *Stakeholders*, ya solo falta la **autorización para comenzar el Proyecto**.

Esta autorización puede ser desde muy formal (ejemplo: se firma un contrato y entonces empezamos la siguiente fase), a simplemente verbal en función del tipo de Proyecto en el que estemos.

NOTA IMPORTANTE:

A partir de este momento, aunque lo normal sería continuar viendo Grupo de Proceso por Grupo de Proceso, se ha demostrado que pedagógicamente es mejor estudiar por Áreas de Conocimiento, de esta forma los lectores entenderán y asimilarán mucho mejor los conceptos.

3. LA GESTIÓN DEL ALCANCE

1. INTRODUCCIÓN

En esta Área de conocimiento, el Jefe de Proyecto junto con el equipo de Dirección del Proyecto tendrán que pensar el trabajo que hay que llevar a cabo para producir el/los entregable/s requerido/s y cumplir con el objetivo integrado del Proyecto.

2. ¿CUÁL ES EL SIGUIENTE PASO?

Sigamos echando mano de la Metodología para ver lo que nos dice:

"Una vez realizada el Acta del Proyecto, definido y analizadas todas las personas y organizaciones que se pueden ver afectadas por el mismo y obtenida la autorización de seguir con el Proyecto se cierra la Fase de Inicio y comenzamos con la Fase de Planificación".

Lo primero que haremos en la **Fase de Planificación** será identificar los requisitos, definiendo y documentando las necesidades a fin de cumplir con los objetivos del Proyecto.

El éxito del Proyecto dependerá en gran medida de la ejecución rigurosa del proceso de captura de requerimientos.

El grupo de Procesos de Planificación.

Esta parte se centra en *cómo* hacer el *trabajo* (resolver el problema), y cómo se llevará a cabo su control, para producir el producto, servicio o resultado único.

La Planificación se desarrolla a partir de la información suministrada por el patrocinador y por nuestra organización, de esta manera nos podremos encontrar con:

- Planes de Gestión.

- **Objetivos** del Proyecto y del producto (¿Qué?).

- Descripción del **alcance** del Proyecto y producto (¿Cómo?).

- **Requisitos** del Proyecto.

- **Límites** del Proyecto.

- **Entregables** del Proyecto.

- **Criterios** de **aceptación** del producto.

- **Restricciones** del Proyecto.

- **Asunciones** del Proyecto.

- **EDT** inicial.

- **Organización** inicial del Proyecto.

- **Hitos** del cronograma.

- Estimación de **costes** de orden de magnitud.

- Limitación de **presupuesto**.

- **Riesgos** iniciales definidos.

El equipo de Dirección del Proyecto será quien refine la Planificación del Proyecto para obtener la definición del Alcance del Proyecto.

3. ¿QUÉ ES EL ALCANCE?

Es el Área de conocimiento donde nos ocuparemos de definir esas pequeñas tareas que se encargan de que "el Proyecto incluya los Procesos necesarios para asegurarse que el Proyecto incluya *todo* el trabajo requerido, y *sólo* el trabajo requerido, para completar el Proyecto satisfactoriamente" (PMBOK® 4ª edición)

Es importante centrar nuestra atención en las palabras resaltadas: *todo* y *solo*.

3.1. TIPOS DE ALCANCE

En el contexto del Proyecto, la palabra Alcance puede referirse a lo siguiente:

- **Alcance del producto:** las características y funciones que definen un producto, servicio o resultado.

- **Alcance del Proyecto:** el trabajo que debe realizarse para entregar un producto, servicio o resultado con las características y funciones especificadas.

En este libro nos estaremos refiriendo al Alcance del Proyecto.

3.2. EL PLAN DE GESTIÓN DEL ALCANCE

Constará de los siguientes elementos:

- Definir el Alcance del Proyecto.

- La EDT (Estructura de Descomposición del Trabajo).

- El diccionario de la EDT.

- Cómo se obtendrá la verificación y aceptación formal de los entregables.

- Cómo se procesarán las solicitudes de cambio al enunciado detallado del alcance y a la EDT.

La finalidad de este Plan es indicar al equipo de Proyecto cómo definir, verificar y controlar el alcance del Proyecto para:

- Traducir las necesidades y expectativas del cliente y del resto de los *stakeholders* en actividades que habrán de llevarse a cabo para alcanzar los objetivos del Proyecto, y organizar estas actividades.

- Asegurarse de que el personal trabaja dentro del ámbito del Alcance (hace lo que realmente tiene que hacer), durante la realización de estas actividades.

- Asegurarse de que las actividades llevadas a cabo dentro del Proyecto cumplen los requisitos descritos en el Alcance.

3.3. LA PLANIFICACIÓN GRADUAL

El tiempo y el rigor invertidos en la realización de este plan deben ir en consonancia con el tamaño y nivel de riesgo del Proyecto.

La técnica de Planificación de Elaboración Gradual o *Rolling Wave Planning* nos dice que el trabajo que se debe realizar a corto plazo se planifica en mayor detalle, mientras que el trabajo a más largo plazo se planifica a un nivel relativamente alto.

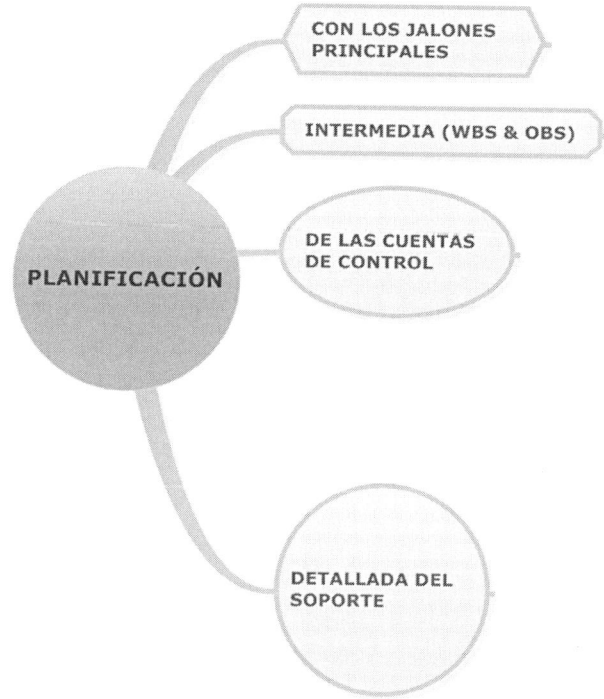

FIGURA 4.15

La Planificación detallada del trabajo la iremos haciendo para uno o dos períodos próximos según se vaya completando el trabajo actual. ¿Quién determina la duración de estos periodos? El Jefe de Proyecto con su equipo de Proyecto.

A esta técnica también se la conoce como "Planeación Continua con Incremento de Detalle".

Recordar el criterio, que ya expusimos en el módulo anterior, para saber cuál es la zona donde llevar a cabo una programación más detallada: el riesgo (nuestro principal cometido).

3.4. DEFINIR EL ALCANCE DEL PROYECTO

A la hora de desarrollar el Alcance del Proyecto (el trabajo que deberemos realizar), deberán identificarse y documentarse, en términos medibles, y tan exhaustivamente como sea posible, las características del producto del Proyecto según la solución seleccionada de la Fase de Inicio.

El Jefe de Proyecto y su equipo de Dirección del Proyecto serán lor encargados de refinar el Alcance, para así obtener el Alcance bien detallado.

3.5. CARACTERÍSTICAS DEL ALCANCE

Hay dos principalmente:

1. Es la base del acuerdo entre nuestra organización y la del cliente pues identifica tanto los objetivos del Proyecto como los entregables del mismo con los requisitos a cumplir.

2. Su adecuada definición es un factor crítico para el éxito del Proyecto.

"Cuando hay una pobre definición del Alcance, se puede esperar que se eleven los costos finales del Proyecto debido a los inevitables cambios que interrumpen el ritmo del Proyecto, causan re-procesos o re-trabajos, aumentan los plazos del Proyecto y disminuyen la productividad y la moral de la fuerza laboral".

Por consiguiente, la finalidad del Alcance sería:

- Proporcionar un entendimiento común del alcance (trabajo a realizar) entre los distintos *stakeholders* del Proyecto.
- Describir los principales objetivos del Proyecto.
- Permitir al equipo del Proyecto realizar una planificación más detallada.
- Guiar el trabajo del equipo del Proyecto durante la ejecución.
- Proporcionar la línea base para evaluar si las solicitudes de cambio o trabajo adicional están comprendidas dentro o fuera de los límites del Proyecto.

3.6. EL ALCANCE DEL PRODUCTO

En cuanto al producto, el Alcance detallado del Proyecto también tiene que incluir el Alcance del producto y no solo el del Proyecto:

- Una descripción del producto del Proyecto
- Las características y el modo en que han de medirse y/o evaluarse estas

4. CREAR LA EDT (ESTRUCTURA DE DESCOMPOSICIÓN DEL TRABAJO)

El objetivo del Proyecto, por su propia definición, es singular y entraña un alto nivel de dificultad e incertidumbre.

La estrategia de resolución del problema, planteada por el Proyecto, recae en descomponerlo de forma que cada Actividad resultante sea como una operación sencilla y repetitiva, y pueda ser llevada a cabo por los grupos funcionales de nuestra organización (que estarán representados en el equipo de Proyecto).

Este proceso, partiendo del enunciado detallado del Alcance, creará la **Estructura de Descomposición del Trabajo** (**EDT** o WBS, Work Breakdown Structure).

La **EDT** se considera el documento más importante para el Jefe del Proyecto pues recoge el trabajo que hay que realizar y los entregables internos necesarios para producir los principales entregables identificados en el enunciado del alcance.

O sea, a través de la EDT sentamos las bases para definir en detalle, organizar, asignar, programar, informar y hacer el seguimiento del trabajo para producir los entregables acordados. Y encima presenta de forma clara el trabajo, con lo que los implicados pueden estar al tanto de este.

4.1. ¿QUÉ ES LA EDT?

Es una forma de "organizar" y "definir" el Alcance detallado del Proyecto.

- ¿Cómo organiza al Alcance?: a través de una lista de tareas o un diagrama de árbol (gráfico), las cataloga de forma jerárquica, lógica y organizada.

- ¿Y cómo la EDT define al alcance?: al ser el resultado de una descomposición jerárquica del trabajo que hay que realizar para lograr los objetivos del Proyecto, según se vaya realizando de forma ordenada esta descomposición se obtendrán los distintos paquetes de trabajo que hay que realizar para obtener los entregables.

- ¿Quién lo desarrolla?: el Jefe del Proyecto junto con el equipo de Proyecto.

Cualquier trabajo que no esté definido en la EDT se considera fuera del Alcance del Proyecto.

4.2. FORMATOS DE LA EDT

Puede tener 2 formatos:

1. Como diagrama de árbol (gráfica):

FIGURA 4.16

2. Como esquema o lista jerárquica:
o   Proyecto 200606
- Actividad A
- Actividad I
- Actividad C
- Actividad D
- Actividad F
- Gestión del Proyecto
- Actividad B
- Actividad H
- Actividad G
- Actividad E

Uso de cada formato:

- El gráfico sirve para presentar a la dirección y/o al cliente, el trabajo a realizar con diagramas de 3 a 5 niveles de detalle.

- El esquema, como alcanza un nivel de detalle más bajo sin volverse farragoso, lo emplearíamos para desarrollar el cronograma (tiempo), costes, riesgos, comunicaciones, etc.

4.3. CARACTERÍSTICAS PRINCIPALES DE LA EDT

1. Está orientado al entregable.

2. Su nivel más bajo son los paquetes de trabajo (no son las actividades). Estos paquetes de trabajo serán asignados a una organización única responsable.

3. Cada nivel descendente representa una definición cada vez más detallada del trabajo del Proyecto, o sea, representa un nivel de detalle mayor de ese elemento.

4. Cada elemento está separado y se diferencia de otro cualquiera por un Código.

5. Debe tener el nivel de detalle suficiente para una gestión eficaz.

4.4. FINALIDAD DE LA EDT

- **Delimita el trabajo:** organiza y define el alcance total del Proyecto. Lo que no esté en la EDT no está en el Alcance.

- **Útil para gestionar cualquier Proyecto:** subdivide los elementos y componentes de trabajo en unidades menores más manejables: la gestión de componentes pequeños es mucho más sencilla que la de uno grande.

- **Los expertos son lo que hablan:** lo desarrolla el Jefe de Proyecto con el equipo de Proyecto.

- **Mejora la precisión en las estimaciones:** de recursos, tiempos y costes.

- **Comunica:** permite ver el trabajo necesario de realizar tanto a nosotros como a los implicados.

- **Clarifica las responsabilidades:** facilita la asignación de quién hace qué.

- **Confianza:** aumentará si el equipo de Proyecto ve que el trabajo está estructurado, es definible y es posible de hacer.

- **Proporciona una base común:** para el Alcance, Tiempo, Coste, Calidad, Comunicaciones, Distribución de la responsabilidad y el Riesgo del Proyecto.

- **Mayor control:** define la línea base del Alcance y podremos medir el rendimiento del Proyecto.

- **Riesgos:** facilita la identificación de los factores de riesgo.

4.5. PASOS PARA CREAR LA EDT

Preguntas que hacernos:

- ¿Cuáles son los principales entregables del Proyecto? ¿Cuál es el objetivo? (Nota: los entregables más importantes suelen aparecer por el 2º nivel)

- ¿Tengo plantillas ya hechas? ¿Y de Proyectos similares anteriores?

- ¿Cuál es el ciclo de vida (técnico) del Proyecto? ¿Qué fases tiene?

- ¿Puedo dividir este elemento en más subcomponentes?

- ¿Cómo serán producidos los entregables exactamente?

- ¿Con este nivel de detalle puedo estimar bien la duración y el coste del elemento?

4.6. REUNIÓN PARA LA CREACIÓN DE LA EDT CON EL EQUIPO DE PROYECTO

1. La convocatoria de la reunión: se les habrá dado los documentos necesarios para llegar informados a ella y se dirá de forma explícita lo que se quiere y espera de cada participante.

2. El equipo generará un alto volumen de ideas sobre el tema en la reunión. Para ello, el proceso deberá estar libre de críticas y juicios.

Esto se consigue con métodos del tipo 'búsqueda y análisis', como puede ser el *brainstorm* o tormenta de ideas, analogías/asociación de palabras libres, método de 6-3-5, etc. Estos métodos los veremos en el tema del Área de Calidad.

Se pretende que todos los miembros del equipo aporten su experiencia para conseguir una lista de todas las tareas (generales y detalladas).

En esta fase solo se tomará nota ya que tratamos de que todos los miembros del equipo puedan aportar sus ideas sin ninguna cortapisa.

Nuestro papel será tener encarrilada la reunión en el asunto sin permitir desvíos, sin permitir críticas a las ideas expuestas por muy absurdas que sean y no permitir que haya ningún "turista", esto es, todos participan.

3. A continuación emplearemos un diagrama de afinidad donde organizaremos y resumiremos los elementos en agrupamientos naturales para comprender la esencia del problema.

Potencialmente, al listar las tareas y verificar que la suma de los entregables de cada actividad dará el objetivo del Proyecto, aparecerán nuevas actividades o aparecerán preguntas sobre algún detalle del objetivo que nos obligarán a volver a contactar con el cliente a fin de resolverlas.

FIGURA 4.17

Un diagrama de afinidad típico tiene de 40 a 60 elementos. De hecho, tener de 100 a 200 elementos no es inusual.

4. Creación de la EDT: el diagrama de árbol

El diagrama de agrupación por afinidad no nos da ninguna estructura de tareas que permita su gestión. Es por esto que acudiremos a crear un diagrama de árbol, pues nos proporcionará una estructura lógica y jerárquica para facilitar la gestión del trabajo.

4.7. DESARROLLO DE UNA EDT EFICAZ

Para conseguir una EDT adecuada hay que tener en cuenta:

1. Todo el trabajo del Proyecto está incluido.

2. La EDT está orientada a los entregables y aparecen todos explícitamente, incluidos los encargados a los proveedores.

3. Incluye las tareas de integración de los componentes y/o entregables.

4. Se debe incluir tareas de Gestión del Proyecto.

5. Se ha hecho con el equipo de Proyecto.

6. Se irá refinando hasta que todos los implicados queden satisfechos y también según vaya avanzando el Proyecto.

7. Los niveles más altos representan los entregables principales o las fases (técnicas) del Proyecto.

8. Cada elemento tiene un identificador único.

9. Cada elemento tiene un único padre.

10. Cada elemento se corresponde con un único entregable.

11. El nivel más bajo es el paquete de trabajo y se emplea para hacer estimaciones fiables de esfuerzo y coste.

La EDT debe definirse siempre al menos a un nivel inferior que el necesario para informar sobre la Gestión del Proyecto. Esto permitirá identificar mejor la causa de variaciones y/o problemas.

4.8. ¿CUÁNDO DEBEMOS PARAR EN LA DESCOMPOSICIÓN?

Criterios para parar en la descomposición:

- Cuando lleguemos a una tarea que pueda ser realizada por un solo grupo funcional puro (finanzas, logística, los probadores, los instaladores, la gente de diseño, etc.), será el representante del grupo funcional el responsable de dar todas las estimaciones de tiempo y coste para las actividades bajo su responsabilidad.

- Se podrá seguir descomponiendo en un nivel de detalle mayor siempre que el grupo funcional y el equipo lo consideren adecuado para facilitar:

    o   La estimación del esfuerzo.

    o   La asignación del trabajo.

    o   El seguimiento de los costes.

o   La medición del progreso.

- Hay directrices basadas en la experiencia respecto al tamaño que deben tener los paquetes de trabajo:

    o   4/40: una tarea no debe durar menos de 4 horas ni más de 40

    o   8/80: una tarea no debe durar menos de 8 horas ni más de 80 o   En cualquier caso, el tamaño máximo debería hacerse corresponder con su periodo de información estándar del Proyecto.

Criterios para seguir descomponiendo la estructura:

- Hay riesgos asociados a una porción menor del elemento.

- Más de un individuo o grupo tiene responsabilidad sobre el elemento.

- La tarea no puede acabarse dentro del periodo estándar de información.

- Las necesidades de recursos para el elemento no son consistentes.

- Hay lapsos de tiempo intermedios dentro del elemento.

- Hay incluido más de un entregable.

- El elemento incluye más de un proceso de trabajo.

Una vez descompuesto el Alcance en paquetes de trabajo a través de la EDT hay que comprobar:

- ¿Están todos los entregables incluidos?

- ¿Están de acuerdo todos los *stakeholders* del Proyecto con esta EDT?

- ¿Pueden ser los paquetes de trabajo (o el elemento de último nivel para el caso) presupuestados, planificados y asignados a una unidad que aceptará la responsabilidad?

4.9. ¿CÓMO PREPARAMOS EL DICCIONARIO DE LA EDT?

Una vez validada la EDT necesitamos definir su diccionario para describir a sus componentes.

¿Qué es el diccionario de la EDT?: es un documento que constará de la descripción detallada de los distintos elementos que componen la EDT. Se podrá incluir, entre otros:

- Identificador del componente.

- El enunciado de su trabajo asociado.

- Referencias técnicas para facilitar la realización del trabajo.

- Lista de actividades que conlleva.

- Requisitos de calidad.

- La organización responsable.

- Lista de hitos.

- Recursos necesarios.

- Una estimación de costes.

- Información sobre contratos.

- Lista de las actividades relacionadas.

- Puede haber referencias cruzadas a otros componentes de la EDT si es conveniente.

La finalidad del diccionario es:

- Documentar las características de cada elemento de la EDT.

- Proporciona un entendimiento uniforme para todos los miembros del equipo sobre el significado de cada elemento de la EDT.

¿Cómo conseguiremos cumplir con su finalidad?:

- Siendo claro y conciso.

- Identificando qué se necesita dar a otros y recibir de otros (interfaces).

- Listando los jalones críticos (y no solo los relacionados con el cliente).

- Identificando y definiendo lo que significa "completado/terminado".

Su creación es gradual y según vayamos pasando por las distintas etapas de Planificación lo iremos completando.

4.10. OTRAS ESTRUCTURAS DE DESGLOSE

Durante la lectura del libro vamos a usar otras estructuras de desglose que nombro ahora para que nos vayan sonando:

Estructura	Siglas	Definición
Estructura de desglose de la organización	EDO (OBS)	Parte del organigrama de la organización que tomará parte en nuestro Proyecto
Estructura de desglose de costes	EDC (CBS)	Lista organizada de costes directos en los que incurrirá el Proyecto
Estructura de desglose de riesgos	EDR (RBS)	Lista organizada de riesgos que tiene el Proyecto
Estructura de desglose de los recursos	EDR (RBS)	Lista organizada de recursos necesarios del Proyecto

4.11. EJEMPLO EDT

El siguiente EDT se corresponde al Proyecto de almacenar lluvia y solo estaría abierta la rama de la 1ª Fase, la de Inicio, hasta los paquetes de trabajo.

Atención: No confundir estos elementos con los elementos del ejemplo resumen (la alberca), del módulo 3, pues eran actividades lo que aquí son tareas.

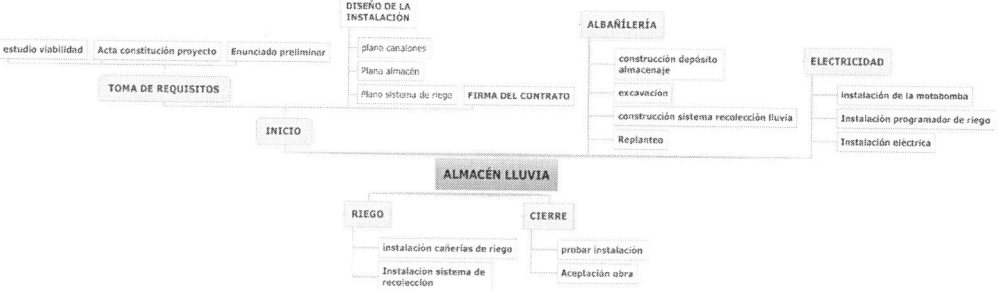

FIGURA 4.18

Ejemplo de Carta del Proyecto

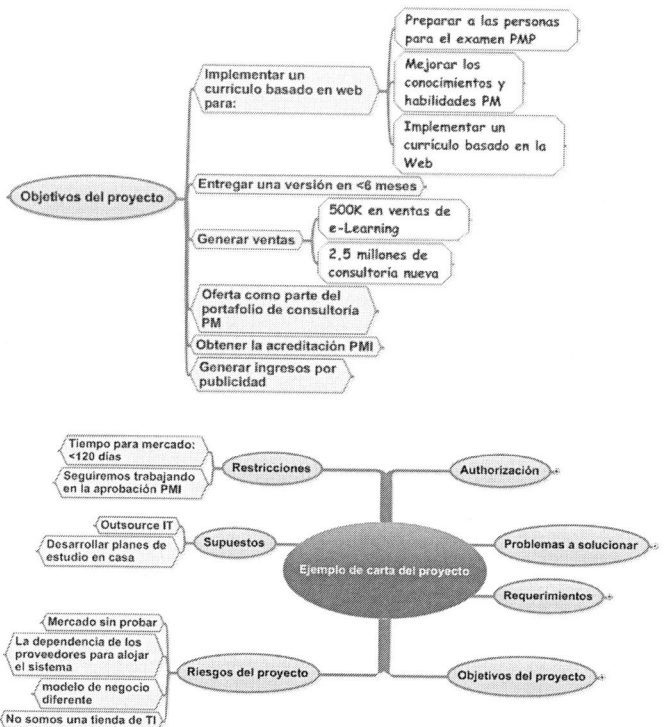

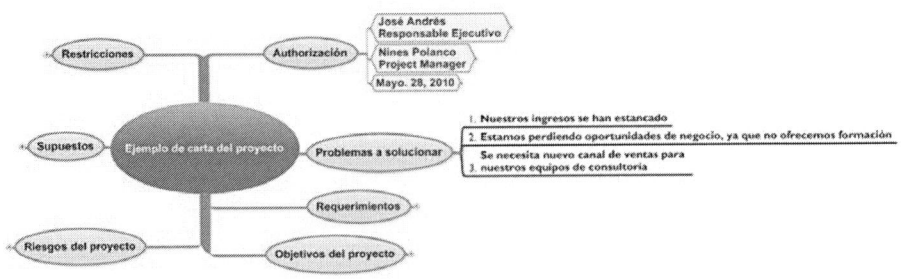

Ejemplo de carta del proyecto
Restricciones
Authorización
José Andrés
Responsable Ejecutivo
Nines Polanco
Project Manager
Mayo. 28, 2010
Supuestos
Problemas a solucionar
1. Nuestros ingresos se han estancado
2. Estamos perdiendo oportunidades de negocio, ya que no ofrecemos formación
Se necesita nuevo canal de ventas para
3. nuestros equipos de consultoría
Requerimientos
Riesgos del proyecto
Objetivos del proyecto

Requerimientos
Ayuda Curriculum en linea
Completo programa de estudios de todos los aspectos del ciclo de vida PM y áreas de conocimiento
Lista de los requisitos del examen PMP
tareas y exámenes
Seguimiento de los progresos y resultados / estudiante y cuenta /
Creación de retroalimentación automática
Expedición de certificados de finalización
Adquirir acreditación PMI
Sistema administración cuentas
Facturación
Seguir el progreso del estudiante
Estructura de Apoyo al Cliente
Soporte contenido
Soporte Cuenta
Soporte técnico
sistema de prestación T I
Gestión de usuarios
Contenido a entregar
Integrar a la facturación
alojamiento externo
Espacios publicitarios

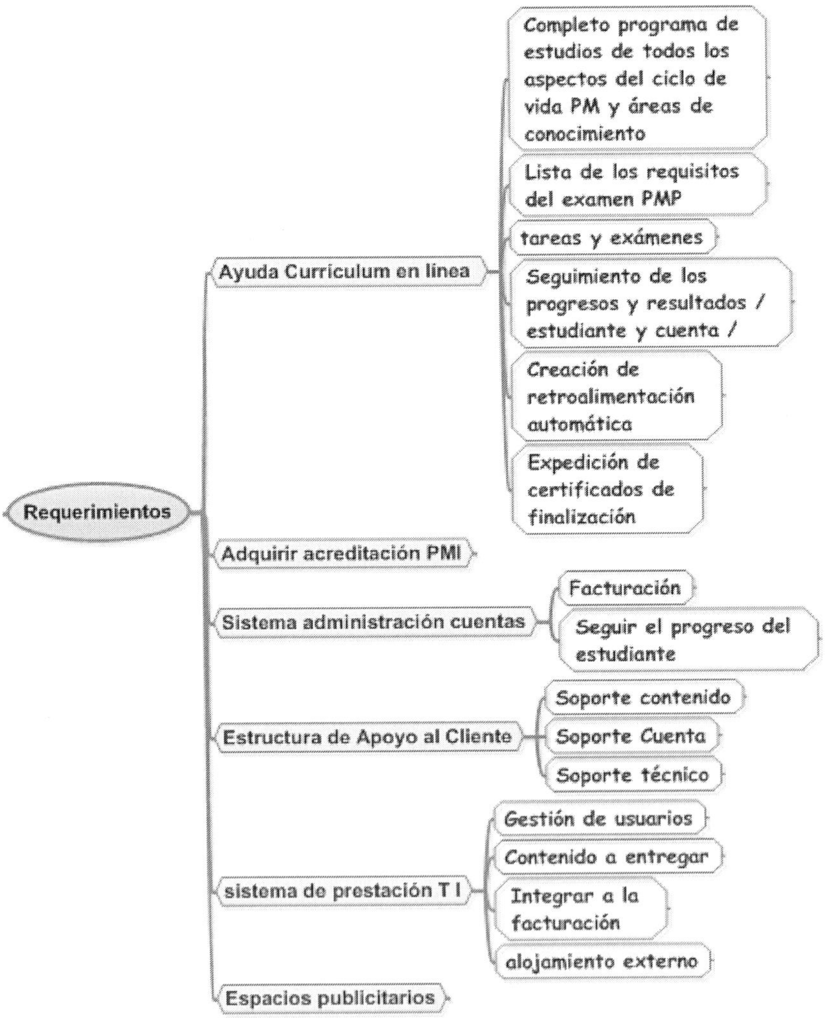

Módulo 5 Planificación del Proyecto. Tiempo

Hay una manera de hacerlo mejor: ¡encuéntrala!
Thomas Alva Edison

1. INTRODUCCIÓN

1. INTRODUCCIÓN

Nada se ha hecho mientras queda algo por hacer, acabar es lo que da la medida del maestro (Amiel)

En este módulo vamos a ver cómo averiguar lo que tenemos que hacer y cómo controlarlo. O sea, establecer el Plan de Proyecto, y cómo acabarlo.

Empezaremos estudiando el proceso de **Planificación** (unidad 1), la cual ya introdujimos brevemente en el módulo anterior, con el área de conocimiento del Alcance.

Nuestra labor primordial como Jefe de Proyecto será averiguar las tareas que hay que llevar a cabo y cómo controlarlas (cuando estemos en ejecución), teniendo como radar a los riesgos, para anticiparnos a lo que nos pueda hacer descarrilar.

A continuación estudiaremos en profundidad, en la siguiente unidad, las técnicas, herramientas y salidas de la siguiente área de conocimiento, la Gestión del Tiempo.

2. LA FASE DE PLANIFICACIÓN

1. INTRODUCCIÓN

Cada minuto dedicado a la planificación ahorra tres o cuatro en la ejecución (Crawford Greenwalt)

En cierta ocasión, escuché en una entrevista a un actor decir que "las escenas que parecen tan espontáneas son precisamente las más planificadas y trabajadas en la película".

La importancia de esta fase está en que pensamos cómo vamos a hacer el trabajo (resolvemos el problema) y cómo lo vamos a controlar.

Este proceso es el de la reflexión. ¡Ojo!, pensar pero no parar. Acordaos de la Planificación gradual o *rolling wave planning*: planificar es un proceso repetitivo pues todas las facetas de la Planificación del Proyecto se interrelacionan y se retroalimentan.

2. ¿QUÉ SE HACE EN EL PROCESO DE PLANIFICACIÓN?

Fundamentalmente, la **Planificación** es un proceso en el que se pregunta y trabaja con el equipo para obtener las respuestas necesarias.

Estas preguntas se centran en dos aspectos:

- En el trabajo necesario para gestionar el Proyecto (Plan de Proyecto y control).

- En el trabajo necesario para producir los entregables (ejecución).

Lista de preguntas que responder:

- ¿Cómo es el entregable que producir?

- ¿Qué tareas hay que realizar para crear el entregable?

- ¿Quién hará el trabajo? ¿Qué competencias y experiencia se necesita para cada rol? ¿Para cuándo tendrán que estar entrenados y/o listos?

- ¿Qué recursos materiales necesitaremos?

- ¿Cuándo necesitaremos a cada recurso? ¿Cómo los conseguiremos?

- ¿Quién es responsable de qué?

- ¿Dónde se llevará a cabo el trabajo?

- ¿Cuánto tiempo requiere?

- ¿Cuánto costará?

- ¿Cómo se garantiza la calidad necesaria en los entregables y en el proceso?

- ¿Cómo mantener a los *stakeholders* informados? ¿Cómo los implicaré?

- ¿Cómo haré un seguimiento de todos los temas?

- ¿Cómo se va a medir e informar sobre el rendimiento del Proyecto?

- ¿Qué hacemos con las posibles variaciones?

- ¿Cuáles son los posibles riesgos?

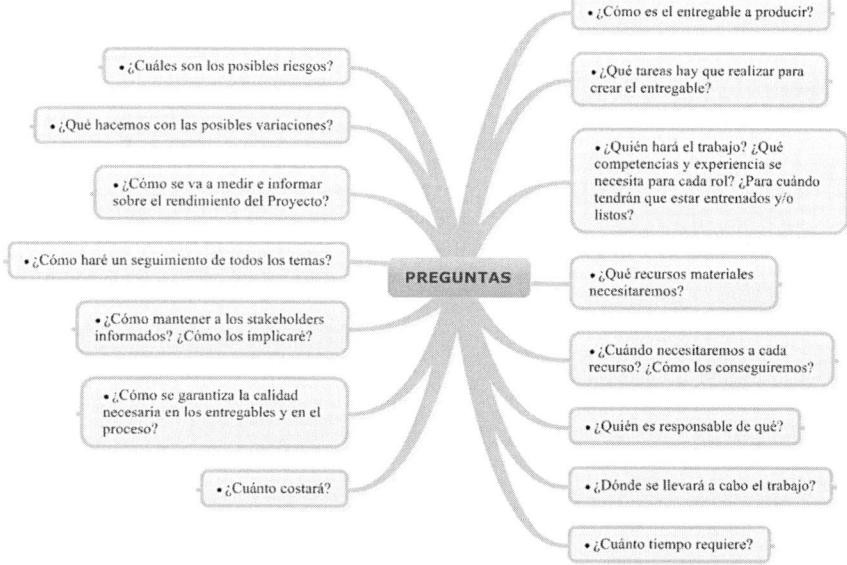

FIGURA 5.1

3. PRINCIPIOS BÁSICOS DE LA PLANIFICACIÓN

Para obtener el valor añadido que nos da la Planificación, deberíamos tener presente lo siguiente:

El tiempo y el rigor invertidos deben ir en consonancia con el tamaño y el nivel de riesgo del Proyecto. La medida aconsejable es que la fase de Inicio y de Planificación no sobrepase el 20 % del tiempo total del proyecto.

La finalidad de la Planificación es desarrollar un plan para que el Proyecto se ejecute y se controle.

Múltiples fases: no es una actividad que se realice una sola vez en el Proyecto. A medida que vayan ocurriendo hechos y vayamos conociendo y aprendiendo más sobre el Proyecto, es necesario tanto ajustar los planes como resolver los detalles.

Estos son los tres principios básicos que hay que tener en cuenta en todo momento según vayamos generando el Plan del Proyecto.

4. RELACIÓN CON OTROS PROCESOS

El proceso de **Planificación** tiene como cometido trasladar y refinar los requisitos y objetivos del cliente y del resto de *stakeholders* (proceso de **Inicio**), en un plan de trabajo o Plan de Proyecto para producir un producto o servicio, y lograr los objetivos y Alcance (trabajos) pretendidos del Proyecto.

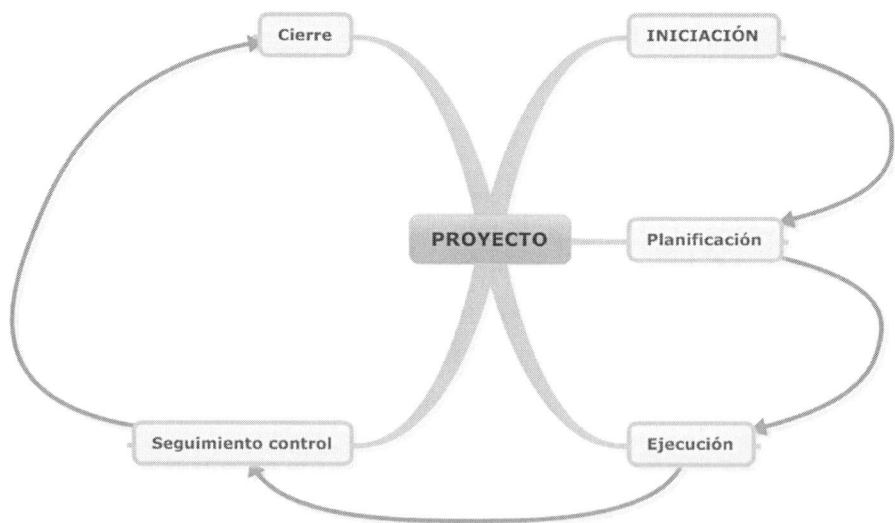

FIGURA 5.2

Es a través de la Planificación como averiguaremos al puerto al que ir (trabajo que tenemos que realizar), teniendo en cuenta los recursos que tenemos, en qué tiempo, con qué costes y la calidad necesaria. Sin perder de vista lo que nos puede hacer naufragar (los riesgos).

Por otro lado, la Planificación y el Control son dos procesos muy interrelacionados pues lo que se evaluará y se medirá en el proceso de seguimiento y control son las necesidades y objetivos refinados y fijados en la Planificación. O sea, en este proceso también se sientan las bases para la gestión de los cambios del Proyecto.

Y si vemos que hay desviaciones en la ejecución del Proyecto (gracias a estas medidas de control planificadas), lo que haremos será replanificar para mantenerlo bajo control.

También en este proceso se establecerán las bases para la gestión de los riesgos del Proyecto, sus comunicaciones, la calidad, las actividades de adquisición, el equipo del Proyecto y el resto de los *stakeholders*.

5. EL PLAN DE PROYECTO

Una vez obtenidas el Acta de Constitución del Proyecto y la identificación de los *stakeholders* del Proyecto, nos pondremos manos a la obra para crear el Plan de Gestión del Proyecto.

¿Qué es el **Plan de Proyecto**? Es un documento o conjunto de documentos resultantes del proceso de Planificación.

Contendrá todo lo necesario para realizar el Proyecto con éxito.

Según el PMBOK ® 4ª edición, constará de:

- Plan de Gestión del Alcance
- Plan de Gestión del Tiempo
- Plan de Gestión de los Costes
- Plan de Gestión de la Calidad
- Plan de Gestión de los Recursos Humanos
- Plan de Gestión de las Comunicaciones
- Plan de Gestión de Riesgos
- Plan de Gestión de las Adquisiciones

Como podéis comprobar por los nombres de la lista, en este proceso se involucra directamente a todas las áreas de conocimiento.

Por otro lado, y para decirlo de forma explícita, un Plan de Proyecto no es ni un cronograma ni un archivo de MS Project.

Con este proceso (Planificación) y el anterior (Inicio) tendremos 3 documentos básicos:

NOMBRE DEL DOCUMENTO:	FINALIDAD DEL DOCUMENTO:
Acta de Constitución del Proyecto:	Autoriza formalmente el Proyecto. Nombra al Jefe de Proyecto. Documenta las necesidades de negocio que hacen viable al Proyecto y su relación con la estrategia de la organización.
Identificación y análisis de los *stakeholders*:	Da la relación de los requisitos del cliente y del resto de *stakeholders*. Asunciones y restricciones de la organización. Puede tener un contrato asociado, hitos y presupuesto. Establece el trabajo que debe realizarse y los productos entregables que deben producirse. La comprensión efectiva del nuevo producto, servicio o resultado
Plan de Gestión del Proyecto:	Cómo se llevará a cabo el trabajo para que el Proyecto sea un éxito y cómo se controlará.

6. EL MAPA DE CARRETERAS

Como vamos a estar manejando muchas salidas (documentos) y técnicas y herramientas, existe el riesgo de que os perdáis por los detalles. Recordad que lo que queremos conseguir es saber crear (y hacer) una carpeta de Proyecto aplicando los conocimientos que estáis leyendo en este libro.

Antes de nada, hay que aclarar que el **Plan de Proyecto y la carpeta del Proyecto no son lo mismo**: la carpeta de Proyecto tiene el Plan del Proyecto más otros elementos que iremos viendo, como informes de resultado, líneas bases, peticiones de cambio…

¡ATENCIÓN! Lo que viene a continuación no se debe considerar como una receta de cocina, es una metodología contrastada y que sirve para cualquier tipo de Proyecto y de cualquier tipo de industria. En función del Proyecto, vosotros con vuestro equipo de Proyecto elegiréis los procesos necesarios de la metodología para gestionar y cumplir con los requisitos necesarios para el éxito del Proyecto. Así mismo, recordad que los posibles riesgos que puedan aparecer nos servirán para generar criterio y tomar un camino u otro.

Los **pasos básicos para crear el Plan de Gestión del Proyecto** serían:

- **Alcance:**
  - o   Recopilar Requerimientos.
  - o   Definir el Alcance.
  - o   Crear la EDT, identificando los paquetes de trabajo.
  - o   Comenzar el diccionario de la EDT (descripción detallada de los paquetes de trabajo).

- **Tiempo:**
  - o   Definir Actividades.
  - o   Relaciones entre actividades, esto es, las dependencias lógicas.
  - o   Determinar las necesidades de recursos (tanto humanos como de equipamiento y materiales), que son necesarios para llevar a cabo el trabajo.
  - o   Duración Actividades: cantidad de esfuerzo y tiempo que cada actividad conlleva.
  - o   Refinar el diccionario de la EDT.
  - o   Desarrollo del Cronograma.

- **Costes:**
  - o   Estimar los costes asociados a cada actividad.
  - o   Obtener el presupuesto y la curva S.
  - o   Refinar el diccionario de la EDT.

- **Planificar la Calidad**

- **Riesgos:**
  - o   Respuestas a los riesgos: medidas a implementar para gestionar la incertidumbre que conllevan las estimaciones de esfuerzos y recursos. Normalmente se añade una reserva de contingencia.
  - o   Análisis de riesgos: identificarlos y priorizarlos. Cualitativos y cuantitativos.
  - o   Planes de contingencia: actuación a seguir si se produce el riesgo.
  - o   Refinar el diccionario de la EDT.

- **Recursos Humanos:**
  - o   Desarrollar Plan de RR.H.H
- **Comunicaciones:**

Planificar las comunicaciones

- **Adquisiciones:**

Planificar las adquisiciones.

A continuación os hemos querido dibujar estos pasos como "un **mapa de carreteras" para obtener un Plan de Proyecto** y así obtendréis una visión global.

Incluimos nombre completo de los acrónimos utilizados en el siguiente gráfico y que iremos viendo a lo largo de cada una de las Áreas de Conocimiento:

- **EDT:** Estructura del desglose del Trabajo
- **DRA:** Diagrama de Red de las Actividades
- **CPM:** Método de Camino Crítico
- **EDC.** Estimación de Costes
- **PV:** Valor Planeado
- **Curva S:** Suma Costes Acumulados en el Tiempo

FIGURA 5.3

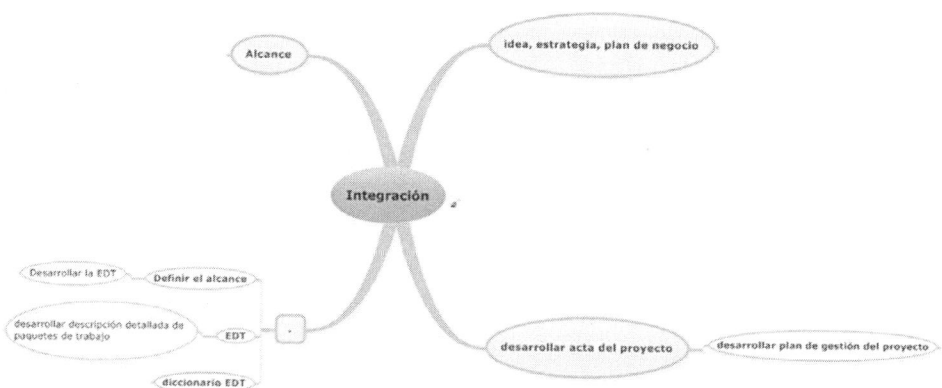

FIGURA 5.4

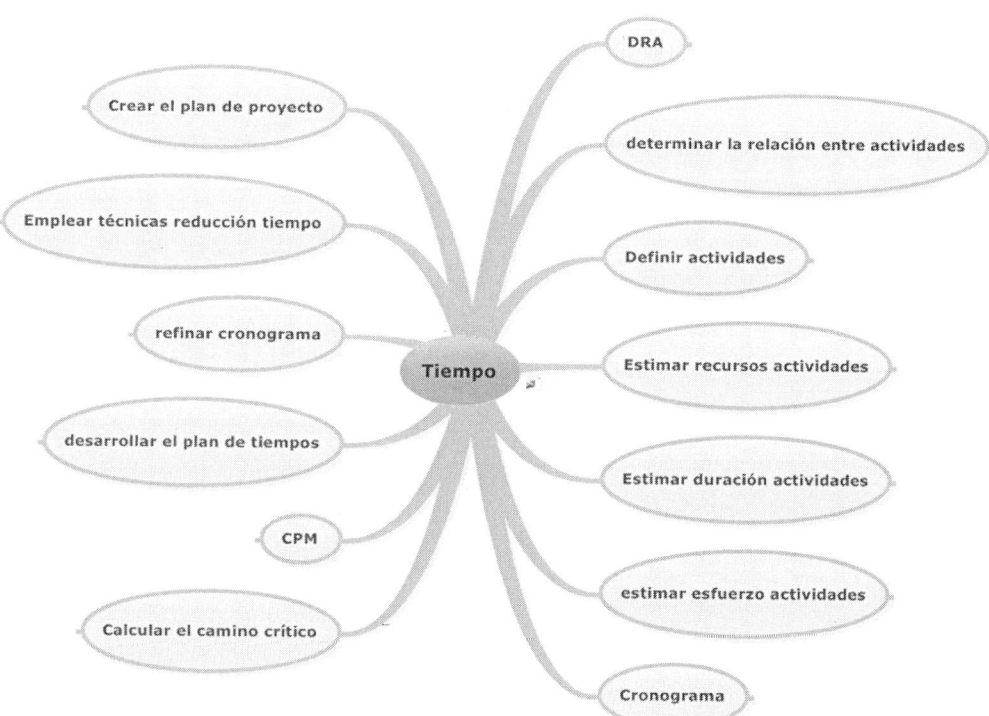

FIGURA 5.5

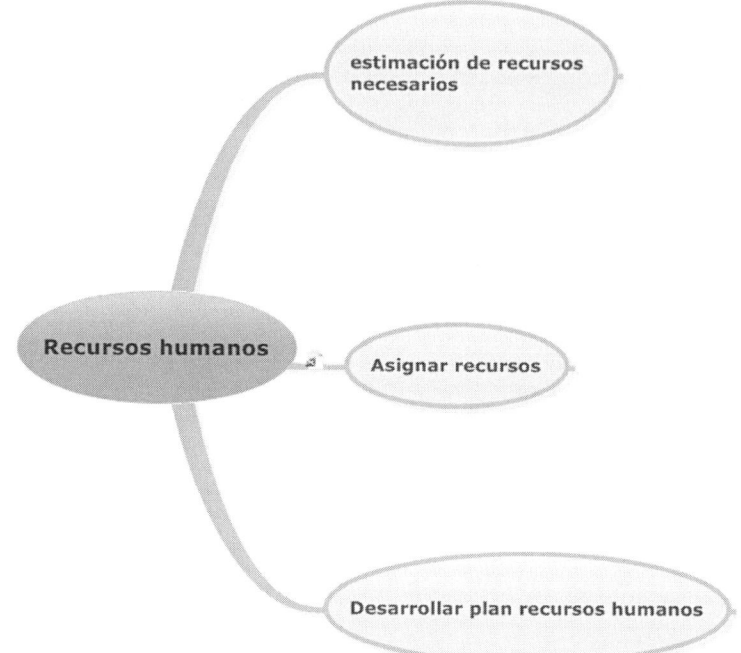

FIGURA 5.6

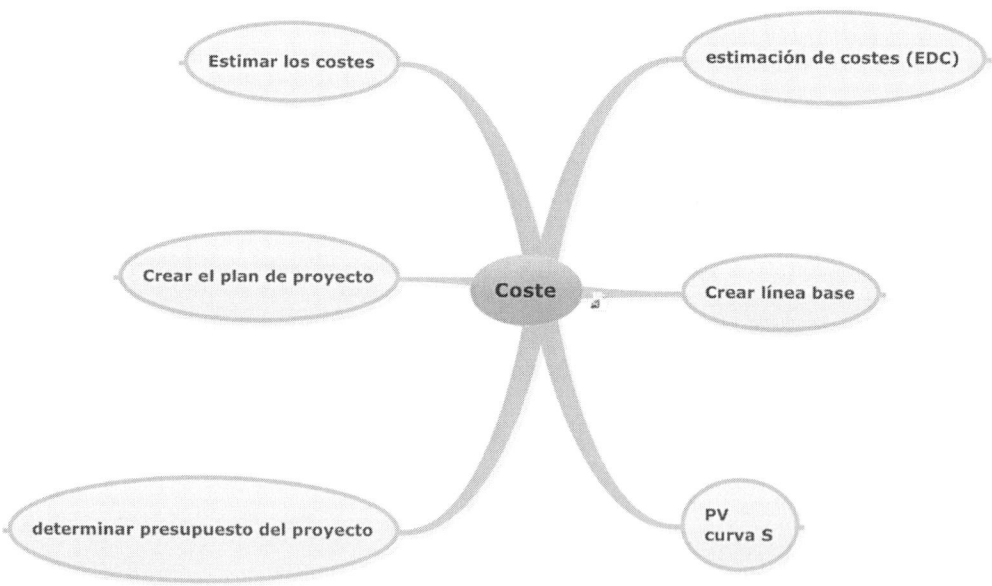

FIGURA 5.7

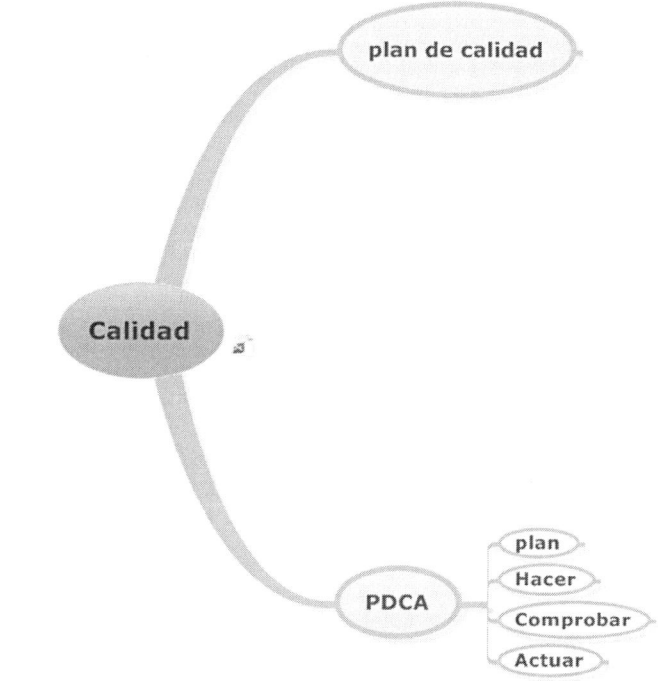

FIGURA 5.8

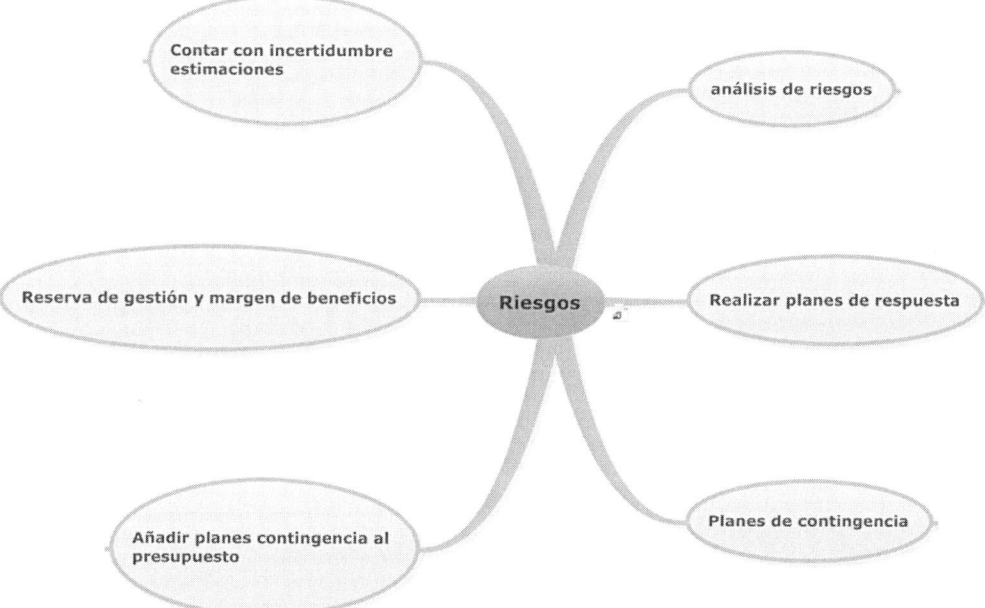

FIGURA 5.9

FIGURA 5.10

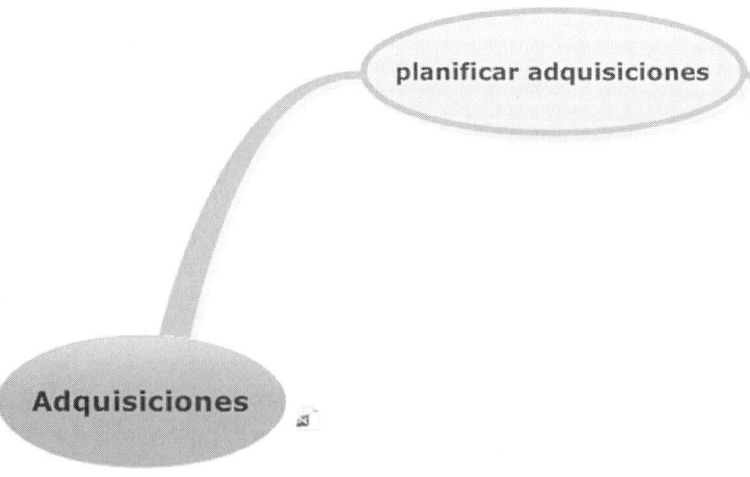

FIGURA 5.11

3. LA GESTIÓN DEL TIEMPO

1. INTRODUCCIÓN

El mejor sistema para ahorrar tiempo es analizar cómo te lo has gastado (Samuel Smiles)

Haciendo caso a Samuel, primero determinaremos cuánto y cómo nos vamos a gastar el tiempo y después lo controlaremos para ver las desviaciones a nuestro plan e ir tomando notas para el futuro.

En esta unidad vamos a conocer las habilidades y técnicas que nos ayudarán a realizar una gestión adecuada del tiempo disponible en un Proyecto, para conseguir que este:

Se entregue a tiempo, en sus fechas de finalización.

Respete el equilibrio entre sus objetivos de alcance, tiempo, coste y calidad.

Detecte las posibles desviaciones en el plan a tiempo para poder corregirlas. Minimizar los imprevistos.

Para ello aprenderemos:

La diferencia entre esfuerzo y duración.

A calcular las estimaciones de duración de las actividades.

A desarrollar un DRA (Diagrama de Red de las Actividades), partiendo de las dependencias entre dichas actividades.

Identificar los Caminos Críticos que pueda tener el Proyecto.

A desarrollar el Plan de Tiempos, Cronograma o calendario del proyecto.

Optimizar el Plan de Tiempos.

En el módulo de riesgos veremos, relacionado con la Gestión del Tiempo:

Los riesgos asociados a las estimaciones (de tiempo y/o de costes), y su tratamiento.

Calcular las posibles desviaciones del Proyecto durante su ejecución, y determinar posibles fechas de finalización.

2. SIGUIENTES PASOS A DAR

Del mapa de carreteras, hemos sacado una posible ruta de acción, la que hemos considerado más pedagógica para generar el Plan de Tiempos o calendario de una pequeña reforma de nuestra casa. Esto nos servirá como ejemplo de Proyecto para consolidar y fijar pasos y conceptos que usaremos.

Con el Plan de Tiempos, las actividades estarán ordenadas cronológicamente, lo que nos dirá cuándo habrán de realizarse y por quién (por ejemplo, el martes irá el albañil a poner la escayola en el techo, y el jueves tarde estará el pintor para dar la 1ª mano de pintura, etc.) y en qué orden de ejecución (por ejemplo, primero pintaremos la pared, luego dejaremos que se seque y finalmente daremos la siguiente capa de pintura).

Los posibles pasos a dar para generar un Plan de Tiempos del Proyecto podrían ser los siguientes:

1. Identificar las actividades.

A partir del Enunciado del Alcance generaremos, por descomposición, la EDT (Estructura de Desglose del Trabajo). A partir de los paquetes de trabajo, identificaremos las actividades.

2. Definir las Actividades.

Con sus características. También tenemos que identificar los hitos.

3. Determinar la relación entre actividades.

Hay que identificar qué actividades se tienen que hacer antes que otras y cuáles pueden ir en paralelo. Para hacer esto usaremos los DRA (Diagrama de Red de las Actividades).

4. Estimar el esfuerzo de cada actividad.

Cuánto trabajo se requerirá para realizar la actividad (que es distinto a cuánto durará).

5. Determinar los recursos necesarios para llevar a cabo las tareas y/o actividades.

Tanto de personal como de equipamiento y materiales.

6. Asignación de recursos al proyecto.

O sea, cómo vamos a organizar el Proyecto.

7. Averiguar el Camino Crítico (CPM, Critical Path Method).

8. Desarrollar el Plan de Tiempos del Proyecto o cronograma.

9. Emplear las técnicas de reducción de tiempos para optimizar dicho cronograma.

10. Analizar los riesgos y contar con las respuestas a los riesgos.

Este decálogo de pasos lo podemos resumir y reducir en **5 pasos para obtener el Plan de Tiempos:**

1. Definir Actividades, establecer una lista de actividades que realizar.

2. Definir las relaciones y secuencia entre esas actividades.

3. Estimar la duración de dichas actividades.

4. Estimar los recursos necesarios para realizar las actividades.

5. Finalmente, calcular el "cuándo" de las mismas o cronograma o calendario o Plan de Tiempos.

3. LA LISTA DE ACTIVIDADES. HITOS

Partiendo de la EDT (y en concreto de los paquetes de trabajo que estarán como último nivel), elaboramos una lista de todo lo que hay que hacer para completar el Proyecto, esto es, de las actividades que habrá que hacer.

Una vez desarrollada esta lista de actividades, la completaremos con las características de cada una de ellas.

3.1. HITOS

También crearemos una lista de hitos. Un **hito** (*milestone* en inglés) es un punto (hito espacial) o evento (hito temporal) significativo dentro del Proyecto. Los hitos son, por definición, actividades de duración CERO.

Por tanto, un paquete de trabajo constará, entre otros elementos, de actividades e hitos.

¿Para qué sirven los hitos?

Para orientarnos: ¿Estamos donde queríamos? ¿Es el camino correcto?

Para tomar decisiones: ¿Seguimos o paramos? ¿Cómo vamos?

3.2. CONCEPTO DE CLIENTE/PROVEEDOR EN ACTIVIDADES

- Definíamos el concepto de proceso en términos de entradas, técnicas y herramientas, y salidas. En este caso la actividad es el proceso.

- También, dada una cadena de actividades, tendremos actividades cliente y actividades proveedor. Aunque el concepto de cliente/proveedor no es exclusivo de la Gestión de Proyectos, es algo que tiene una influencia decisiva en la comprensión del mismo.

- Cuando las actividades están en cadena, las salidas de una actividad, que llamaremos proveedora, serán la entrada para la siguiente actividad, que llamaremos cliente.

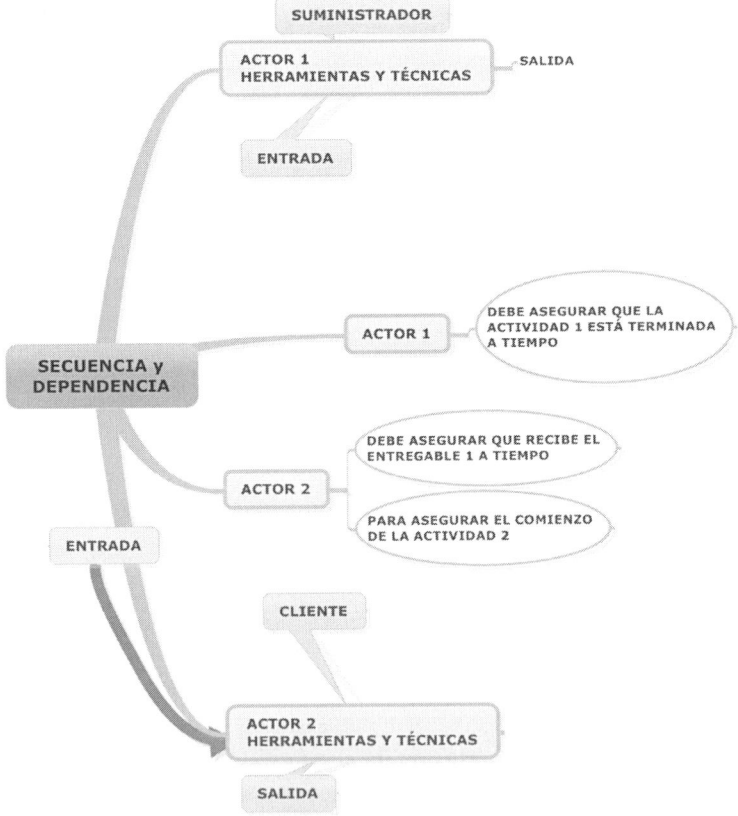

FIGURA 5.12

Vemos que tanto las entradas como las salidas son entregables (elemento físico documentable o documento), vistos desde el punto de vista de la actividad proveedora o desde la cliente. Y la suma de todos ellos en el Proyecto debe coincidir con el alcance, si hemos hecho correctamente la traslación del objetivo integrado.

Una de las finalidades de este concepto es evitar al Jefe de Proyecto el *micro-management* o microgestión y no perder de vista los objetivos globales. Este concepto lo desarrollaremos en el siguiente módulo, dentro de la unidad correspondiente al Proceso de Control.

3.3. EJEMPLO DE LISTA DE ACTIVIDADES

El proyecto es "la reforma exterior de nuestra casa".

Acta del Alcance del Proyecto:

Va a consistir en pintar la fachada de la casa y realizar una plantación de margaritas en el jardín. Hemos incluido un paquete de trabajo de limpieza, para adecentarla y dejar todo listo. No se hará nada en el interior de la casa ni se plantarán más tipos de plantas.

La EDT:

Al hacer la descomposición del enunciado del proyecto hasta el nivel de paquetes de trabajo obtenemos la EDT:

FIGURA 5.13

Lista de actividades:

Ahora, definimos las actividades, que es un nivel más bajo al paquete de trabajo. En lugar de números usaremos letras para codificarlas y distinguirlas del resto de la EDT (repetimos, las actividades no forman parte de la EDT pues su último nivel es el paquete de trabajo).

o   Reforma del exterior de la casa

- • Pintura fachada:
- * Instalar los andamios
- * Dar la 1ª capa de pintura
- * Secado de la 1ª capa

- * Dar la 2ª capa de pintura
- * Retirar los andamios
- • Plantar jardín
- * Cavar los hoyos para las plantas
- * Plantar las flores
- * Regar lo plantado
- • Limpieza
- * Recoger

Con esta lista ya sabemos qué trabajos o tareas hay que realizar y las actividades que deben seguirse para completarlos. Observemos que simplemente se han enumerado las actividades, sin indicar el orden que seguiremos.

También hemos de ser estrictos en cuanto a incluir solo las tareas necesarias para completar los paquetes de trabajo. Así, actividades como "Dar 3ª capa" o "Recortar el seto" no deben figurar en la lista, puesto que no son necesarias para completar el alcance propuesto.

Lista de hitos:

Vamos a poner fechas para ver cuánto tardaremos en hacer los trabajos. Supongamos que comienza el lunes 1.

Fecha del hito	Descripción
Lunes 1 a las 17:00	Andamios instalados
Jueves 4 a las 17:00	Fin pintado fachada
Viernes 5 a las 17:00	Andamios desinstalados

Descripción de las actividades:

Ahora es el momento de definir en qué consiste cada actividad definiendo sus entradas y salidas. Tomamos una a una cada actividad.

Por ejemplo, la "Dar 2ª capa de pintura":

o Definición de la actividad: "Aplicar una 2ª capa de pintura a la fachada".

o Entrada/s (lo que necesitamos para desarrollar la actividad):

- La fachada con la 1ª capa de pintura aplicada y seca.
- Material: la pintura necesaria para dar la 2ª capa.
- Equipamiento: herramientas para pintar.

o Salida/s (resultado):

- Fachada totalmente pintada.

Cada vez que recorremos el proceso de la definición de las actividades debemos repasar los resultados y comprobar si los nuevos resultados son congruentes y completos.

En nuestro caso de "la reforma exterior de nuestra casa" describimos la actividad "Dar 2ª capa de pintura" como sucesora de una primera capa de pintura seca. Si no hubiera una actividad anterior que cumpliera ese requisito, nos obligaría a añadirla.

Por tanto, es posible que tengamos que actualizar la EDT con estos cambios detectados, cuando realicemos el paso de definir actividades.

Este caso nos sirve también para ilustrar el concepto de planificación gradual (*rolling wave planning*): planificar es un proceso repetitivo pues todas las facetas de la planificación del proyecto se interrelacionan y sufren vueltas atrás naturales.

Si continuamos con el resto de actividades podemos obtener una "lista de actividades" con un aspecto similar a este:

Actividad	Definición	Entradas	Salidas
Instalar los andamios	Montar y fijar los andamiajes que permitan trabajar en la parte superior de la fachada	Andamiajes y útiles de fijación y nivelación de estos	Andamios colocados
Dar la 1ª capa de pintura	Eliminar desconchones y aplicar una capa de pintura base a la fachada	Andamios, yeso y útiles de aplicación. Pintura base	Fachada con la pintura base aplicada
Secado de la 1ª capa	La pared no mancha ni está húmeda	Fachada totalmente pintada	Fachada lista para recibir otra capa de pintura
Dar la 2ª capa de pintura	Aplicar una 2ª capa de pintura a la fachada	La fachada con la 1ª capa de pintura seca. Pintura para la 2ª capa. Útiles de pintado	la fachada totalmente pintada y seca
Retirar los andamios	Desmontaje y empaquetado de los andamios	Andamios colocados	Andamio desmontado, empaquetado y retirado

4. LA SECUENCIA DE LAS ACTIVIDADES (DRA – DIAGRAMA RED ACTIVIDADES)

En esta sección vamos a ver cómo estableceremos la secuencia de ejecución de las actividades para completar los paquetes de trabajo de un modo gráfico.

Este paso es uno de los más importantes para planificar el Proyecto, pues es el que nos va a dar la cadena de valor, la 'cadena de producción' de nuestro Proyecto.

4.1. ORIGEN DE LA SECUENCIACIÓN

¿Quién es el encargado de poner las actividades en orden? El Jefe del Proyecto es quien fija el criterio para establecer el orden o secuencia, basándose en el juicio experto de los departamentos funcionales que intervienen en el Proyecto.

Veamos esta relación con la siguiente figura:

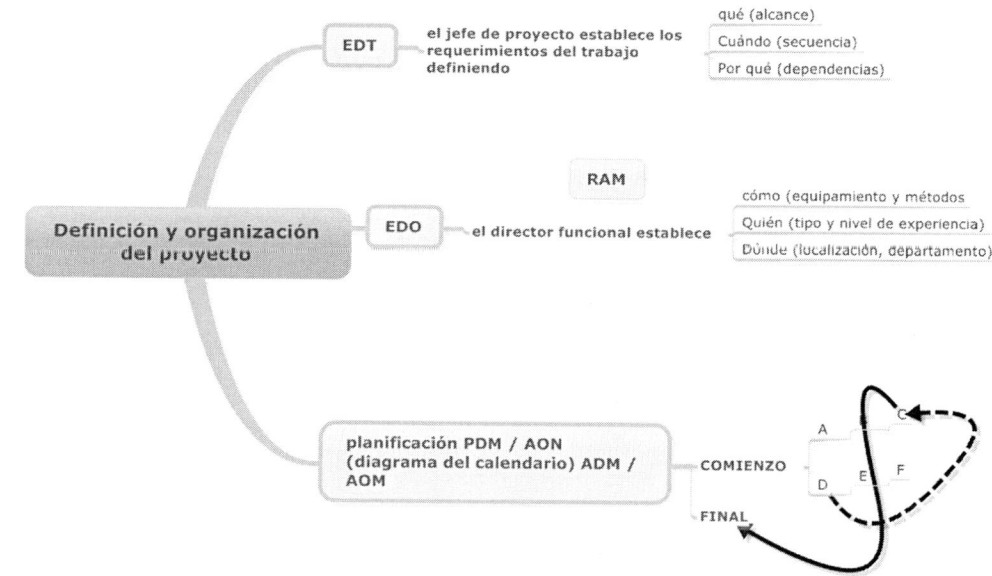

FIGURA 5.14

Vamos a analizar cada elemento del dibujo:

El Jefe del Proyecto es el encargado de establecer con su equipo de Proyecto:

- Qué es lo que hay que hacer.

- Cuándo se hará.

- Por qué o cómo están relacionadas unas actividades con otras.

El Director funcional es el encargado de establecer:

- Cómo se hará.

- Quién lo hará.

- Dónde se hará.

La intersección de la EDT y la EDO (Estructura de Desglose de la Organización) nos da la RAM (Matriz de Asignación de Responsabilidades), donde aparecerá quién hace qué, cuándo, cómo, dónde, por qué... Este tema lo desarrollaremos en profundidad en el área de RR.HH.

4.2. TIPOS DE DEPENDENCIA

A las dependencias también las podemos encontrar con el término de relación de precedencia.

Las vamos a clasificar de tres formas:

1ª clasificación: Tipo de relación cliente/proveedor

La relación más habitual entre una actividad predecesora y su sucesora es la denominada **"de fin a comienzo"**, de modo que la 1ª haya finalizado para que la 2ª comience. Hay otras tres posibilidades, menos habituales. En total, tendremos:

Término en castellano	Término en inglés
Termina-Comienza	Finish-to-Start FS
Comienza-Comienza	Start-to-Start SS
Termina-Termina	Finish-to-Finish FF
Comienza-Termina	Start-to-Finish SF

Gráficamente sería:

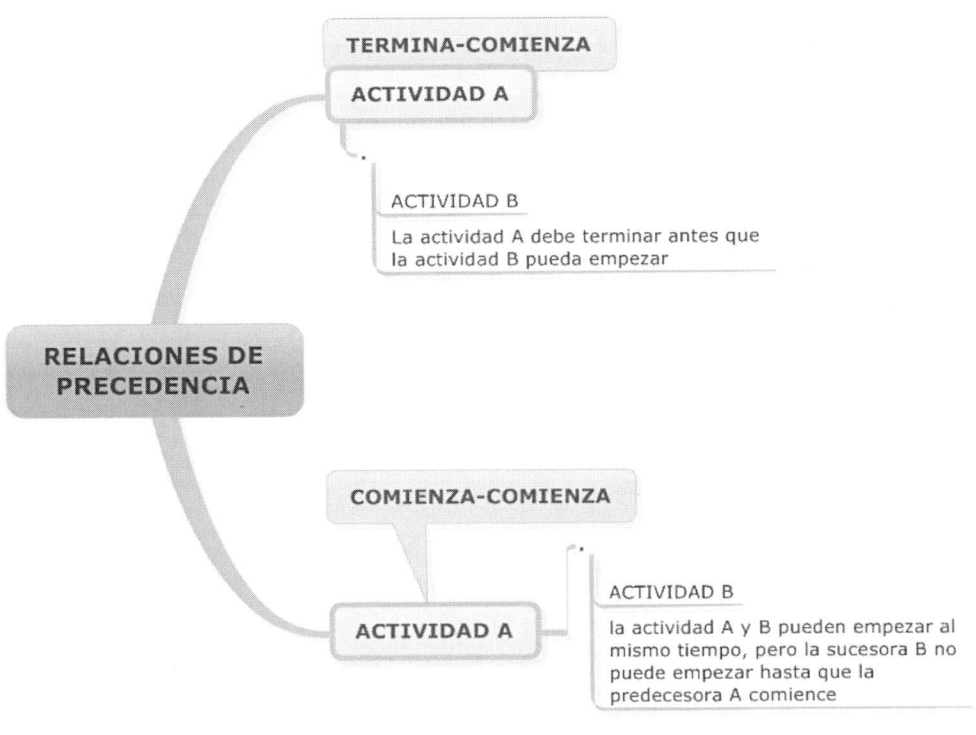

FIGURA 5.15

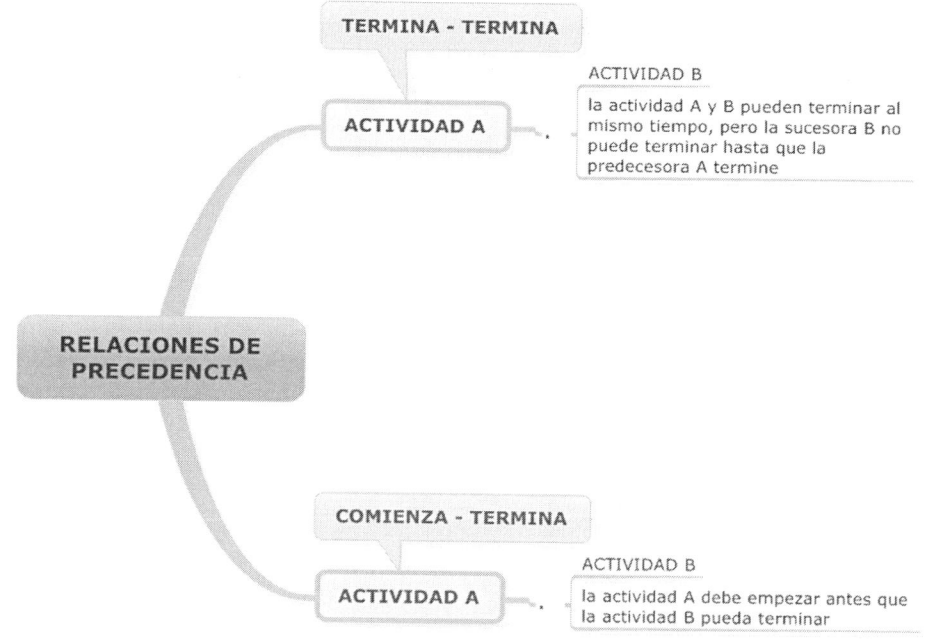

FIGURA 5.16

Veamos estos conceptos con un **ejemplo**:

Es el caso de una carrera de relevos en la que el primer relevista completa una vuelta a la pista y traspasa la prueba de la finalización de su actividad (la vuelta completada) en forma de entregable (el testigo) a un segundo corredor. Tenemos los siguientes elementos:

o   Actividad 1: Correr la primera vuelta.

o   Actividad 2: Correr la segunda vuelta.

o   Suministrador: El 1.er relevista. Encargado de la Actividad 1.

o   Cliente: El 2º corredor, que recibe el relevo. Encargado de la Actividad 2.

o   Entrada de la 1ª actividad: Disparo de salida.

o   Salida de la 1ª actividad (Entregable): El testigo, tras dar una vuelta.

o   Entrada de la 2ªª actividad: El testigo, tras dar una vuelta.

o   Salida de la 2ªª actividad (Entregable): Llegada a meta.

La secuencia correcta de realización sería:

o   1º Correr la 1ª vuelta.

o   2º Correr la 2ª vuelta.

Esto es, para poder iniciar la 2ª actividad es necesario haber completado la 1ª actividad. Decimos entonces que la actividad 1ª precede a la 2ª o también, que la actividad 2ª sucede a la 1ª. Tenemos ya actividades predecesoras y sucesoras.

- **2ª clasificación: Obligatoriedad**

Dependencias obligatorias:

Son inherentes a la naturaleza del trabajo que se lleva a cabo. Generalmente implican limitaciones físicas.

También se las denomina de lógica dura o *hard logic.*

Dependencias discrecionales:

Tienen que estar muy bien documentadas pues pueden limitar opciones de programación posteriores.

También se las denomina de lógica blanda o *soft logic.*

Dependencias externas:

Son las que implican una relación entre las actividades del proyecto y las actividades que no pertenecen al proyecto.

- 3ª clasificación: **Retrasos y adelantos**

Además de estos 2 tipos de dependencia o relaciones de precedencia, nos podemos encontrar que la actividad:

o   Comienza con adelanto o *Leads* (-)

o   Comienza con retraso o *Lags* (+)

4.3. TIPOS DE DIAGRAMAS

Nos vamos a encontrar con dos tipos de diagrama:

Tipo diagrama	Nombre	Características
PDM, AON	Método de Diagramación por Precedencia. Actividad En Nodo.	Tiene los 4 tipos de dependencias. Es más intuitivo. La actividad se representa en el nodo. El entregable/s en la flecha.
ADM, AOA	Método de Diagramación con Flechas. Actividad En Flecha.	Solo tiene la de Final-Inicio. La actividad se representa en la flecha. El entregable/s en el nodo

Tipo PDM/AON:

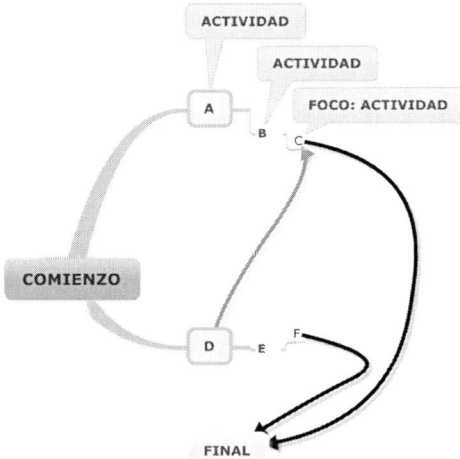

FIGURA 5.17

o   Los nodos (cajas) representan actividades.

o   Las flechas, los entregables.

El método PDM es la representación más habitual en las aplicaciones *software* de Gestión de Proyectos.

Es la representación más intuitiva y en la que resulta más sencilla la aplicación del Método del Camino Crítico (que veremos más adelante).

Tipo ADM/AOA:

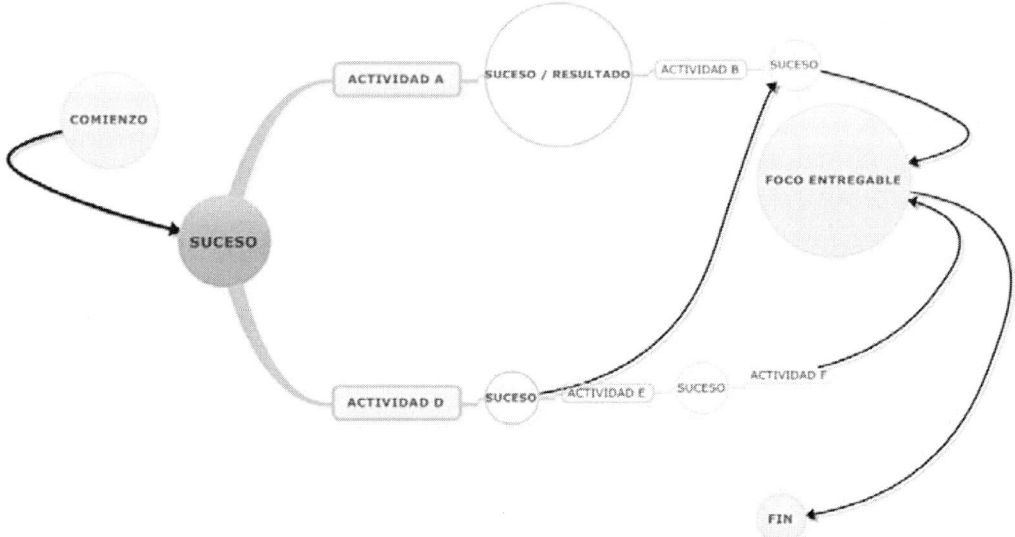

FIGURA 5.18

o   Los nodos (círculos) representan sucesos o entregables.

o   Las flechas, las actividades.

El método ADM fue el primero en desarrollarse.

Solo permite las dependencias "Fin a Comienzo". Su representación presenta más complejidad que el método PDM, de hecho, en muchos casos precisa de la definición de actividades *dummy* (falsas, de duración cero), para poder representar de forma adecuada las relaciones entre las distintas actividades.

Con este tipo de diagramas, el desarrollo de los cálculos del Método del Camino Crítico resulta menos intuitivo y más complicado para su elaboración manual.

4.4. EJEMPLOS DE SECUENCIACIÓN DE LAS ACTIVIDADES

Continuemos con el ejemplo de la reforma del exterior de la casa. Analizando un poco las actividades detectamos la necesidad de definir una nueva actividad de "1.0 Inicio del Proyecto", que precede a la "a" y a la "f".

En cuanto a su orden de ejecución, parece lógico que antes de la actividad "i.- Recoger" de limpieza, hayan finalizado tanto la "e.- Retirar los andamios" como la "h.- Regar lo plantado". Por tanto, "i" tiene dos predecesoras.

Las actividades de los paquetes de trabajo "1.1 Pintura fachada" y "1.2 Plantar jardín" son independientes, por lo que pueden realizarse en paralelo (probablemente por diferentes personas), sin interferirse.

La lista quedaría:

1.0 Inicio del proyecto:	1.1 Pintura fachada:	1.2 Plantar jardín	1.3 Limpieza
z.- Iniciar proyecto	a.- Instalar los andamios	f.- Cavar los hoyos para las plantas	i.-Recoger
	b.- Dar la 1ª capa de pintura	g.- Plantar las flores	
	c.- Secado de la 1ª capa	h.- Regar.	
	d.- Dar la 2ª capa de pintura		
	e.- Retirar los andamios		

Una vez analizadas, nos encontramos que en nuestra reforma exterior de la casa, todas las relaciones son del tipo 'Fin-Comienzo'. Y la siguiente tabla de dependencias:

Actividad	Predecesora	Sucesora
a.- Instalar los andamios		b
b.- Dar la 1ª capa de pintura	a	c
c.- Secado de la 1ª capa	b	d
d.- Dar la 2ª capa de pintura	c	e
e.- Retirar los andamios	d	i
f.- Cavar los hoyos para las plantas		g
g.- Plantar las flores	f	h
h.- Regar lo plantado	g	i
i.- Recoger	d, h	

Para nuestro ejemplo, tenemos ya la lista de actividades y sus dependencias. El siguiente paso es crear el Diagrama de Red de Actividades del proyecto, que quedaría de la siguiente forma:

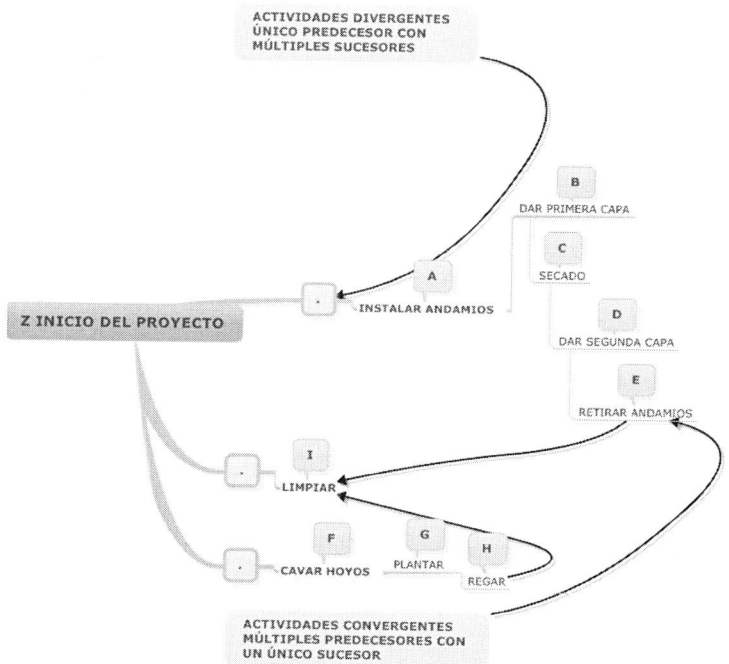

FIGURA 5.19

Es un diagrama de red de tipo AON. En él, las actividades aparecen en las cajas/nodos y los entregables estarían en las flechas.

Otro diagrama habitual de representar las actividades es con flechas, correspondiendo al denominado AOA. Como ejemplo, consultar el mapa de carreteras de la anterior unidad.

5. ESTIMAR LOS RECURSOS NECESARIOS

El siguiente paso, antes de meternos en estimar el esfuerzo y/o duración de las actividades, es saber qué es lo que vamos a necesitar para llevar a cabo el Proyecto y quién lo va a usar:

- Qué recursos físicos: personal, equipamiento y materiales.

- Qué cantidades de cada recurso.

- En qué momento van a ser necesarios.

¿Cómo determinaremos **cuáles son los recursos necesarios** que tendremos que emplear? A través de la EDT: asociaremos a cada paquete de trabajo los recursos necesarios.

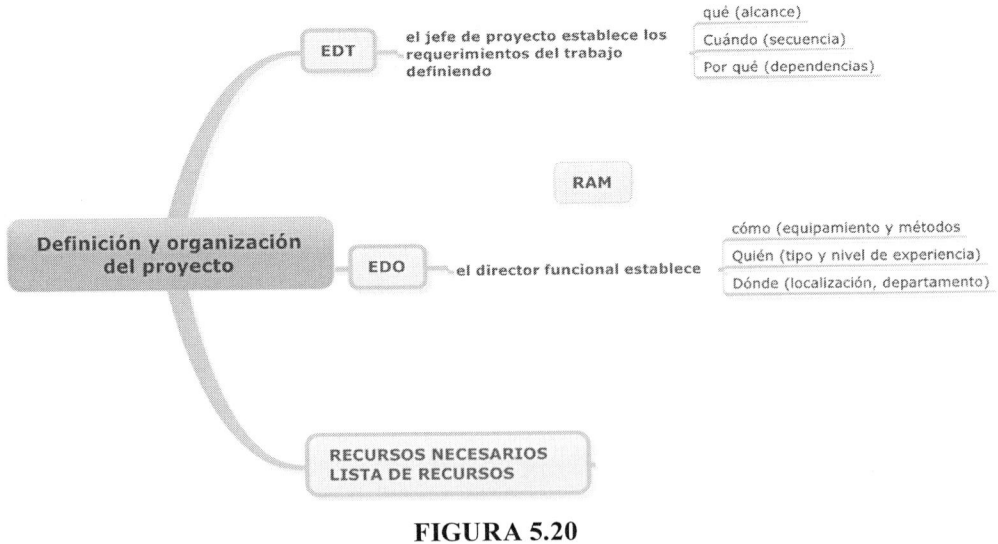

FIGURA 5.20

FIGURA 5.21

Debemos tener en cuenta, para los RR.HH.:

- **El tipo de recurso. Por ejemplo: un ingeniero.**

- **Grado de conocimiento. Por ejemplo: ingeniero electrónico.**

- **La experiencia requerida. Por ejemplo: ingeniero electrónico sénior.**

El requerir recursos muy preparados o específicos, más de lo que requiere realmente la tarea, va a suponer siempre un incremento de los costes, así como conflictos de disponibilidad de los mismos, pues generalmente son más escasos.

Ejemplo: Así, para detener el tráfico delante de un paso de peatones y permitir a los niños que lo crucen sin peligro, podemos asignar a un policía municipal. Sin embargo, con un voluntario aleccionado tendremos suficiente. Los costes y la disponibilidad de ambos tipos de recursos son, ciertamente, dispares.

Otra información importante que figura en la planificación de recursos es si los recursos son propios, si se obtienen por adquisición de personal o se subcontratan. Profundizaremos más en los módulos de Recursos Humanos y en el de Aprovisionamiento.

6. ESTIMAR EL ESFUERZO Y LA DURACIÓN DE LAS ACTIVIDADES

Recapitulando hasta este punto, en nuestra reforma exterior de la casa ya conocemos qué hay que hacer (las actividades) y en qué orden realizarlas (la secuencia) para cumplir el objetivo.

Como queremos ser capaces de Gestionar el Tiempo del Proyecto de manera que este se termine a tiempo, necesitamos conocer la duración de cada una de las actividades o, lo que es lo mismo, ¿cuánto tiempo necesitamos emplear para completarlas? No nos sirve usar nuestra mejor voluntad y completarlas lo antes posible.

Pensemos además en las consecuencias prácticas de desconocer la duración. Si para pintar contratamos a un pintor. ¿Cuántos días habremos de pagarle? O por el contrario, ¿cuánto tiempo habrá que esperar entre la 1ª y la 2ª capa de pintura?

Dado que hay que conocer la duración antes de realizar la actividad, habremos de estimarla a priori o, lo que es lo mismo, "predecir el número de minutos, horas, días, semanas, meses que se requerirán hasta su total finalización".

6.1. ESFUERZO VERSUS DURACIÓN

Vamos a distinguir claramente los conceptos de duración y de esfuerzo:

- **Esfuerzo: Indica el número total de unidades temporales que se requieren. A veces lo denominamos Trabajo.**

- **Duración: Nos indica el número de unidades temporales que se emplearán para completar la actividad.**

Pongamos por ejemplo la mudanza de casa. Su duración es de un día, dado que nos recogerán los enseres por la mañana, los transportan en un camión y se entregan y se colocan por la tarde.

Sin embargo, el esfuerzo de esta actividad es de 15 horas, al requerir un conductor y dos mozos durante cinco horas.

Si la duración se reduce, el esfuerzo puede llegar a aumentar, pues si bien el uso de más recursos puede reducir la duración de la actividad, su exceso lo puede retrasar (por ejemplo, que se estorben).

6.2. EL FACTOR DE PRODUCTIVIDAD

Otro elemento que nos va a diferenciar esfuerzo y duración es el factor de productividad.

Simplemente vamos a apuntar que si bien las máquinas pueden llegar a alcanzar el 100 % de productividad, las personas no funcionamos igual.

Se calcula que Para una persona altamente productiva en su trabajo, su productividad máxima es del 70 % (irá disminuyendo según el departamento en el que estemos), pues hay que tener en cuenta los descansos que hay que tomar, reuniones, desplazamientos, etc.

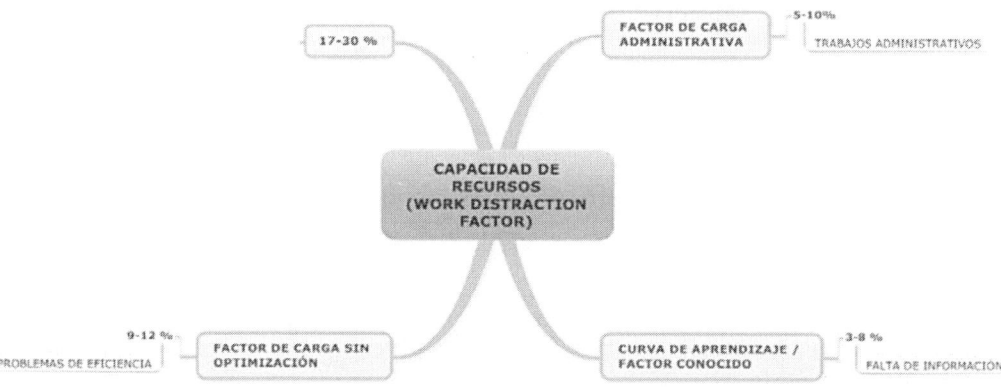

FIGURA 5.22

Esto implica que si para una tarea se estima que es necesario 6 horas de esfuerzo, estamos indicando que va a durar 1 día su realización (jornada de 8 horas), si consideramos un 70 % de productividad para el recurso implicado.

6.3. LA PROBLEMÁTICA DE LAS ESTIMACIONES

La estimación es uno de los pasos más difíciles, sujeto a mayor error y que tiene una gran influencia, decisiva diría yo, en el éxito o fracaso de nuestro Proyecto.

Hay algunos principios que es necesario seguir antes de entrar en las técnicas y métodos de estimación:

- Mejorar la precisión en pasos sucesivos.

El proyecto va desde el concepto hasta la implementación, por lo que según se va consolidando la intención de acometer el proyecto está más que justificado hacer esfuerzos en mejorar la estimación.

- Es una buena práctica usar varias fuentes o técnicas para hacer la misma estimación.

Así se incorporan diferentes perspectivas, incluyendo factores de seguridad:

o Se pueden usar datos históricos como base de partida, si los tenemos.

o Es una buena práctica utilizar fuentes independientes para eliminar subjetividad.

Los grupos funcionales tienden a aumentar la duración estimada para cubrir contingencias no especificadas. Se piensa que es mejor una estimación exagerada que una mala, y por otro lado se piensa que se percibe mejor una estimación susceptible de ser reducida que una que parezca demasiado pequeña. También, por supuesto, es un error. La mejor estimación es la que más se acerque a la medida real.

o Es importante registrar las bases de la estimación para poder revisarla. Las estimaciones se basan en:

Descripción de la actividad	Asunciones	Exclusiones
Método de estimación usado	Dependencias	Resultados

o El resultado de la estimación debe ser adecuadamente comunicado incluyendo su valor, su variabilidad y su confianza.

o El principio de estimaciones sucesivas ayuda a:

- Demostrar la confianza sobre una estimación cuando esta es estable.

- Cuando es inestable, a descomponer la actividad en subactividades más estables y por tanto mejor controlables.

6.4. TÉCNICAS DE ESTIMACIÓN

Contamos con diversas técnicas para hacer las estimaciones:

Técnica de estimación	Descripción
Estimación análoga o *Top-down* (arriba-abajo)	Fiable si hay una EDT igual o muy parecida a la que se necesita en este Proyecto Se emplea en los procesos de *Inicio* y al principio de la de *Planificación*.
Estimación completa o *Bottom-up* (abajo-arriba)	Para realizar estimaciones detalladas. Estima cada una de las actividades individuales o los niveles más bajos de la EDT. Si bien es la más precisa y exacta, también es la más cara.

Estimación heurística o técnica Delphi o juicio experto	Se basa en experiencias previas: sigue el método empírico de ensayo/error. Se usa cuando no hay registros históricos.
Estimación paramétrica	Se usa cuando hay registros históricos. Se desarrolla identificando el nº de unidades de trabajo y calculando la duración/esfuerzo por unidad de trabajo.
Estimación por fases	Estima al proyecto fase por fase. Proporciona una estimación detallada y completa para la siguiente fase; y una aproximada y a mayor nivel para el resto de las fases. Por esto, se considera que hace el mejor uso posible de los recursos de estimación. Es la mejor técnica para ser usada en proyectos de alto riesgo.

Técnica: Procedimiento sistemático definido y utilizado por una persona para realizar una actividad y producir un entregable. Puede usar una o más herramientas.

Comparemos las técnicas de estimación análoga (*top-down*), y la de estimación completa (*bottom-up*):

6.5. *MÉTODOS DE ESTIMACIÓN*

Hay varios métodos de estimación que pueden usar una o varias de las técnicas vistas:

Método de estimación	Descripción
Método del juicio experto	Se basa en estimaciones de los expertos en la materia. Su mayor efectividad se consigue con la técnica *bottom-up*. En la fase de *inicio* o al principio de la de *planificación* sólo contaremos con la técnica *top-down*. En función de que contemos con datos históricos o no, nuestros expertos usarán la técnica de juicio experto (heurístico) o la paramétrica.
Media ponderada o PERT	Emplea tres estimaciones por actividad (optimista, probable, pesimista), obteniendo una estimación a través de la fórmula: Est = (Opt + 4Prob + Pes)/6

Factores de riesgo	Se trata de ajustar una estimación original con factores de riesgo. Los más comunes son: Complejidad técnica, de los procesos Impacto del cambio en organización Requisitos: volatilidad, calidad, complejidad Recursos: capacidades, costes, tiempos, etc.

Método: Un sistema de prácticas, técnicas, procedimientos y normas utilizado por quienes trabajan en una disciplina.

FIGURA 5.23

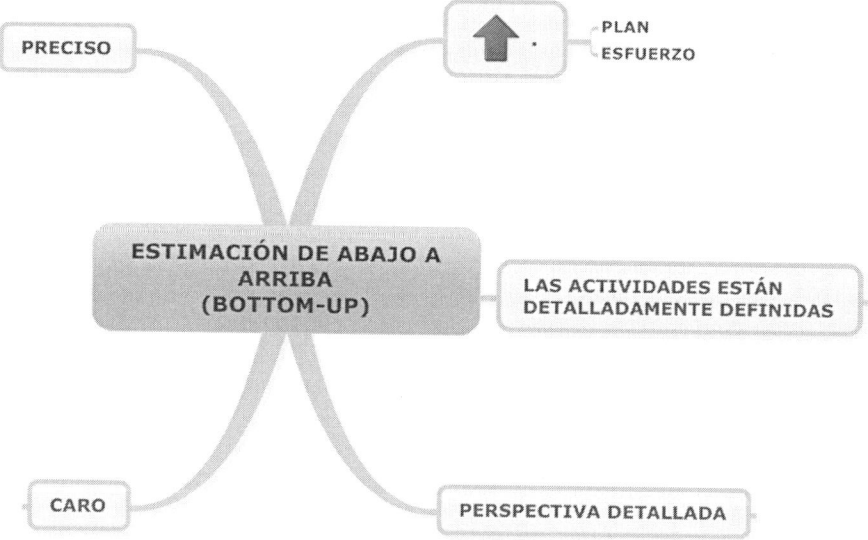

FIGURA 5.24

Ejemplo: para la 1ª capa de pintura tenemos.

Técnica de estimación	Resultado para nuestra fachada
Juicio experto o Delphi o heurístico	Consultado un pintor profesional nos dice que tardará un día y medio de duración: 45 m² fachada x 15 min/m² = 11,25 horas de esfuerzo.
Paramétrica	El anuario de la construcción nos dice que pintar una fachada de entre 40 y 60 m² requiere un mínimo de 7 horas y un máximo de 15, siendo 11 horas la duración típica.

6.6. CARACTERÍSTICAS DE LAS ESTIMACIONES

Para el Jefe de Proyecto, el proceso de estimación ha de ser aprovechado no solo como un paso más en la construcción del Proyecto, sino como un modo en el que el equipo de proyecto participa, lo comparte y lo "compra", a la vez que realiza las estimaciones.

Características:

- La estimación puede ser dada como:
o Un rango de tiempo.
o Un único valor (la moda o la media en este caso).
- Diferentes fuentes pueden darnos estimaciones diferentes, aunque no demasiado diferentes.

- El error en la estimación vendrá dado por:

o El enfoque usado.

o El método empleado.

o La fase del Proyecto en la que nos encontremos.

- El Jefe de Proyecto debe tratar de que las estimaciones las realice el departamento que efectuará la actividad o en su defecto que apruebe la estimación, si somos nosotros, o un tercero quien estima la duración. Además tendrá en cuenta:

o El grado de información previa disponible.

o El equipo técnico que la realiza, lo que le dará el grado de fiabilidad de la estimación, por la experiencia, el juicio experto empleado, etc.

A la par que se conoce nueva información de detalle puede volverse a estimar la duración, lo que nos mejorará la misma. Es lo que denominamos *refinamiento sucesivo*.

6.7. EL MARGEN DE ERROR DE LAS ESTIMACIONES Y EL CICLO DE VIDA DEL PROYECTO

Según avancemos en la definición del Proyecto, a lo largo de su ciclo de vida, tendremos más y mejor información sobre su alcance, las estrategias de ejecución, tecnología a utilizar, etc. Esto nos va a permitir calcular estimaciones cada vez más fiables, disminuyéndose progresivamente el margen de error. Así tenemos:

Tipo de estimación	Rango
En orden de magnitud	–25 % a +75 %
En presupuesto	–10 % a +25 %
Definitiva	–05 % a +10 %

Como característica más llamativa, vemos que los rangos de precisión son asimétricos. Esto se debe a que, generalmente, nuestro cliente (y nosotros mismos) aceptará que nos equivoquemos en las estimaciones por exceso, pero no por defecto. Es decir, nos permitirá que, donde habíamos estimado una duración de entre 95 y 105 días, el proyecto se complete en 85 días, pero no nos perdonará que lo haga en 110 días.

Veamos la evolución:

1. En los primeros momentos, donde el Proyecto apenas existe como una idea, donde el Alcance se define de forma vaga y que sabemos que puede

variar de forma sustancial, la única alternativa para estimar la duración o el coste es por analogía, recurriendo al juicio experto sobre los resultados de otros Proyectos que puedan parecerse en su concepción, tamaño, capacidad, etc.

En estas situaciones solo podemos esperar estimar el orden de magnitud de la duración o del coste del Proyecto.

2. Es habitual pasar por una fase de "viabilidad" del proyecto, donde se exploren distintas alternativas desde el punto de vista técnico y/o del Alcance del Proyecto. En estos casos el Alcance del Proyecto y sus objetivos se han desarrollado en mayor grado, y se ha profundizado en las posibles soluciones para acometer el Proyecto. Para cada una de las alternativas se estima la duración y el coste del mismo y se presentan a un comité para que decida sobre su viabilidad desde el punto de vista económico y de negocio.

Basándose en las estimaciones proporcionadas, la alta dirección de la organización autoriza el presupuesto del Proyecto.

3. Una vez aprobada la ejecución del Proyecto, se procede a la Planificación detallada del mismo. En ella, se usarán todas las técnicas de estimación disponibles: de "Abajo arriba" (ver al final de este capítulo), parametrización y juicio experto.

El resultado es una estimación más ajustada, que, una vez aprobada, conformará *"la duración o la fecha de entrega definitiva del Proyecto"*.

Dependiendo del tipo de Proyecto, normativas aplicables, la organización ejecutora, etc., se definen distintos niveles de elaboración de los presupuestos, y para cada uno de ellos los rangos esperados de precisión. En el cuadro anterior hemos presentado una división simple en tres niveles de amplia aplicación y hemos presentado unos rangos de precisión típicos.

6.8. EJEMPLO DE ESTIMACIÓN

Vayamos de nuevo a nuestro ejemplo y consideremos las duraciones siguientes:

Actividad	Duración estimada
Inicio del proyecto	0 días
Instalar los andamios	0,5 días
Dar la 1ª capa de pintura	1,5 días

Secado de la 1ª capa	2 días
Dar la 2ª capa de pintura	3 días
Retirar los andamios	0,5 días
Cavar los hoyos para las plantas	3 días
Plantar las flores	2 día
Regar lo plantado	0,5 días
Recoger	1 día

Esta estimación considera cada actividad. Es la más precisa y también la más detallada, lo que la hace más cara y larga. Es la que denominamos "estimación *bottom-up* o de abajo-arriba"

6.9. EL MÉTODO DEL CAMINO CRÍTICO (CPM)

Acabamos de averiguar el "cuánto" nos llevará la ejecución de cada una de las actividades. Es el momento de trabajar para obtener el "cuándo" comenzará y finalizará cada una de ellas, esto es, cuánto durará el Proyecto en su totalidad. Esto nos permitirá saber cuándo tendremos nuestra casa lista y en qué momento vendrá el pintor, el jardinero, etc., a realizar sus tareas.

Para no dar demasiada información, he dejado para el tema de riesgos hablaros del método PERT (no lo equivoquemos con la técnica de ponderación vista anteriormente), y su relación con el del CPM. Y cuándo usaremos uno u otro. En esta unidad solo vamos a emplear el CPM.

Definición:

El **Método del Camino Crítico** (CPM) nos determina qué secuencia o secuencias de actividades (puede haber más de un camino crítico) es la que tiene una mayor duración, o sea, la duración del Proyecto.

Para calcular esta duración nos basamos en las relaciones de sucesión de las actividades y en la estimación de sus duraciones (pasos anteriores).

La holgura total se define como el número de periodos de tiempo (horas, días, semanas) que puede retrasarse una actividad sin afectar a la duración total del Proyecto. Por tanto, el **Camino Crítico** es la secuencia cuyas actividades tienen un margen total igual a cero.

2   **Características:**

o   Todo Proyecto tiene como mínimo un Camino Crítico que, además, es el de mayor duración.

o Las actividades del Camino Crítico (denominadas críticas) no pueden sufrir retrasos sin que, a su vez, los sufra el Proyecto:

• Un retraso en una actividad del Camino Crítico creará, si no se reduce la duración de otras actividades críticas, un retraso en el Proyecto.

• Un adelanto en una actividad del camino crítico no tiene por qué producir un adelanto en el proyecto (habrá que analizar la secuencia de actividades).

o Las actividades críticas también nos sirven para indicarnos:

• Dónde estar más pendientes de los riesgos.

• Si conseguimos recursos adicionales, dónde emplearlos.

3 Cálculos:

Existen dos formas de calcular el camino crítico:

Empecemos por **dibujar todos los caminos posibles:**

Se emplea cuando no haya demasiada complejidad y no necesitemos el dato de las holguras. La ventaja que posee este método es su rapidez y sencillez. Veamos un **ejemplo**:

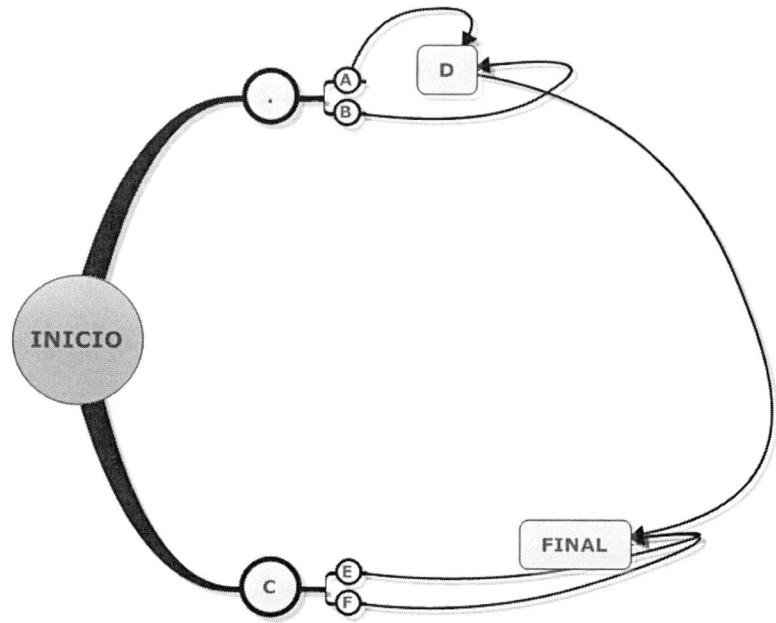

FIGURA 5.25

Tenemos las siguientes duraciones:

Actividad	Duración
A	1
B	2
C	5
D	2
E	3
F	4

Los posibles caminos y sus duraciones serán:

$$Inicio - A - D - Fin = 3$$

$$Inicio - B - D - Fin = 4$$

$$Inicio - C - E - Fin = 8$$

$$Inicio - C - F - Fin = 9$$

El camino crítico será por tanto: *Inicio - C – F – Fin*

o   Vamos a ver cómo se calculan las holguras:

- El cálculo "hacia delante" o "*forvward-pass*", que nos proporciona la duración total del proyecto.

Las fórmulas que usar son las siguientes:

- EStarea inicial = Inicio del Proyecto

- EF = ES + Duración

- ES = EFmáximo tareas precedentes

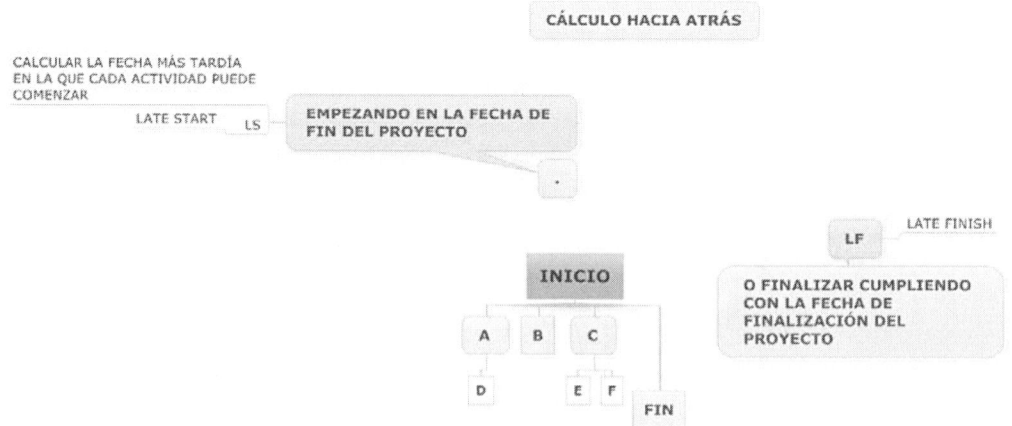

FIGURA 5.26

El **cálculo "hacia atrás"** o **"*backward-pass*"**, que nos permitirá calcular con un paso posterior las holguras de cada actividad.

Las fórmulas para el *backward pass* son las siguientes:

• $LF_{\text{tarea final}}$ = Final máximo del Proyecto

• LS = LF = Duración

• $LF = LS_{\text{mínimo tareas siguientes}}$

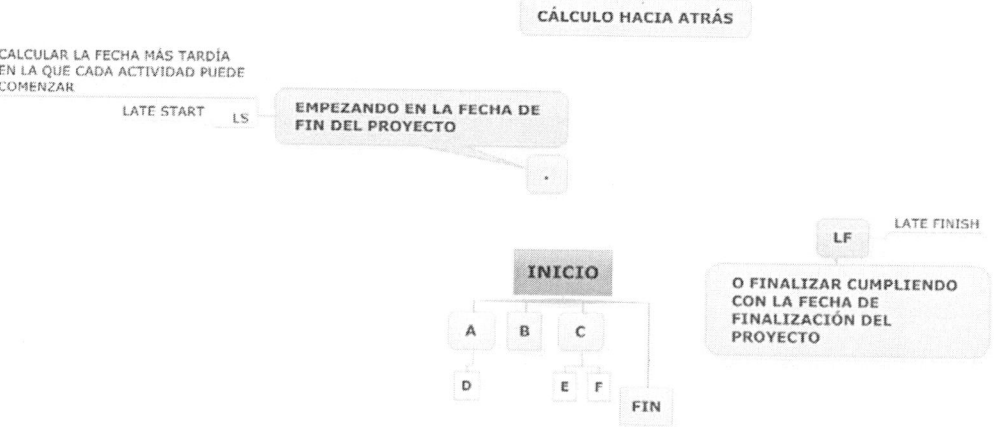

FIGURA 5.27

Cálculo de la Holgura Total (HT)

La fórmula a usar es:

$$HT = LF - ES = \text{Duración}$$

El formato para recoger la información relativa a cada actividad es el siguiente:

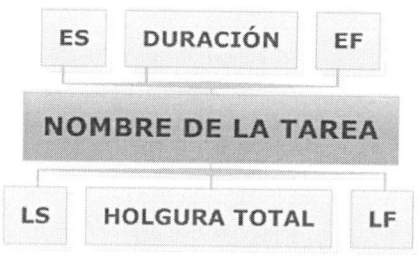

FIGURA 5.28

Ejemplo de cálculo del CPM

Seguiremos usando el mismo ejemplo. Suponemos que el Proyecto empieza el día 0:

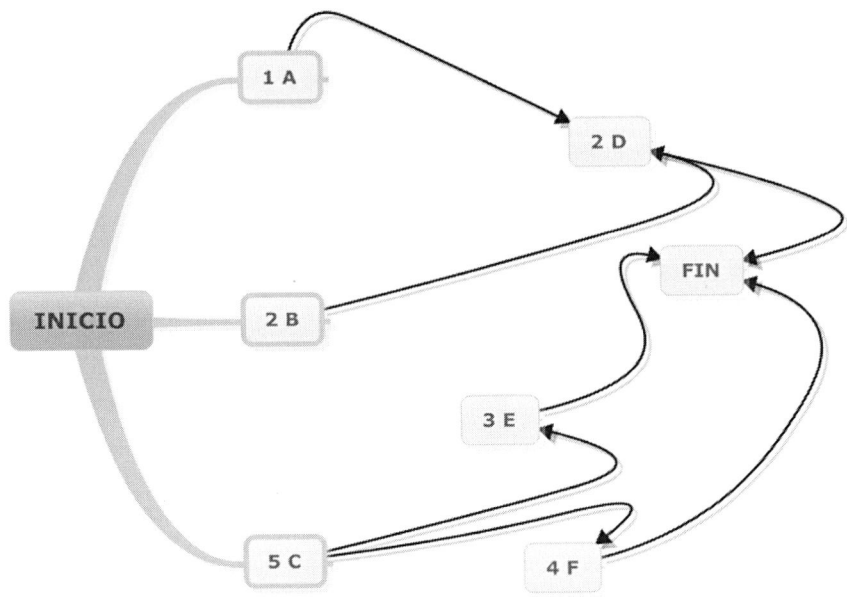

FIGURA 5.29

Vamos a hacer el *forward pass*:

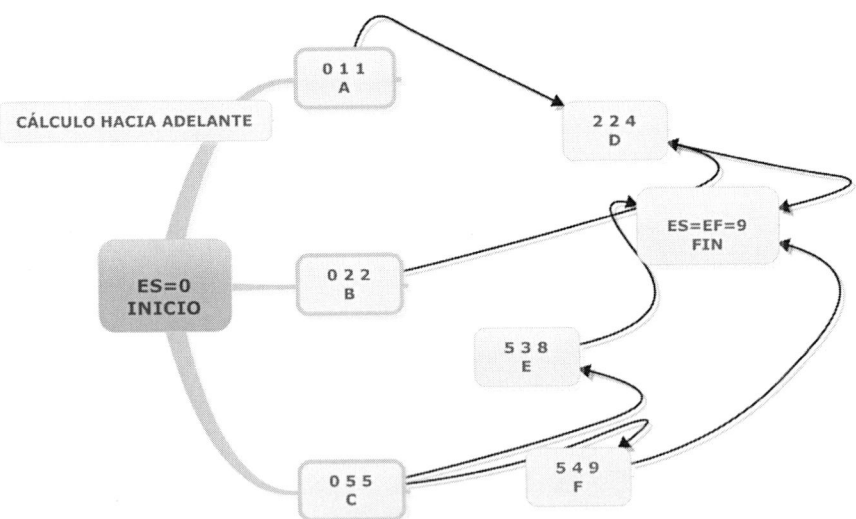

FIGURA 5.30

La duración del proyecto es de 9. Esta duración es calculada y como tal es un dato que nos ayuda a generar criterio. Es tarea del Jefe de Proyecto el incluir correcciones a la misma y contestar a preguntas como estas:

- ¿Tenemos dudas sobre el equipo que realiza el proyecto para alcanzar dicha duración?

- ¿Hay un nivel de compromiso con el cliente de modo que penalizará si no lo cumplimos?

- ¿Hemos incluido en esa duración los potenciales riesgos a los que está sometido el proyecto?

En consecuencia, el jefe de proyecto podría decidir comunicar al cliente una duración distinta a la que obtuvimos con el cálculo.

o Vamos hacer ahora el *backward*:

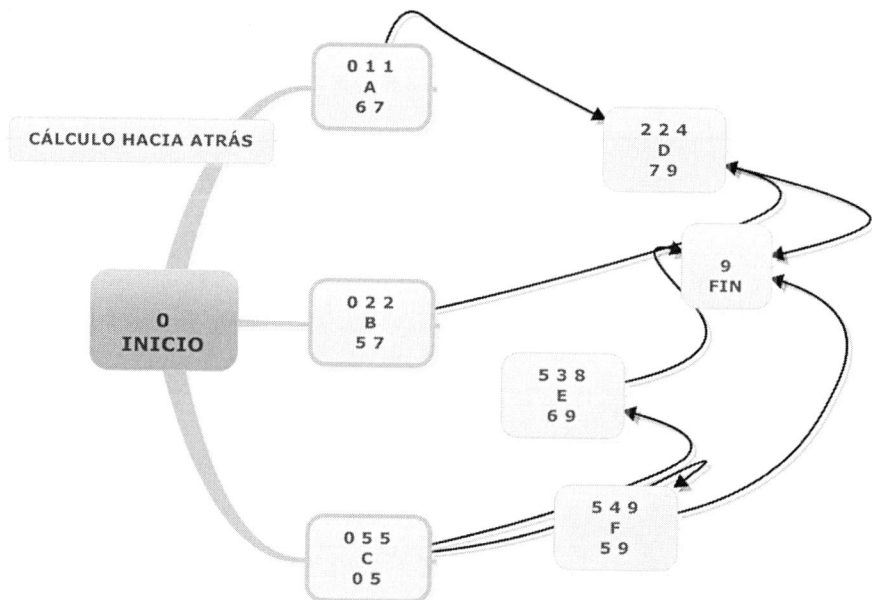

FIGURA 5.31

Como medida de verificación, el *Late Start* (LS), de la actividad de comienzo del Proyecto, será de cero días.

o Vamos a calcular las "Holguras totales" de cada tarea:

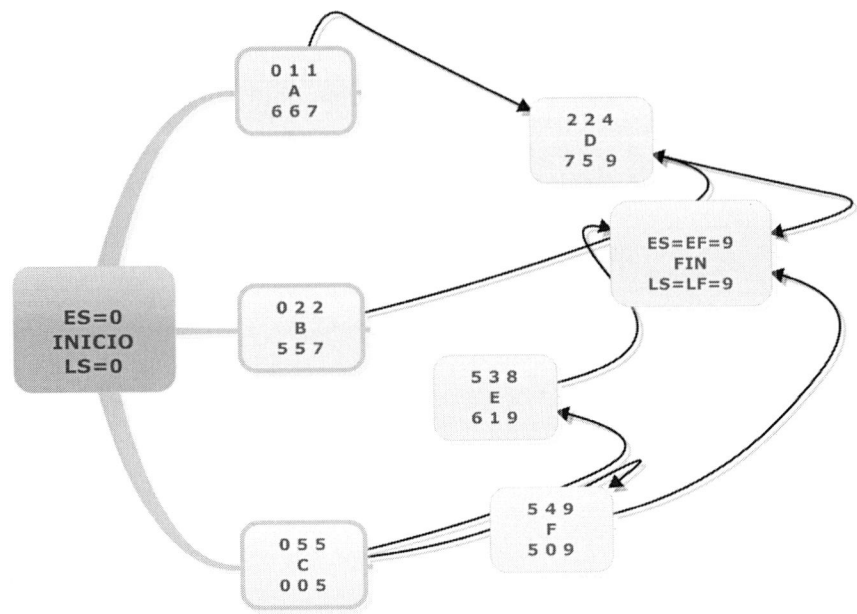

FIGURA 5.32

Las actividades que tienen una HT = 0 pertenecen los camino/s críticos:

INICIO-C-F-FIN

o Vamos a plantearnos algunas preguntas:

• ¿Las actividades A y B pueden ambas comenzar el primer día del proyecto? SÍ

• ¿Cuál es la holgura asociada a la actividad E? 1

• ¿Cuántos hitos hay en este diagrama? 2, Inicio y Fin

• ¿Cuál es el camino crítico? C, F

7. OPTIMIZACIÓN DEL PLAN DE TIEMPOS

Ahora vamos a generar un Plan de Tiempos inicial: a partir del cálculo del camino crítico y de las fechas de comienzo y finalización del Proyecto, sabremos cuándo comenzará cada una de nuestras actividades. A esta información hay que añadirle lo siguiente:

- Introducir los factores de productividad, si no lo estuvieran ya.

- Los recursos que vamos a necesitar: comprobamos que no hay sobreasignaciones. Si las hubiera, nivelaremos los recursos para quitarlas y averiguar los que necesitamos realmente.

- Determinar la disponibilidad de cada recurso.

- El calendario de los recursos humanos (laboral, festivos nacionales y locales, vacaciones)

- El *feedback* del equipo de Proyecto: reajustes y refinamiento.

Una vez obtenido este Plan de Tiempos inicial, vamos a optimizarlo. ¿Por qué? Por dos razones:

- Porque si no lo hiciésemos seríamos meros trasladadores de datos sin dar ningún valor añadido al asunto.

- Está en nuestras manos ser eficientes (y no solo eficaces), dando a la Gestión de Proyectos un valor cierto para nuestra organización.

¿Cómo optimizamos el calendario? O sea, ¿cómo damos valor añadido a nuestro calendario? La respuesta es que vamos a usar las técnicas de reducción del tiempo que están en nuestras manos.

7.1. TÉCNICAS DE REDUCCIÓN DEL TIEMPO

Si es necesario acortar la duración total del mismo podremos recurrir a técnicas de reducción del tiempo:

1. *Fast tracking:*

Consiste en hacer de manera paralela actividades que normalmente son secuenciales.

Si bien reducimos la duración total, incurrimos en riesgos de sobrecostes y retrasos al tener que repetir el trabajo.

2. *Crashing:*

Es reducir la duración de la propia actividad aumentando los recursos que emplear.

3. **Revisión de las dependencias lógicas:**

A partir de lo documentado, tendremos que revisarlas para ver si podemos ponerlas en paralelo. Dudar de ellas, vamos.

4. **Entregas parciales:**

Sabiendo lo que es mandatorio para al cliente (requisitos *have-to*) y lo que es cosmético (requisitos *nice-to-have*), podremos centrarnos en lo que realmente necesita para írselo dando en 1.er lugar.

7.2. EJEMPLOS DE EMPLEO DE TÉCNICAS DE REDUCCIÓN

Volviendo a nuestra reforma

- Vamos a hacer un *crashing* para pasar de 1,5 días a 0,5 días en la primera mano de pintura. Esto podría lograrse empleando, en vez de a un pintor, una cuadrilla de 3 o 4 pintores.

- Si paralelizamos las actividades de cavado y plantado (*fast tracking*), en lugar de los cinco días totales, podríamos dejarlo en cuatro (al final del segundo día de cavado iniciamos la plantación). Ello implica contratar a dos operarios diferentes.

7.3. PRESENTACIÓN DEL PLAN DE TIEMPOS

Tras aplicar las técnicas de reducción de tiempos y con el acuerdo de nuestro equipo de Proyecto, obtendremos el **Plan definitivo de Tiempos**.

Ahora tenemos que presentar dicha información de un modo gráfico a fin de comunicársela al resto de los *stakeholders*.

Para ello distinguimos los siguientes tipos de diagramas en los que se representa nuestro ejemplo de reforma de la casa:

- **Diagrama de Red:** Nos ofrece información puntual de la relación entre actividades.

Lo emplearán para controlar al Proyecto tanto el Jefe como el equipo de Proyecto.

Es la cadena de valor de nuestro proyecto.

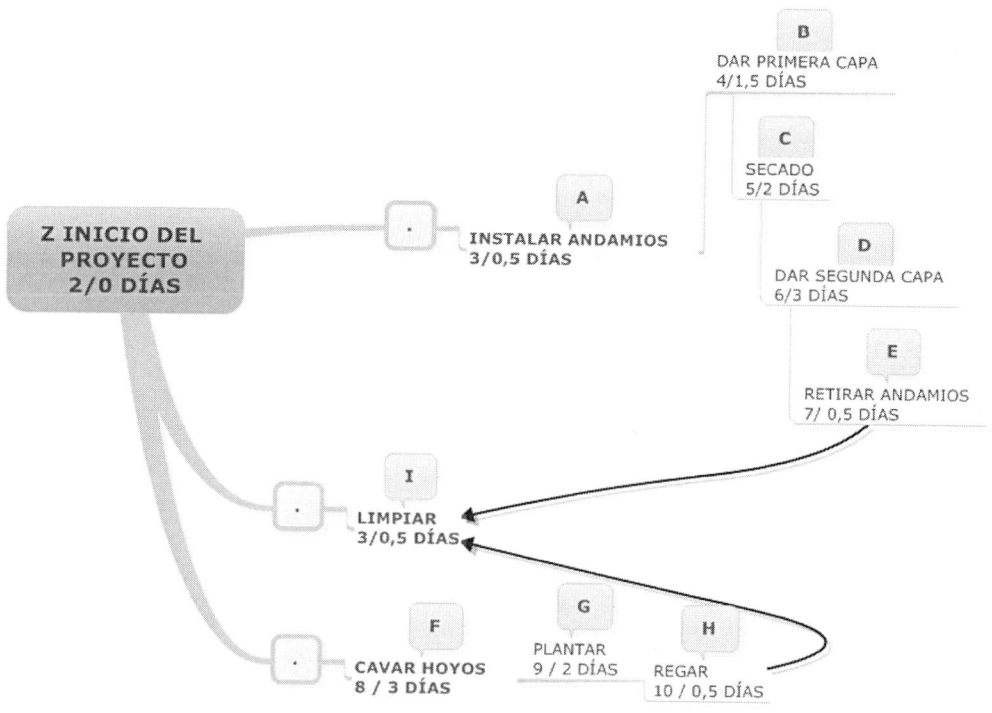

FIGURA 5.33

- **Diagramas de Gantt o gráfico de barras:** reflejan muy bien la distribución temporal de las actividades.

Ideal para comunicarnos con el equipo de ejecución del Proyecto, para saber cuándo un integrante tiene que ponerse manos a la obra, quién da los entregables y a quién darán los que ellos produzcan.

FIGURA 5.34

FIGURA 5.35

Diferencias entre el diagrama de Red y el de Gantt:

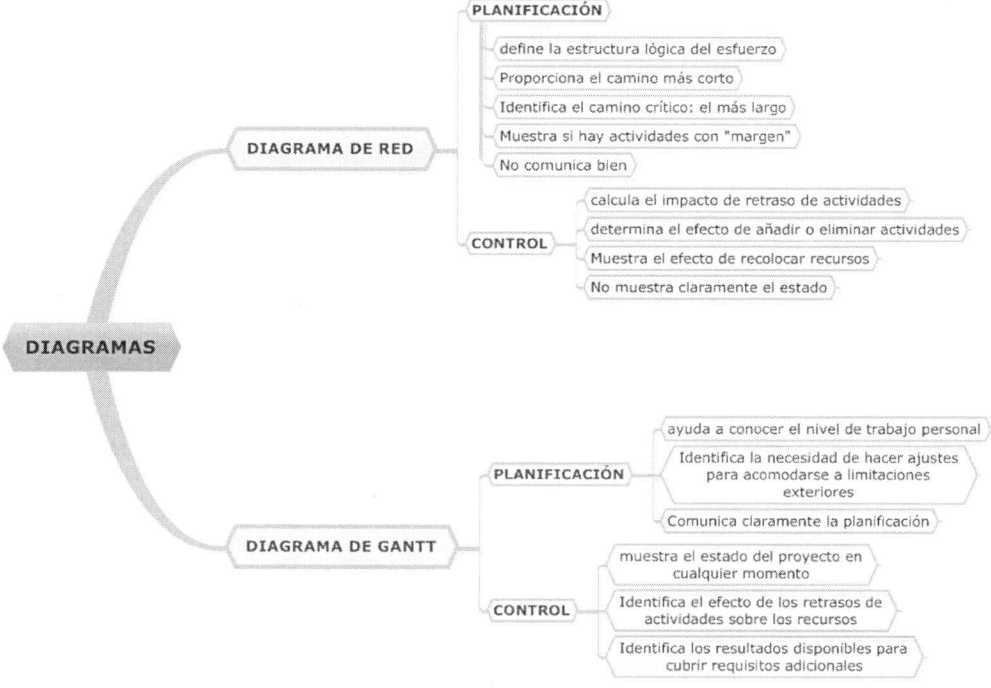

FIGURA 5.36

Diagrama de hitos: marcan en una escala temporal los hitos del Proyecto.

Comunica muy bien al patrocinador y al cliente cuando tenemos que estar haciendo tal o cual trabajo sin que se pierdan en los detalles.

Puede ser:

Un diagrama:

id	Nombre de tarea	semana 1							semana 2				
		día 1	día 2	día 3	día 4	día 5	día 6	día 7	día 8	día 9	día 10	día 11	día 12
1	Inicio del proyecto	02/06											
7	Fin Pintura											11/06	
11	Fin Jardín								09/06				
13	Fin Proyecto												12/06

FIGURA 5.37

Una lista de actividades con fechas:

	⊙	Nombre de tarea	Duración	Comienzo	Fin	Predecesoras	Nombres de los recursos
1		Z INICIO	0 días	jue 17/02/11	jue 17/02/11		
2		A INSTALAR ANDAMIOS	16 horas	jue 17/02/11	vie 18/02/11		
3		B DAR PRIMERA CAPA	16 horas	vie 18/02/11	lun 21/02/11		
4		C SECADO	16 horas	mar 22/02/11	mié 23/02/11		
5		D DAR SEGUNDA CAPA	40 horas	vie 25/02/11	jue 03/03/11		
6		E RETIRAR ANDAMIOS	16 horas	vie 04/03/11	lun 07/03/11		
7		F CAVAR HOYOS	24 horas	jue 17/02/11	lun 21/02/11		
8		G PLANTAR	16 horas	mar 22/02/11	mié 23/02/11		
9		H REGAR	16 horas	lun 28/02/11	mar 01/03/11		
10		I LIMPIAR	16 horas	mar 08/03/11	mié 09/03/11		

FIGURA 5.38

7.4. ACTUALIZACIÓN DEL DICCIONARIO DE DATOS DE LA EDT

En Costes os pondremos un ejemplo completo de actualización de un paquete de trabajo.

En esta sección simplemente queremos indicaros que la información de la que podríamos disponer para un paquete de trabajo podría ser:

1. Nombre del paquete y código identificativo.

2. Descripción del paquete

3. Responsable de su ejecución

4. Recursos necesarios

5. Actividades que conlleva

6. Actividades sucesoras y predecesoras

7. Entregables. Características de su aceptación

8. Fechas

9. Duraciones

10. Posibles riesgos detectados

7.5. CARACTERÍSTICAS DEL PLAN DE TIEMPOS

¿Cuál es una de las características más importantes entre los Jefes de Proyecto con éxito? Saber *desarrollar Planes de Tiempo precisos y realistas*.

Si somos capaces de desarrollar cronogramas precisos, resultaremos ser un activo muy importante para los *stakeholders* de nuestro Proyecto: los calendarios que no son realistas afectan negativamente a la gestión de los recursos y a las decisiones de Gestión de Proyectos.

Aunque elaborar un Plan de Tiempos del Proyecto o cronograma es complicado por la cantidad de pasos y elementos que tenemos que tener en cuenta, es el principal componente técnico de la Gestión de Proyectos que tenemos.

También hay que tener en cuenta que es una de las herramientas básicas para controlar la ejecución de las actividades del Proyecto, como veremos en el próximo módulo.

¿Por qué es tan complicado desarrollar uno con precisión?

- Falta de tiempo suficiente para una planificación adecuada.

- Falta de formación en el proceso de desarrollo del cronograma.

- Creencia de que no es necesario un calendario detallado.

Recordemos tres reglas básicas en su elaboración:

- El plan debe ser razonable y alcanzable.

- La solución del equipo debe ser convincente.

- Debe existir participación, comunicación y discusión con:

o Los responsables funcionales.

o El Cliente (interno y/o externo).

Recapitulando, estos son los **pasos para obtener el Plan de Tiempos**:

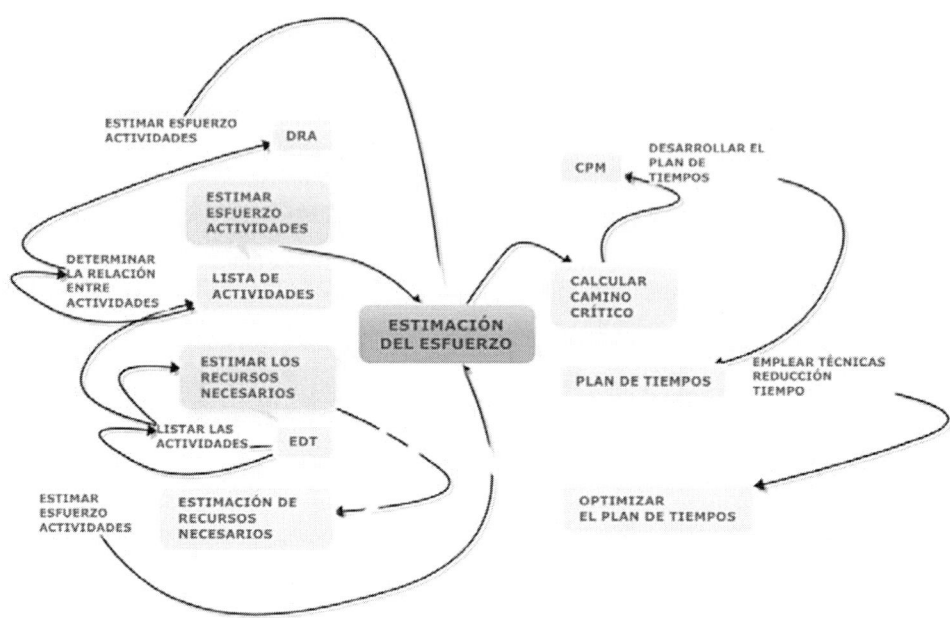

FIGURA 5.39

Ejemplo Desglose de Entregables del Proyecto

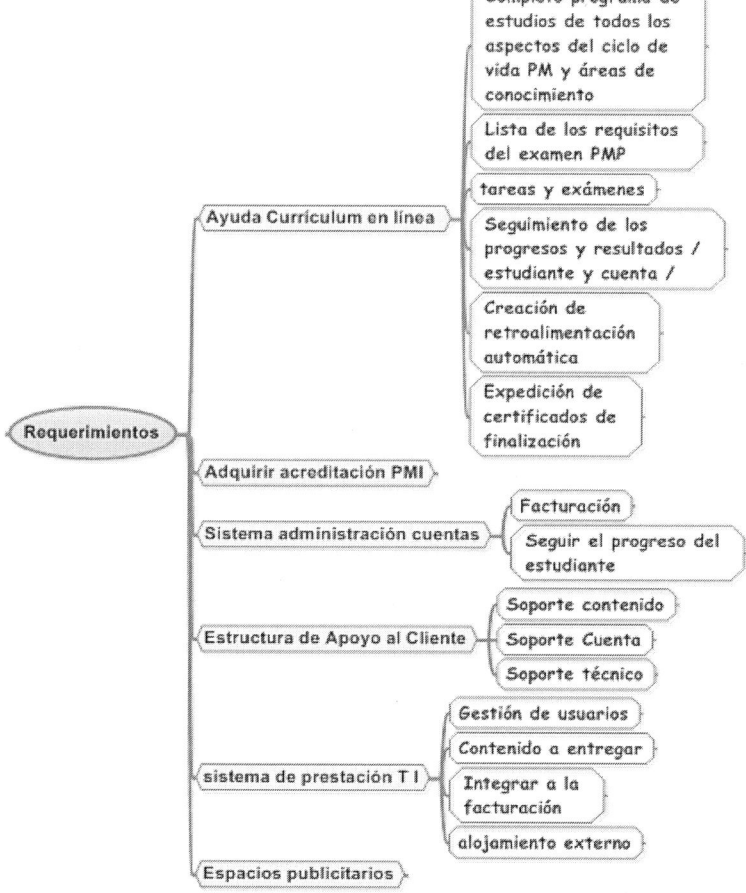

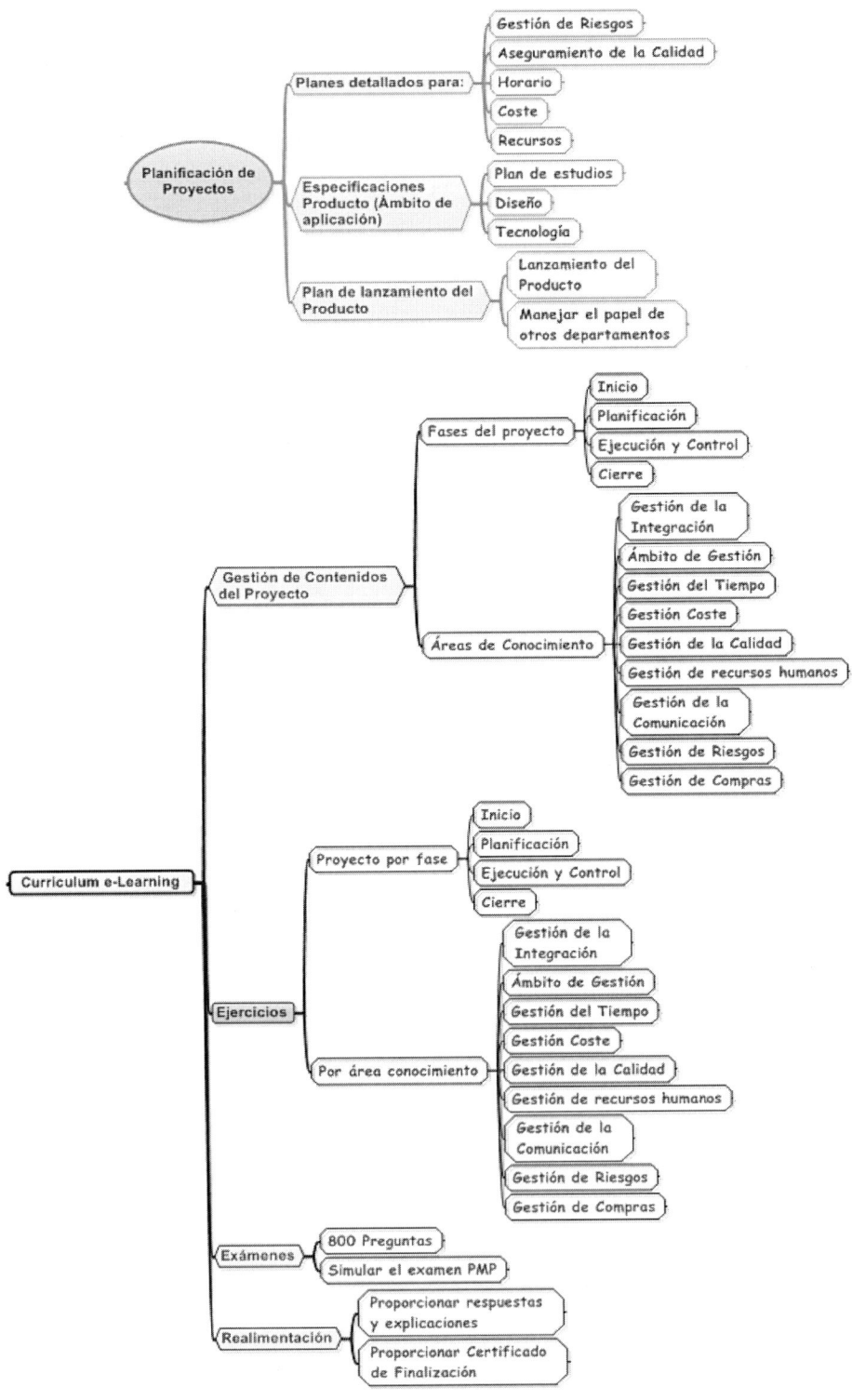

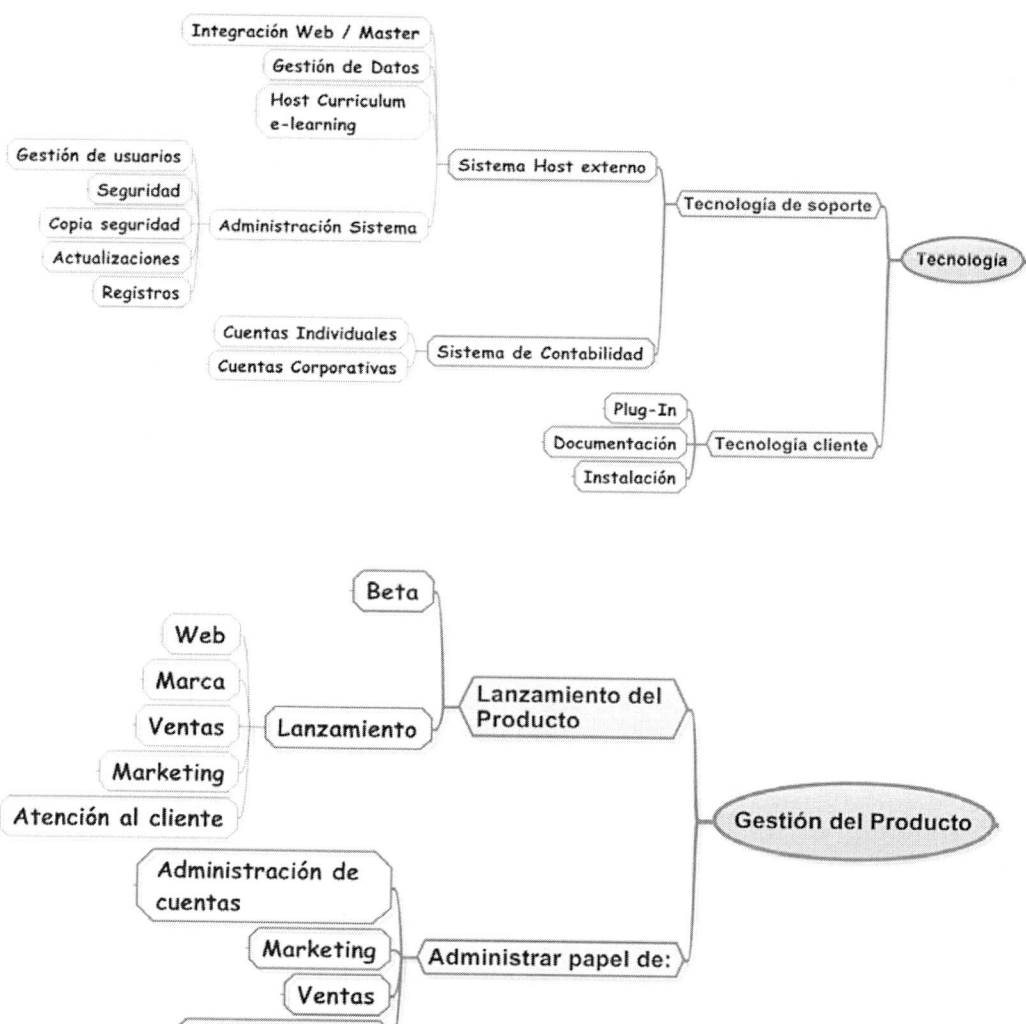

Módulo 6 Costes. Control del Proyecto

Sólo aquellos que nada esperan del azar, son dueños del destino.

Matthew Arnold

1. INTRODUCCIÓN

1. INTRODUCCIÓN

No es el patrón el que paga los sueldos –él sólo maneja el dinero -, el que los paga es el producto (Henry Ford)

Hemos querido empezar por esta cita porque es importante no perder de vista nuestra principal meta: "Un proyecto es un esfuerzo temporal que se lleva a cabo para **crear un producto, servicio o resultado único**" (PMBOK®)

En este módulo vamos a estudiar la siguiente área de conocimiento, la de los **Costes del Proyecto** y que, siendo uno de los factores clave para los Proyectos (uno de los componentes de la triple restricción) para muchos Jefes de Proyecto, es el factor de éxito que menos importa o del que son menos conscientes muchos de los que gestionan clientes internos.

Con esta unidad sobre costes habremos hecho un Plan de Proyecto básico. El mapa de carreteras empleado para conseguirlo os lo volvemos a poner:

FIGURA 6.1

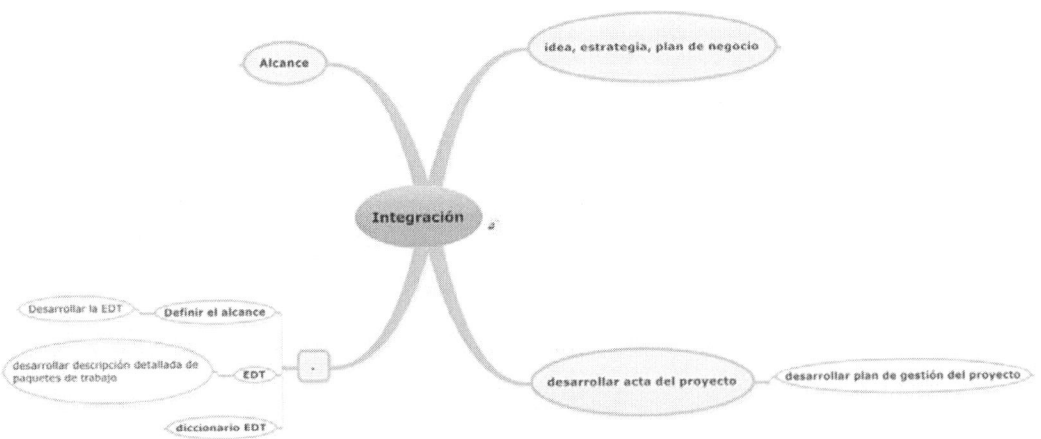

FIGURA 6.2

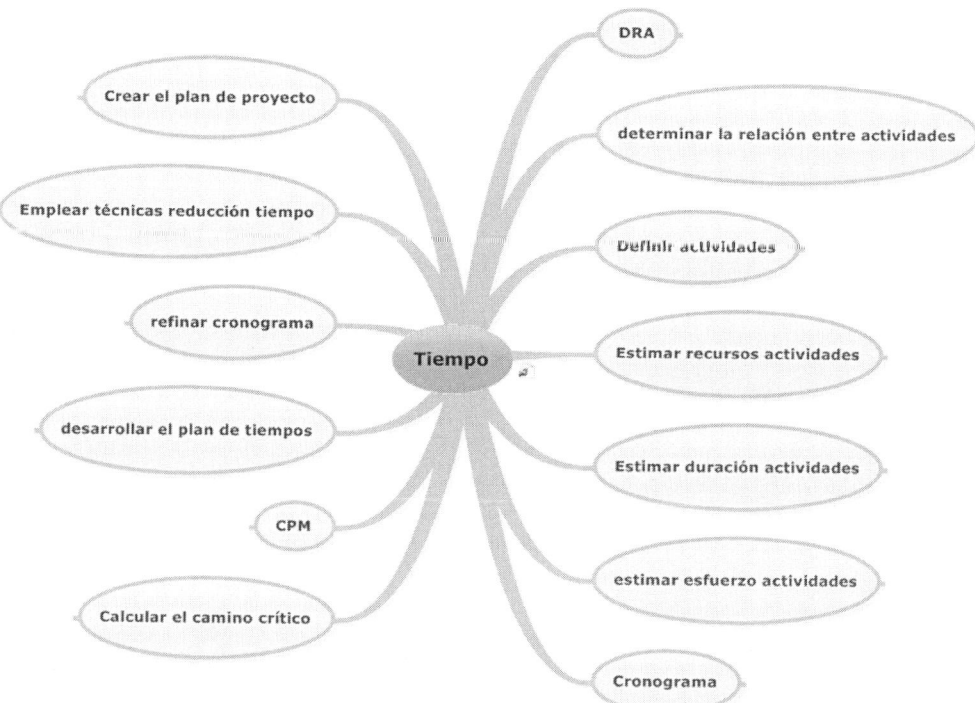

FIGURA 6.3

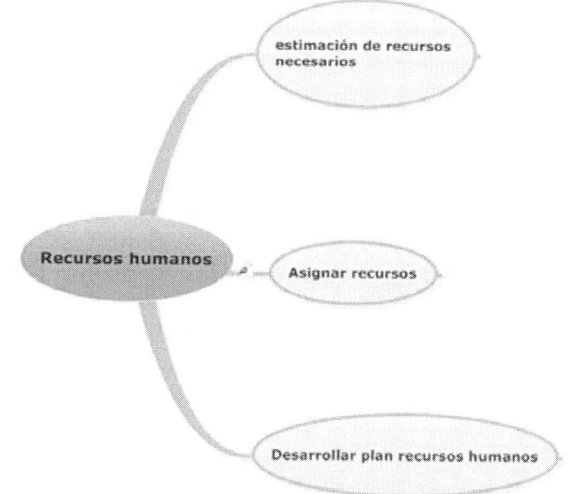

FIGURA 6.4

FIGURA 6.5

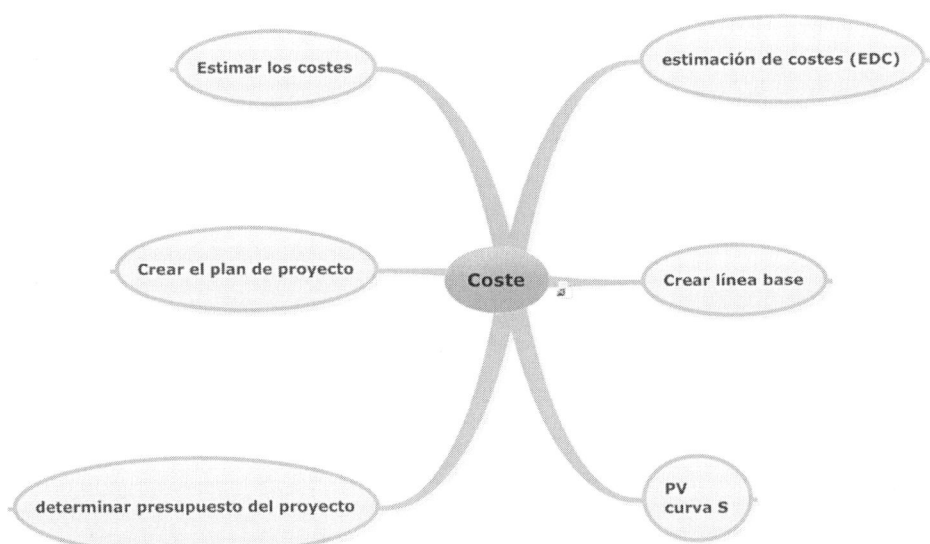

FIGURA 6.6

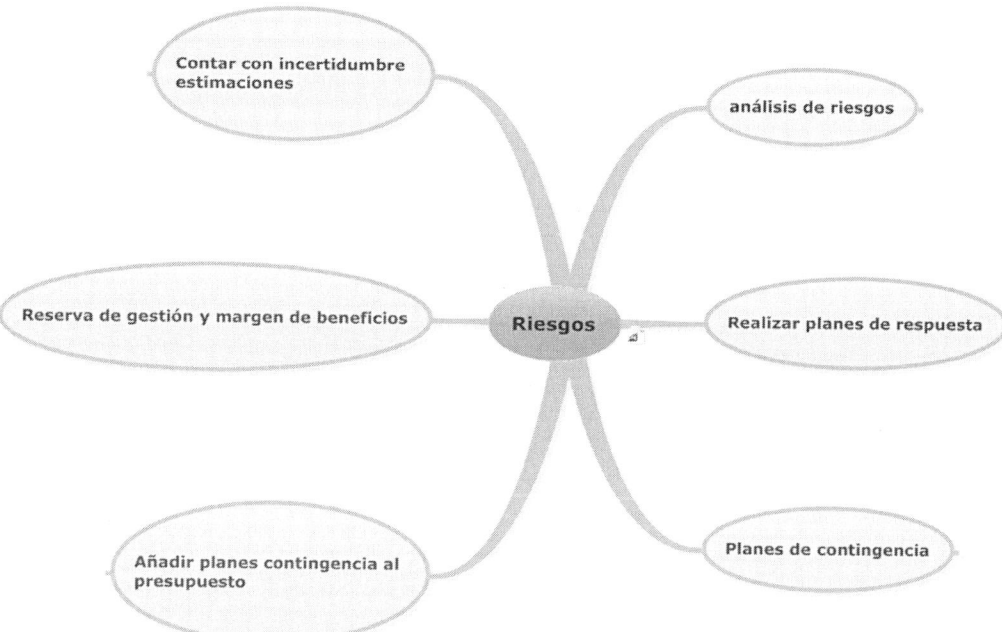

FIGURA 6.7

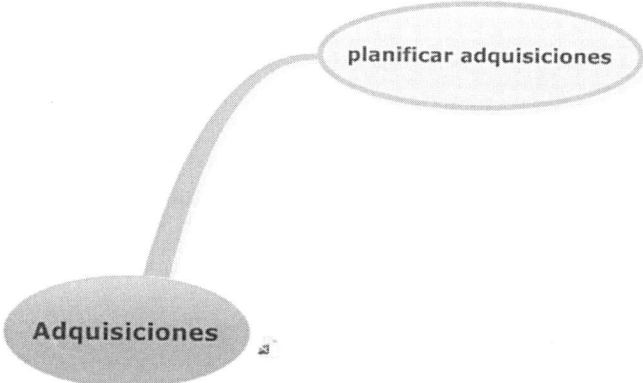

FIGURA 6.8

FIGURA 6.9

Una vez hecho el Plan de Proyecto estaremos listos para implementarlo. Por esto acabaremos el módulo viendo el proceso de Control (Unidad 2), y los conceptos que conlleva como los de la Gestión del Valor Ganado o el PDA.

2. LA GESTIÓN DE COSTES

1. INTRODUCCIÓN

La contabilidad no es un arte ni una ciencia, sino una pequeña habilidad, una herramienta al servicio del orden (Camilo José Cela).

Sin entrar en discusiones sobre si la contabilidad es o no un arte o una ciencia, echemos un vistazo a la historia de nuestro desarrollo económico para ver el significado que la moderna gestión económica ha tenido.

La contabilidad de doble entrada, tal y como la conocemos hoy en día, no surgió directamente con nuestros antepasados, 15.000 años atrás, sino que ha sido inventada y desarrollada muy recientemente, tanto como en la Venecia del siglo XIV.

Así que os voy a lanzar dos preguntas, ¿hay algo más soso que llevar la contabilidad de doble entrada?, entonces, ¿por qué despierta tanto interés? Una posible respuesta es que durante 600 años la medida del beneficio del negocio (principal salida del proceso de contabilidad) ha mantenido el interés y el entusiasmo del esfuerzo diario de la gente de negocios. ¿Cierto? Ha sido esta medida del beneficio de la empresa la que ha llevado el tanteo en el gran juego de los negocios.

"Poca gente ha oído hablar de Fray Luca Pacioli, inventor de la contabilidad por partida doble; pero probablemente ha influido más en la humanidad que Dante o Miguel Ángel" (Herbert Muller).

2. LA UTILIDAD DE ESTA ÁREA DE CONOCIMIENTO

El área de conocimiento de **Gestión de los Costes del Proyecto** no pretende que creemos una contabilidad paralela a la que ya exista en la empresa en relación con nuestro proyecto. Lo que quiere es que usemos las mismas medidas y métricas que tan bien han ido al mundo de los negocios (para saber si van bien o mal las empresas), y aplicarlas a nuestro Proyecto en su ejecución, para medir su rendimiento.

Por tanto, ¿para qué inventar la rueda otra vez y proponer tomar medidas nuevas para controlar al proyecto?, ¿verdad? Usaremos las medidas contables (ampliamente probadas y usadas) para controlar el Proyecto. Ahora bien, cuando nosotros hagamos el presupuesto del Proyecto nos podemos encontrar en dos situaciones:

Necesitamos establecer un presupuesto para el Proyecto y hacer un seguimiento de Costes para que se ejecute, o sea, tenemos responsabilidad en la Gestión de sus Costes.

Nos encontramos en un medio en que no se espera de nosotros que desarrollemos un presupuesto, sino *solamente* el Alcance y el Plan de Tiempos o calendario.

Ante la primera situación, esta área de conocimiento está enfocada a saber generar el presupuesto del Proyecto y poner las bases de la medición de su rendimiento.

Para el segundo caso… Vamos a desarrollar también un presupuesto de todas formas, con euros de madera o unidades monetarias ficticias (o una medida como horas/hombre que la podamos convertir rápida y fácilmente a unidades monetarias). Pregunta: si no nos lo piden, ¿para qué complicarnos la vida? Respuesta:

Para tener una herramienta de rendimiento predictiva y poder controlar al Proyecto y sus resultados en el futuro.

Para desarrollar nuestras capacidades como Jefe de Proyecto: además de capacitarnos a para reconocer los problemas de rendimiento nos preparará mejor para dar las explicaciones ante la dirección sobre nuestro Proyecto.

Para intentar seguir al dinero, de todos modos, y averiguar quién está patrocinando financieramente el Proyecto y quién controla las decisiones financieras que se tienen que realizar sobre el presupuesto del Proyecto. Esto es clave para gestionar las expectativas y comprender los aspectos *políticos* del Proyecto.

Nuestros objetivos en esta unidad son:

Saber desarrollar el presupuesto de un Proyecto. Tendremos que tener en cuenta que los Proyectos son esfuerzos cuya principal seña de identidad es su alto grado de incertidumbre y de riesgo.

Identificar las distintas responsabilidades de cada *stakeholder* en la elaboración del presupuesto del Proyecto.

Utilizar los métodos de estimación del los costes del proyecto y cómo se relacionan con el ciclo de vida del Proyecto.

Utilizar la Gestión del Valor Ganado (EVM, Earned Value Management), para identificar las situaciones futuras con base en las desviaciones actuales y poder corregir las desviaciones de forma proactiva. En relación con el Alcance, Tiempo y Costes.

3. EL PRESUPUESTO DEL PROYECTO

Un presupuesto es el reparto consensuado de la escasez (Adam Smith)

El presupuesto de nuestro Proyecto es el **Plan de Costes del Proyecto**. En él no solo figurará la información económica del coste de las actividades, sino que también tendrán reflejo la distribución temporal, así como el tipo y la cantidad de recursos requeridos.

Es un componente crítico del Plan de Proyecto pues integra el Plan de Tiempos, el plan de recursos, el plan de adquisiciones y el plan de respuesta a los riesgos:

FIGURA 6.10

De hecho, el objeto de la gestión de los costes es asegurar que el Proyecto se completa sin exceder el presupuesto aprobado.

Para Proyectos que se venden a clientes, es imprescindible no olvidarse, en las decisiones de fijación de precios, de incluir en el presupuesto del Proyecto el **margen de beneficios**.

3.1. CARACTERÍTICAS DEL PRESUPUESTO

En el presupuesto del Proyecto encontraremos:

- La estimación de **todos** los costes en los que incurrirá el Proyecto.
- Cuándo se tendrá que desembolsar el dinero.

Características:

- Es un proceso repetitivo y evolutivo.
- Tratará todo el ciclo de vida del Proyecto pues es una perspectiva general, especialmente para las fases operacionales.
- Establece una línea base de costes que nos dirá cuándo se van a producir esos costes, con lo que así controlaremos:
- o El flujo de caja: diferencia entre cobros y pagos debidos exclusivamente al Proyecto, a lo largo de su desarrollo.
- o La ejecución del Proyecto.
- Incluirá unas reservas para poder gestionar:
- o Los riesgos conocidos: Contingencias derivadas del análisis de riesgos del Proyecto.
- o El factor de incertidumbre de las estimaciones: Contingencias de crecimiento de costes.
- o El factor de incertidumbre de la planificación general (trabajo oculto, costes ocultos, peticiones de cambio, nuevo trabajo sobre lo mismo): Contingencias de reservas de gestión
- Tiene que ser exhaustivo pues debe contemplar todos los costes del Proyecto.

3.2. PREPARACIÓN DEL PRESUPUESTO

Los primeros pasos a dar para prepararlo son:

- Identificar todas las fuentes de costes
- Estimar el coste que supondrá cada actividad o paquete de trabajo o componente de la EDT
- Calcular la totalidad del Proyecto teniendo en cuenta:
- o La incertidumbre de las estimaciones
- o Coste de la puesta en marcha de los planes de contingencia

3.3. COSTES DEL PROYECTO VERSUS COSTES DEL PRODUCTO

Es importante resaltar que, si bien nos estamos centrando en los costes del Proyecto, la necesidad habitual del mercado de reducir los costes nos lleva en ocasiones a tomar decisiones que reducen el coste del Proyecto, pero pueden redundar en incrementar los costes del producto o del propio mantenimiento del producto.

Ejemplo: por necesidades presupuestarias, durante el proyecto reducimos el presupuesto asignado al diseño de un frigorífico. Esta causa impide lograr posteriormente un consumo final más bajo.

Es misión del Jefe de Proyecto tener este aspecto siempre en cuenta, en lo que denominamos Ciclo de Vida del Producto.

3.4. EMPLEOS DEL PRESUPUESTO

El presupuesto es importante debido a que gracias a él podemos hacer:

- Validar la planificación:

Hay referencias cruzadas entre el Plan de Tiempos y el Plan de Costes. El uno influye en el otro y viceversa.

- Medir el rendimiento.

A través del EVM, técnica específica para los Proyectos (no sirve para las operaciones)

- Gestionar las expectativas.

Si no se calcula bien puede tener repercusiones directas sobre las expectativas de los *stakeholders*.

- Gestionar el flujo de caja.

Es la base para los plazos de utilización de los recursos.

- Justificar la inversión del Proyecto.

Si establecemos la línea base de costes podremos calcular su rentabilidad y/o volumen de negocio que generó.

3.5. ESTIMAR EL COSTE

La información que nos sirve de soporte para preparar las estimaciones va a ser principalmente:

- La planificación de recursos que obtuvimos al realizar el Plan de Tiempos.

- Los costes individuales de los recursos (m² de cemento, coste hora de ingeniero, etc.).

- Las estimaciones de la duración de las actividades, que obtuvimos al realizar el Plan de Tiempos.

- Información histórica (de Proyectos anteriores, bases de datos, la experiencia del equipo). Parte del reflejo de la experiencia colectiva del equipo o sus colegas, y la única forma de recogerla para decisiones o análisis cara a otros proyectos es el ejercicio de lecciones aprendidas.

Del mismo modo que indicamos en la Gestión de Tiempos, la estimación no es una tarea simple y trivial y el modo en que se realice determinará el resultado, el error y la variabilidad.

3.5.1. TÉCNICAS

A continuación os recordamos las técnicas vistas en la unidad de Tiempo y las aplicamos a los Costes:

- **1)** Por analogía o de arriba hacia abajo (*top-down*):

o En esta utilizaríamos los Costes de un Proyecto similar como base para estimar los Costes de nuestro Proyecto.

Es rápida y barata, aunque sujeta a errores de apreciación.

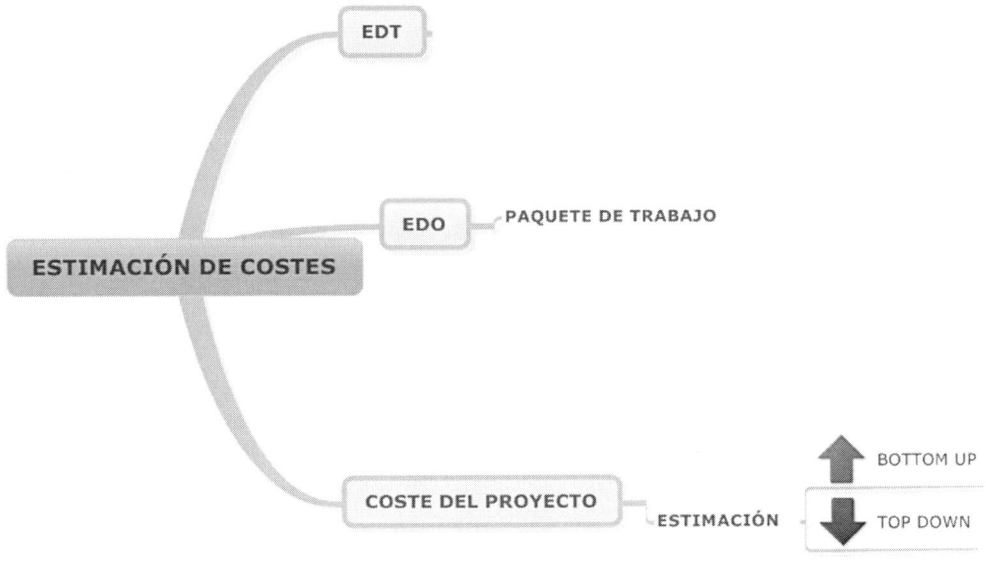

FIGURA 6.11

- **2)** Completa o de abajo arriba (*bottom-up*):

En esta estimamos las actividades o los paquetes de trabajo (nivel más abajo de la EDT), y al sumarizarlos obtenemos el Coste total del Proyecto:

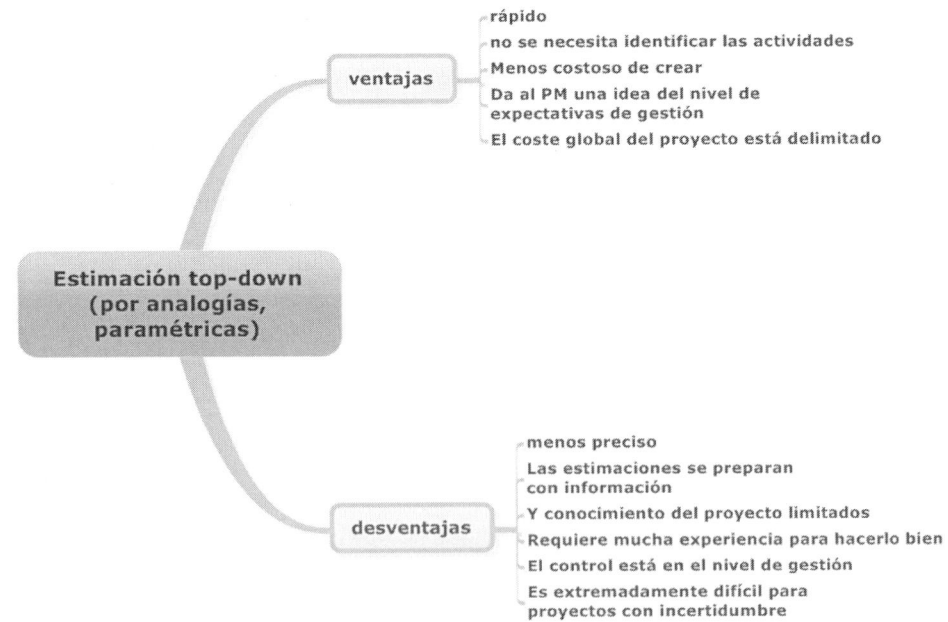

FIGURA 6.12

FIGURA 6.13

- **3)** Con modelos paramétricos:

Al disponer de datos históricos por otros Proyectos u operaciones, determinados datos del Proyecto (por ejemplo: metros cúbicos, superficie, n.º de casas), aplicados a fórmulas o tablas más o menos complejas para adaptarlos a nuestro Proyecto, suministran la estimación buscada para sus costes.

- **4)** Con modelos heurísticos:

Como no disponemos de datos históricos, será a través de las estimaciones de los expertos como obtendremos la información.

3.5.2. PRECISIÓN

La precisión de las estimaciones no solo está relacionada con el método utilizado (son los mismos que los vistos en la unidad de Tiempo del módulo anterior) sino principalmente con el momento o proceso en que nos encontremos del Proyecto.

FIGURA 6.14

El error cometido en el proceso de Iniciación o en el estudio de viabilidad es mayor que en el caso de la aprobación del Plan, principalmente por el grado de detalle de la información de la que disponemos.

Resaltemos siempre que la estimación debe hacerla, o al menos aprobarla, la organización que realiza el trabajo.

En el gráfico recordamos que combinando la EDT (el Alcance), y la EDO (la organización), relacionamos el paquete de trabajo y el responsable de ejecutarlo.

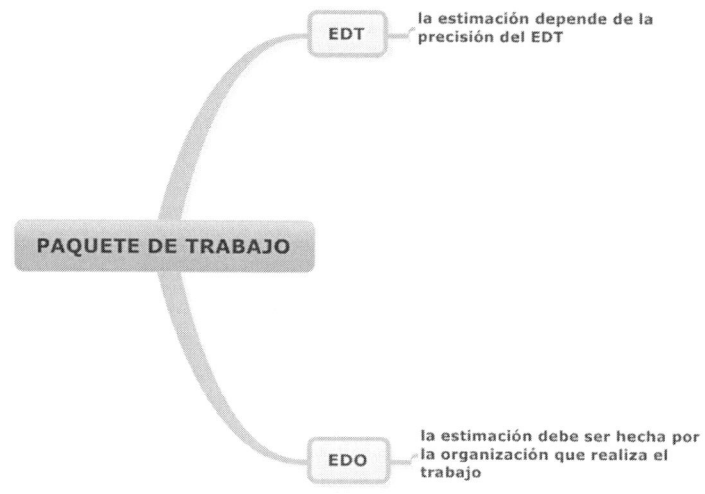

FIGURA 6.15

3.6. TIPOS DE COSTE

Comencemos diciendo que todos los costes y gastos incurridos por la empresa deben de ser, alguna manera directa o indirecta, repercutidos o cargados a los productos que vende.

Podemos clasificar a los costes de la siguiente forma:

- **1) Costes referidos al producto o servicio:**

Por ejemplo: "¿Cuánto me cuesta este rodamiento?".

o   <u>**A) Coste directo.**</u>

Aquellos que pueden ser identificados con un fin específico (producto, servicio o Proyecto), que es directamente atribuible a trabajo en el Proyecto.

Ejemplo: el coste del acero del rodamiento.

o   <u>**B) Coste indirecto.**</u>

No pueden identificarse con un fin específico.

Ejemplo: % del coste de aceite empleado en la refrigeración de la máquina de troquelar.

- **2) Costes referidos a la estructura de la empresa** (gastos generales):

o A) Coste variable.

Cualquier coste que varíe dependiendo de la carga de trabajo, volumen o nivel de prestación del servicio.

o B) Coste fijo.

Cualquier coste que se mantiene fijo independientemente de la carga de trabajo o de la producción.

Seguros, alquiler, impuestos, gestión de la empresa, departamentos que trabajan para la empresa (dirección, RR.HH., contabilidad, etc.).

Relación entre ambas clasificaciones:

- Los costes fijos suelen ser la parte más importante de los costes indirectos de la empresa.

- Los costes variables suelen ser costes directos con algún componente indirecto (departamento de control, de calidad, etc.).

- Los costes indirectos son fundamentalmente costes fijos aunque en ocasiones pueden ser variables. Así sucede, por ejemplo, con la contratación de trabajadores temporales para hacer frente a un equipo de trabajo.

3.7. ACTUALIZAR EL DICCIONARIO DE LA EDT

Os recordamos lo que es el **diccionario** de la **EDT** (lo vimos en el módulo del alcance): es un documento que describe cada componente en la estructura de desglose del trabajo (EDT).

Después de haber dado una vuelta al Proyecto desde la perspectiva de la triple restricción, podemos tener una descripción detallada de los paquetes de trabajo (nivel más bajo que contempla la EDT), e ir completando el diccionario de la EDT.

3.8. EJEMPLO DE PAQUETE DE TRABAJO DETALLADO

El paquete de trabajo del Proyecto es excavar un hoyo. Veamos sus pasos básicos:

- **1º** Definimos el paquete: Código, nombre y descripción.

FIGURA 6.16

o **2º** Determinamos qué recursos (de personal, equipamiento y materiales), y su cantidad necesaria para desarrollar el trabajo:

FIGURA 6.17

o **3º** Lista de actividades e hitos que tenga el paquete de trabajo, su esfuerzo y/o duración, fecha de inicio y de fin, etc.

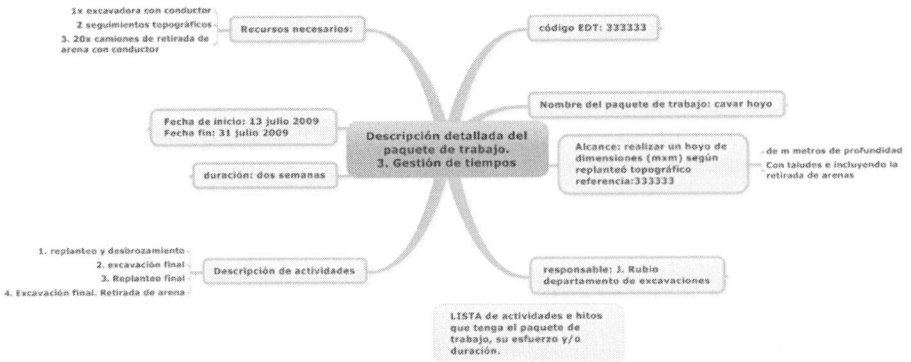

FIGURA 6.18

o   <u>4º Estimamos los costes</u> de cada paquete de trabajo.

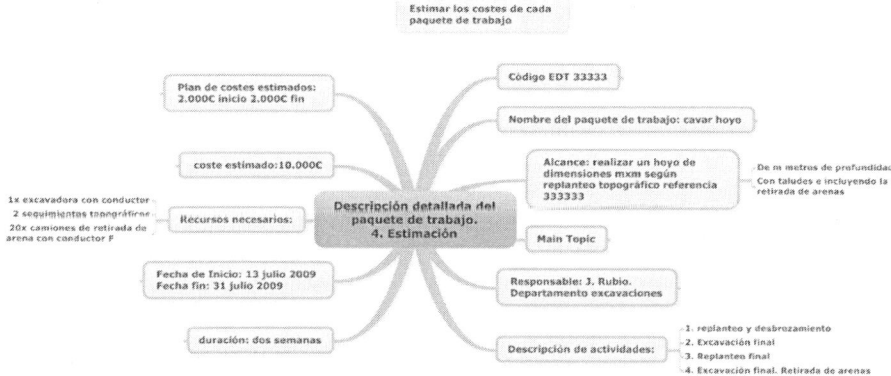

FIGURA 6.19

El cálculo realizado para estimar su coste podría haber sido el siguiente:

ACTIVIDAD	RECURSO	UNIDADES	TIPO UNIDAD	COSTE UNITARIO	TOTAL
Replanteo	Seguimiento topográfico	1		300	300
Excavación inicial	Excavadora con conductor	4	días	450	1800
	Camión con conductor	18	camiones	350	6300
Replanteo final	Seguimiento topográfico	1		300	300
Excavación final	Excavadora con conductor	1	días	500	500
	Camión con conductor	2	camiones	400	800
				Total	10.000

FIGURA 6.20

3.9. CALCULO DEL PLANNED VALUE (PV) Y LA CURVA S (S-CURVE)

3.9.1. EL PV O VALOR PLANEADO

Tras haber estimado **todos** los costes (tanto los fijos como los variables), de **todas** las actividades del Proyecto, estaremos en condiciones de poder calcular el PV o Valor Planeado. También tenemos que determinar cómo vamos a imputar los costes indirectos entre las actividades del Proyecto.

Para calcular el PV vamos a utilizar los siguientes elementos:

- La lista de actividades a realizar (o los elementos de la EDT implicados).

- Las estimaciones de Coste de dichas actividades (o los elementos de la EDT implicados).

- El Plan de Tiempos: así asociaremos el coste estimado de la actividad con el momento del tiempo en que incurriremos en ese coste.

- Criterio para imputar los gastos indirectos.

El último elemento que necesitamos saber es el tamaño del periodo temporal que vamos a usar para calcular el PV. Puede ser de minutos, horas, días, semanas, meses, etc. Su elección depende del grado de detalle que queramos tener.

3.9.2. LA CURVA S

Sumarizando <u>el Coste de las actividades en función del Tiempo</u>, obtendremos una gráfica parecida a ésta, denominada **Curva S**:

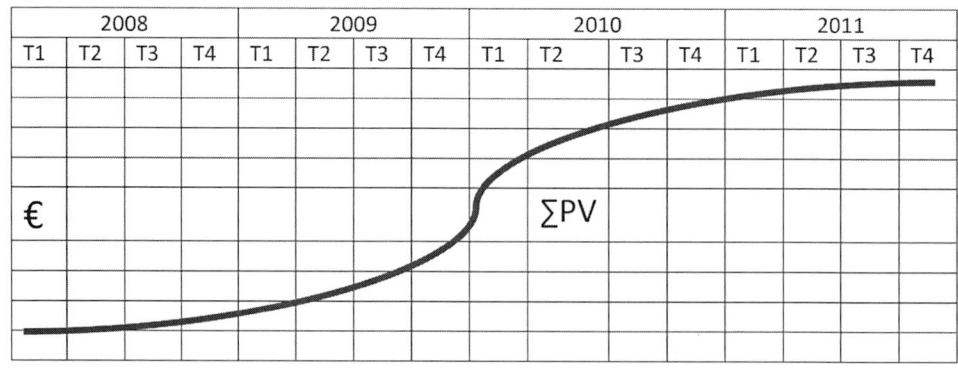

TIEMPO

FIGURA 6.21

Obsérvese que la curva crece lentamente al principio (proceso de Planificación) y al final (proceso de Cierre) y muy rápidamente entre ambas (proceso de Ejecución del Proyecto).

Tanto la Curva S como el PV los consideramos línea base de costes al fijar en un determinado momento cómo están los Costes del Proyecto.

3.9.3. EJEMPLO DE PV Y CURVA S

Vamos a ver, a través de un ejemplo, cómo se calcula en primer lugar el PV y después la curva S.

Volvamos con nuestro ejemplo de reforma exterior de la casa al que le hemos añadido la actividad de planificación:

1º <u>Partimos de la estimación de Costes</u> que tenemos:

ACTIVIDAD		DURACIÓN ESTIMADA	COSTES FIJOS		COSTES VARIABLES			TOTAL
DESCRIPCIÓN		DÍAS	TOTAL	COMENTARIO	UNIDADES	PRECIO UNIDAD	COMENTARIO	€
Z. Inicio del proyecto		0	150	Costes indirectos del proyecto				150
Y. Planificación		1			1	50	Sueldo experto	50
a.	Instalar los andamios	0.5	10	materiales necesarios para montaje	2	40	Sueldo experto	50
b.	Dar la primera capa de pintura	1.5	110	Tasa alquiler maquinaria y pintura	2	100	Sueldo, pintura y tiempo de alquiler	410
c.	Secado de la primera capa	2			1	25	Sueldo experto	50
d.	Dar la segunda capa de pintura	1.5	50	Tasa alquiler maquinaria	2	100	Sueldo, pintura y tiempo alquiler	350
e.	Retirar los andamios	0,5			2	40	Sueldo experto	40
f.	Cavar hoyos para plantas	3			1	50	Sueldo experto	150
g.	Plantar las flores	2	30	Flores compradas	1	30	Sueldo experto	90
h.	Regar lo plantado	0,5			1	35	Sueldo-agua	17,5
i.	Recoger	1			1	30	Sueldo experto	30
j.								1.389.50€

FIGURA 6.22

El Plan de Tiempos podría ser:

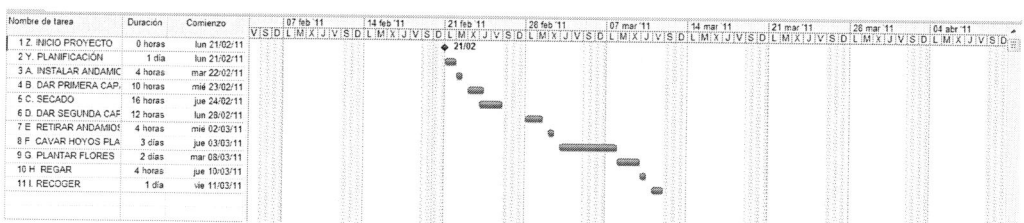

FIGURA 6.23

2º <u>Calculemos el PV</u>. Para ello asumimos:

- Los costes indirectos se van a distribuir equitativamente por día.

- El período para sumarizar los costes va a ser de un día.

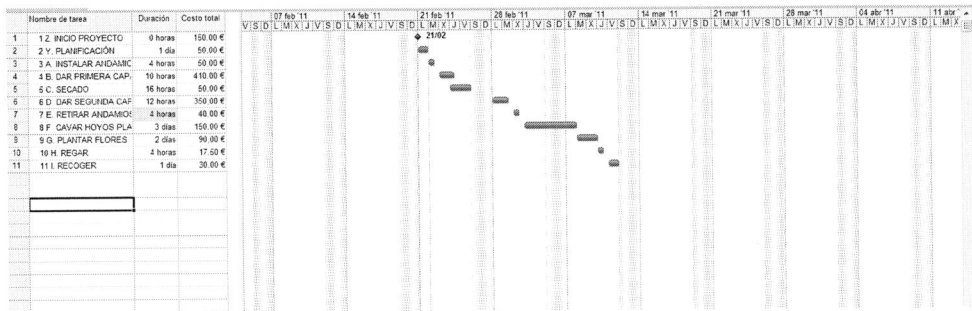

FIGURA 6.24

DISTRIBUCIÓN COSTE DIRECTO POR DÍA							
	PERÍODO TEMPORAL (DÍAS)						
	1	2	3	4	5	6	7	8
TAREA	Y	A+1/3B+1/3F	2/3B+1/3F	1/2C+1/3F	1/2C+1/2G	2/3D+1/2G	1/3D+E+H	I
COSTE (PV)	68,8	255,4	342,2	93,8	88,8	297,1	192,91667	48,88

FIGURA 6.25

DISTRIBUCIÓN COSTE DIRECTO POR DÍA							
	PERÍODO TEMPORAL (DÍAS)						
	1	2	3	4	5	6	7	8
TAREA	Y	A+1/3B+1/3F	2/3B+1/3F	1/2C+1/3F	1/2C+1/2G	2/3D+1/2G	1/3D+E+H	I
COSTE (PV)	68,8	255,4	342,2	93,8	88,8	297,1	192,91667	48,88
COSTES ACUMULADOS	68,8	324,2	666,4	760,2	849	1146,1	1339,01667	1387,897

FIGURA 6.26

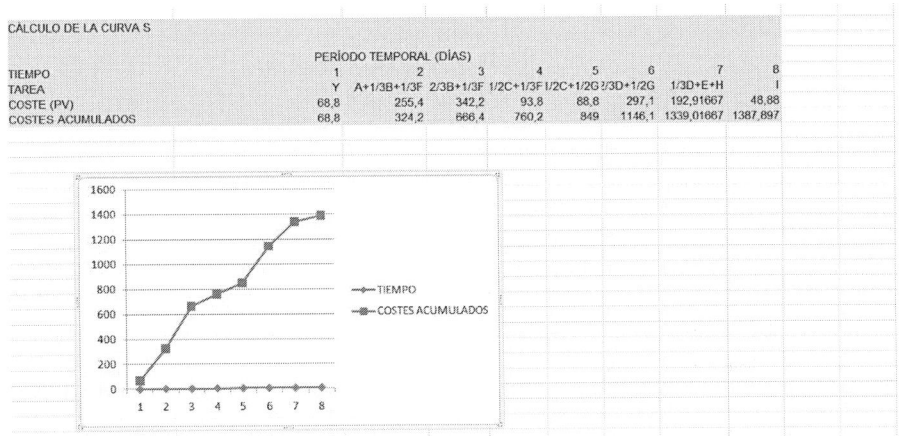

FIGURA 6.27

3.10. OBTENER EL "PRESUPUESTO FINAL" DEL PROYECTO

"Nunca serás rico si tus gastos exceden a tus ingresos; y nunca serás pobre si tus ingresos superan a tus gastos" (Thomas Chandler).

Veamos cómo obtener el presupuesto completo del Proyecto y los elementos que tenemos que tener en cuenta, para crear uno equilibrado:

- La estimación de todos los costes directos, tanto fijos como variables, de las actividades o al elemento de la EDT con los que estamos trabajando.

- También tenemos estimados los costes indirectos que tienen que incurrir en el Proyecto.

Veamos los elementos que nos faltan, o sea, qué dinero nos falta todavía para ejecutar el Proyecto:

- **Fondos de contingencia:**

Son para el caso de materialización de un riesgo.

Es imprescindible dotar adecuadamente los fondos de provisiones de contingencia, para estimar con precisión el Coste del Proyecto y proteger el beneficio asignado a él.

Si no se materializan, estos fondos irían a engrosar los beneficios del Proyecto.

- **Curva de experiencia o de aprendizaje.**

Tiene dos aspectos:

Es la reducción que se produce en los Costes y Tiempos al realizar una tarea de forma repetida.

Cuando sea necesario formar a personal, este Coste ha de ser considerado como uno más del Proyecto.

- **Costes de escalación.**

Son los costes originados por el incremento de precio de los recursos usados en el Proyecto.

3.10.1. FONDOS DE CONTINGENCIA

Una **contingencia** la vamos a definir como un evento que por su naturaleza o carácter de riesgo lleva asociada una provisión de gastos para cubrir dicho riesgo en caso de que se produzca.

En función de la naturaleza del riesgo que lleve asociado la contingencia podemos encontrarnos con:

- **Contingencias derivadas del análisis de riesgos del Proyecto.**

Son aquellos eventos de carácter imprevisible (no se puede asegurar su ocurrencia), que pueden ser identificados mediante un análisis de riesgos del Proyecto.

- **Contingencias de crecimiento de Costes.**

Serían las provisiones de gasto para determinadas actividades o componentes del EDT que habrán de ser desarrollados, y que, a día de hoy, no disponemos de suficiente información para hacer su estimación.

Este coste normalmente se incurre en él cuando se tiene suficiente información. Su imprevisibilidad es menor que en el anterior.

- **Contingencias de reservas de Gestión.**

En algunos proyectos y si las condiciones del mercado lo permiten, suelen dotarse de un fondo adicional llamado reservas de gestión.

Esta reserva actúa como colchón de seguridad (*comfort money*), para proteger el beneficio frente a riesgos imprevisibles que no pueden identificarse a través de un análisis de riesgos. Ejemplo: desastres naturales, huelgas, rotura de maquinaria, materiales defectuosos, etc.

No está relacionada con ninguna actividad o tarea del Proyecto o componente del EDT. Normalmente se calcula como un porcentaje del coste total, entre un 5 % y un 10 %. Y es responsabilidad del jefe de proyecto tanto su aplicación como su gestión, para que no se agote hasta que el Proyecto haya finalizado.

3.10.2. EJEMPLO DEL USO DE FONDOS DE CONTINGENCIA

Cuando nos vamos de vacaciones, realizamos una estimación de lo que nos gastaremos en el viaje, hoteles, comidas, compra de recuerdos y regalos. Esta cantidad es el presupuesto de nuestras vacaciones.

De todas formas, y por prudencia, el que más o el que menos añade una pequeña cantidad en concepto de imprevistos. Esta pequeña cantidad correspondería a lo que hemos denominado "Contingencias derivadas del análisis de riesgos" (tener que llevar el coche al taller), o de "Contingencias de crecimiento de costes" (hacer una excursión no prevista o gastar algo más en regalos).

Existe otra partida económica en el Proyecto que nos cubriría los llamados riesgos o eventos, o que no hemos previsto con anterioridad o que no tenemos experiencia previa sobre ellos (una huelga, por ejemplo). Esto sería lo que hemos denominado "Contingencias de reservas de Gestión"

3.10.3. PROCESO DE DETERMINACIÓN DEL PRECIO DEL PROYECTO

Los pasos para determinar el precio del Proyecto serían los siguientes:

FIGURA 6.28

¿Qué relación hay entre la curva S y la reserva de Gestión? Veamos:

FIGURA 6.29

4. LA FASE DE CONTROL Y SEGUIMIENTO

1. INTRODUCCIÓN

El primer 90 % de una tarea lleva el 90% del tiempo, el último 10 % lleva otro 90 % (Arthur Bloch)

Todo trabajo, tarea o Proyecto tiene que ser controlado para que no nos pase lo que dice el señor Bloch y no sepamos realmente cuánto nos falta por acabar. Pero ¿cómo controlamos un Proyecto?: midiendo su rendimiento a través de sus Costes.

El Plan básico del Proyecto, salida del proceso de Planificación, como ya hemos visto, consta de:

- Qué es lo que hay que hacer: enunciado del Alcance, EDT y diccionario de la EDT (descripción de los paquetes de trabajo).

- Cuándo hay que realizar las tareas: diagrama de red de actividades, Plan de Tiempos optimizado.

- Quién hace qué y lo que se necesita.

- Lo que costará: el presupuesto del Proyecto.

Una vez que hemos desarrollado este plan básico, estaremos listos para implementarlo. Para ello, tendremos que hacer frente a dos categorías de actividades:

- Las actividades de Ejecución, para completar el trabajo del Proyecto.

- Las actividades de Control del Proyecto, para:

  - Informar sobre el progreso del Proyecto.

  - Mantenerlo en marcha.

  - Tener bajo control al proceso, o sea, por el camino adecuado.

Ambos conjuntos de actividades se realizan en paralelo. En esta unidad nos vamos a centrar en las actividades de Control.

2. ¿QUÉ ES EL CONTROL Y SEGUIMIENTO DE UN PROYECTO?

Son los procesos que nos permiten contestar a:

* ¿Cumplimos las expectativas de los *stakeholders*?

* ¿Se cumplirán los objetivos del Proyecto?

* ¿Estamos entregando lo que prometimos?

* ¿Estamos cumpliendo el calendario o Plan de Tiempos?

* ¿Estamos en presupuesto?

* ¿Qué problemas necesitamos resolver?

* ¿Qué riesgos estamos controlando?

* ¿Qué desviaciones tenemos?

* ¿Qué medidas correctivas se están tomando?

* ¿Qué es lo que ha provocado estas desviaciones?

* ¿Qué lecciones hemos aprendido?

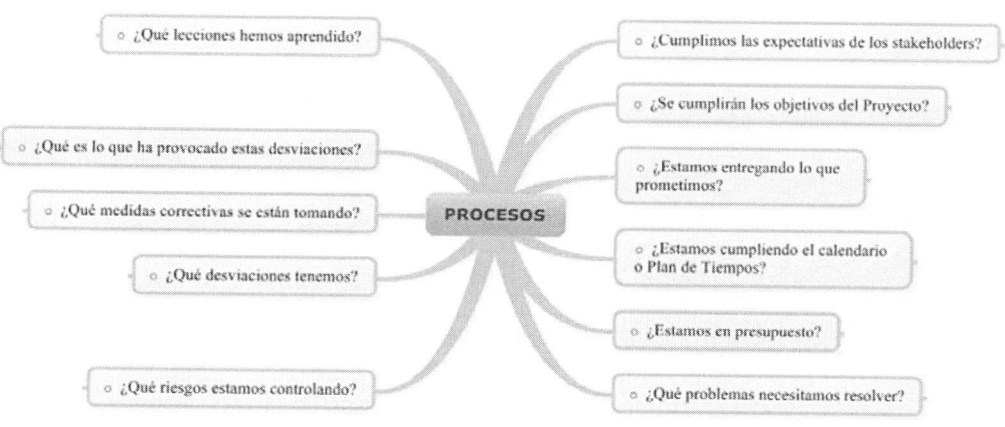

FIGURA 6.30

O sea, son aquellos procesos que garantizan que los objetivos se cumplen mediante el control y la medición regular de la marcha del Proyecto e identifican las variaciones en el Plan, para poder tomar las medidas correctivas si son necesarias.

Tan importantes o más que estos procesos, para realizar el esfuerzo de Control y seguimiento, son nuestras capacidades de liderazgo, de comunicación, interpersonales, analíticas y de Gestión del equipo de Proyecto.

3. LOS PRINCIPIOS DEL CONTROL DEL PROYECTO

Son 3 los principales principios relativos al seguimiento y Control de un Proyecto: Prevención, Detección y Acción (**PDA**).

3.1. PREVENCIÓN

Este es el mismo principio que rige para nuestra salud: "Más vale prevenir que curar". Vamos, que la mejor forma de mantener el Proyecto según lo planeado es "evitar (o minimizar) que ocurran variaciones". Y esto ¿cómo se consigue?

- Invirtiendo en Planificación.
- Con una comunicación efectiva.
- Controlando continuamente los riesgos.
- Resolviendo los problemas con el equipo de Proyecto con firmeza.
- Delegando el trabajo de forma clara.

3.2. DETECCIÓN

Necesitamos un sistema de "detección" para captar de forma precoz las variaciones. Cuanto antes actuemos sobre la desviación, más probabilidades de éxito tendremos en su tratamiento (vuelve a servir el símil médico).

Tenemos a nuestra disposición:

- Los informes de rendimiento a los *stakeholders*, centrados en el rendimiento de los factores críticos de éxito en relación con las líneas base.
- Las reuniones de revisión.

Para obtener una variación hay que comparar los resultados reales con líneas base de algún tipo. Las líneas base que hemos desarrollado con nuestro Plan básico de Proyecto son:

Gestión de expectativas	Acta del proyecto, *stakeholders*, contrato.
Alcance	La EDT
Tiempo	Plan de tiempos o cronograma
Costes	PV/curva S

3.3. *ACCIÓN*

La Detección de una variación debe "activar una respuesta" apropiada y oportuna para resolverla.

* Los tres tipos de acción más comunes son:

* Las acciones correctivas.

* Los procedimientos de control de cambios (procesos de revisión, aprobación y coordinación de cualquier petición de cambiar el Alcance, Tiempo y/o Costes).

* Las lecciones aprendidas.

4. MÉTODOS DE CONTROL

Los dos métodos de Control para detectar variaciones sobre el rendimiento son:

* El método de Hitos Valorados. (Reactivo).

* El EVM o método de Gestión del Valor Ganado. (Proactivo).

5. EL EVM O MÉTODO DE GESTIÓN DEL VALOR GANADO

Este método es el mejor para la "detección precoz" de las variaciones de rendimiento del Proyecto. Es aplicable a los Proyectos pero no sirve para las operaciones.

Ha sido desarrollado por el DoD (Department of Defense) de los Estados Unidos de América para gestionar eficazmente los Proyectos con sus proveedores. Lo viene usando desde hace más de 40 años.

Se basa en que un Proyecto, cuando lleva un 15 % de ejecución, ya puede dar predicciones fiables de cómo acabará en Tiempo y en Costes. Tras iniciar el proceso de Ejecución se nos plantearán cuestiones del tipo:

* ¿Cuánto llevo gastado y cuánto me queda por gastar?

* ¿Voy adelantado o retrasado en la Planificación?

* ¿Necesitaré cantidades adicionales de dinero para finalizar el Proyecto?

A estas preguntas da respuesta este método, que a partir de las cantidades gastadas realmente en el Proyecto y del estado de avance del trabajo nos suministra:

- Si vamos con adelanto, según lo planificado, o con retraso.

- Si vamos ahorrando, en coste o sobrecoste.

- La "predicción" a la finalización del Proyecto de:

  - Tiempos

  - Costes

5.1. CARACTERÍSTICAS

Sus principales características, que lo hacen tan potente, son:

- Evalúa conjuntamente el rendimiento de Tiempo y Costes, con lo que implícitamente nos dice cómo vamos con el Alcance y dónde estamos teniendo problemas.

- Cada paquete de trabajo tiene un valor planeado (**PV**, Planed Value).

- El Proyecto tiene un valor ganado (**EV**, Earned Value) en cualquier punto de su progreso.

- Sincronizamos con la contabilidad real de la empresa a través del Coste Real (**AC**, Actual Cost), en los que incurre el Proyecto.

5.2. MEDIDAS Y SU SIGNIFICADO

Durante toda esta unidad voy a usar 2 nomenclaturas: la inglesa, que es ampliamente usada por el Jefe de Proyecto (término inglés), y la que emplean varias herramientas de *software* comerciales como MS Project (término español). Tenemos, por tanto, como medidas:

Término inglés	Término español	Significado
BAC	CPF (o PAF)	Coste presupuestado final
PV	CPTP	Coste Presupuestado del Trabajo Programado
EV	CPTR	Coste Presupuestado del Trabajo Realizado
AC	CRTR	Coste Real del Trabajo Realizado
DAC	DAT	Duración al terminar

- <u>Cuando acabamos de crear el Plan de Proyecto</u> lo que tenemos, entre otros elementos, es: <u>PV</u>, <u>BAC</u> y <u>DAC</u>

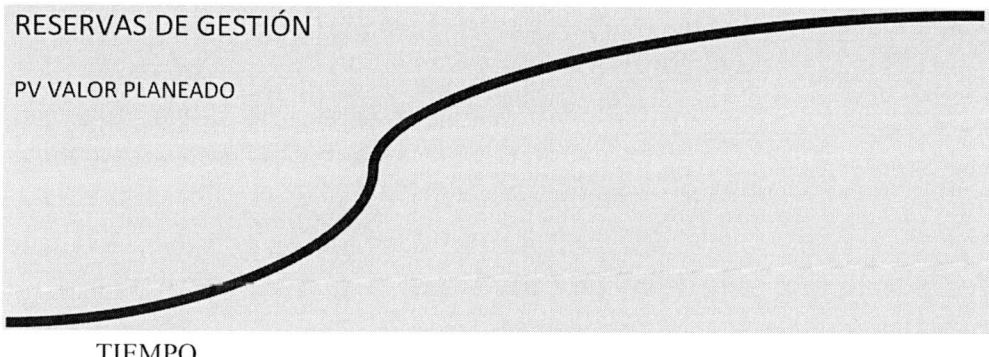

RESERVAS DE GESTIÓN

PV VALOR PLANEADO

TIEMPO

FIGURA 6.31

Veamos lo que significa cada uno de estos términos con un **ejemplo** sencillo: "Vamos a construir un corral cuadrado":

Tiempo necesario para construir un lateral:	**1 día**
Coste de construir un lateral:	**1.000 €**

- El plan es construir los laterales del corral secuencialmente: acabaremos uno y después comenzaremos con el siguiente.

- El Plan de imputación de Costes o cómo vamos a ir pagando (cómo incurriremos en costes) a la cuadrilla es: cuando acaben un lateral ajustaremos cuentas.

- Al acabar el 3.er día, nos ha sucedido lo siguiente con el Proyecto:

	DÍA 1	DÍA 2	DÍA 3	DÍA 4	ESTADO ACTUAL FIN DEL DÍA 3
LATERAL 1	C -------- F				ESTADO COMPLETO COSTE INCURRIDO 1000€
LATERAL 2		C ------- F	P ------- F		ESTADO COMPLETO COSTE INCURRIDO 1200€
LATERAL 3			CP ---- C ---FP		ESTADO COMPLETO COSTE INCURRIDO 600€
LATERAL 4				CP ------ FP	ESTADO AL 0% COSTE A LA FECHA 0€

FIGURA 6.32

- El 1.er lateral fue como planeamos. Coste: 1.000 € y un día.

- El 2º lateral supuso más trabajo del esperado. Al hacer cuentas: 1.200 €. Y ocupó más de un día su realización.

- El 3.er lateral comenzó tarde y no se ha acabado a día de hoy (solo han realizado la mitad de este). Como no sé si voy a continuar construyéndolo, hago cuentas (600 €), y despido a la cuadrilla.

Veamos lo que significa cada medida:

Término	Significado	Valor
BAC	Coste presupuestado final	4.000 € (1.000 € por lateral y son 4)
PV	Coste Presupuestado del Trabajo Programado	Al 3.er día habíamos pensado gastar 3.000 €, 1.000 € por lateral
EV	Coste Presupuestado del Trabajo Realizado	¿Cuánto vale lo que han hecho realmente? Han hecho 2 laterales y medio a día de hoy, o sea, 2.500 €
AC	Coste Real del Trabajo Realizado	¿Cuánto nos hemos gastado realmente? Pues hemos desembolsado a la cuadrilla 2.800 €, a día de hoy (3.er día)
DAC	Duración al terminar	4 días

5.3. MÉTRICAS Y SU SIGNIFICADO

Una **métrica** es relacionar dos o más medidas para interpretar la información, hacer predicciones, etc. Para el EVM, tenemos las siguientes métricas. Las hemos categorizado en:

Variaciones				Significado
SV	VP	Variación en plazos	EV - PV	>0, mejoramos el plazo <0, vamos retrasados
CV	VC	Variación en costes	EV - AC	>0, ahorramos en coste <0, vamos con sobrecoste
Índices				Significado
SPI	IRP	Índice de rendimiento en plazos	EV/PV	>1, mejoramos el plazo <1, vamos retrasados
CPI	IRC	Índice de rendimiento en costes	EV/AC	>1, ahorramos en coste <1, vamos con sobrecoste

Predicciones				Significado
EAC	CEF	Estimación en fin (costes)	BAC/CPI	
VAC	VAF	Variación al finalizar (costes)	BAC–EAC	>0, lo que nos gastaremos de menos \<0, lo que nos gastaremos de más
EACt	CEFt	Estimación en fin (tiempos)	DAC/SPI	
VACt	VAFt	Variación al finalizar (tiempos)	DAC–EACt	

Con estas métricas vamos a contestar a las siguientes preguntas:

1. ¿Dónde estamos en términos de Costes?

Variación en Coste (VC) = EV – AC = 2500 – 2800 = –300 €. El Proyecto va mal, con un sobrecoste de 300 €

Con el **CPI** o índice de rendimiento de Costes, obtenemos: CPI = EV / AC = 2500 / 2800 = 0,89 (sobrecoste del 11 %).

2.- ¿Cómo estamos en términos de Planificación de Tiempos?

Variación en tiempos (VP) = EV - PV = 2500 – 3000 = –500 €. El Proyecto va retrasado según lo planificado.

Con el **SPI** o índice de rendimiento de planificación, obtenemos: SPI = EV / PV = 2500 / 3000 = 0,83 (retraso del 17 %).

3.- ¿Cómo acabaremos en términos de Costes?

El presupuesto total (BAC) es de 4000 €. La estimación a la finalización (EAC) = BAC / CPI = 4000 / 0.89 = 4500 €.

La variación a la finalización (VAC) = BAC – EAC = –500 €. El Proyecto acabará con una sobrecoste de 500 € según el presupuesto inicial.

4.- ¿Cuándo podremos acabarlo?

La duración planificada (DAC) es de 4 días.

La estimación de la duración a la finalización (EACt) = 4 /0,83 = 4,81 días.

La variación a la finalización (VAC) = DAC – EACt = 4 – 4,81 = 0,81 días (6 horas). El Proyecto acabará con un retraso de 6 horas.

5.4. CRITERIO DE IMPUTACIÓN DE COSTES: CÁLCULO DEL EV

Es el criterio que se aplica, en un momento determinado del Proyecto, para averiguar la cantidad de Coste de los paquetes de trabajo (o actividades) implicados y averiguar el Valor Ganado o EV del Proyecto en ese momento.

Existen varias opciones de imputación, pero una vez definido el criterio en el proceso de Planificación, no se puede modificar en el de Ejecución, pues nos impediría el seguimiento adecuado del Proyecto.

La pregunta fundamental es: ¿cuándo queremos que el Coste se genere en el Proyecto?

Por un lado, como deseamos controlar el Coste y poder tomar decisiones que afecten positivamente al Proyecto, la imputación del Coste debe estar cercana a su aparición en la actividad. Así obtendríamos el EV o Valor Ganado con esa actividad.

Por otro lado, tenemos que tener en cuenta cuándo verdaderamente ocurre el Coste referido a la actividad o paquete (en el momento en que recibimos la factura del proveedor, o quizá cuando esa factura se abone), pues nos tenemos que sincronizar con contabilidad y su Plan de imputación de Costes corporativo. Esto sería el AC o Coste Real y son informes que nos enviará dicho departamento.

Tipos de criterios de imputación para el EV.

El coste debe imputarse al finalizar la actividad. Es el criterio 0/100. Para actividades de corta duración

Imputar una cantidad al comienzo y el resto a la finalización. Criterio 20/80 o 50/50. Para actividades de duración de 1 o 2 semanas

Imputar el Coste en función del porcentaje completado. Para actividades de larga duración en las que existan métodos objetivos de medir ese avance (no estamos produciendo un servicio). Si no es ese el caso, es mucho más sencillo aplicar el criterio 20/80 o 50/50.

Si bien la aplicación de uno u otro criterio modifica la geometría de la curva S (como vemos en el gráfico) el presupuesto, a la finalización, no variará en ningún caso.

Tenemos, **por ejemplo**:

PLAN DE TIEMPOS Y PRESUPUESTO POR ACTIVIDAD

	ENE	FEB	MAR	ABR	MAY	COSTE
ACTIVIDAD 1						250
ACTIVIDAD 2						1000
ACTIVIDAD 3						2000
ACTIVIDAD 4						250

FIGURA 6.33

PLAN DE COSTES MENSUAL

CRITERIO DE IMPUTACIÓN	COSTE ENE	COSTE FEB	COSTE MAR	COSTE ABR	COSTE MAY	COSTE TOTAL
PORCENTAJE	250	500	1500	1000	250	3250
0 / 100	250	0	1000	2000	250	3250
20 / 80	250	200	1200	1600	250	3250

FIGURA 6.34

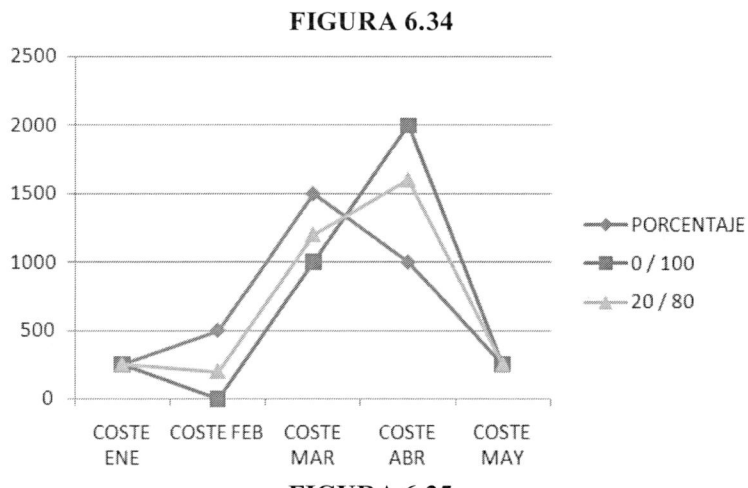

FIGURA 6.35

Los datos que necesitamos conocer en cada caso son

Porcentaje	Grado de avance en porcentaje (ojo con la subjetividad)
0/100	¿La actividad finalizó?
20/80	¿La actividad comenzó? ¿La actividad finalizó?

O sea, con el 0/100 solo necesita un dato, con el 20/80 dos y con el porcentaje, una valoración objetiva del estado, lo que es bastante más laborioso.

6. EJEMPLO 1 DE ANÁLISIS DEL VALOR GANADO

Gráficamente puede verse el sobrecoste y el retraso. Como ejemplo tenemos el gráfico siguiente:

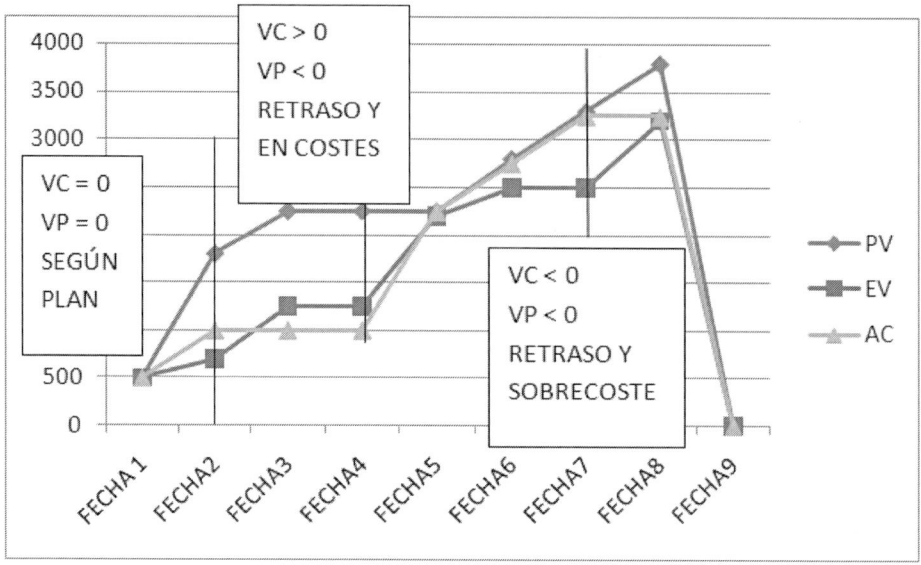

FIGURA 6.36

Se hicieron 3 análisis:

- En el primer análisis se iba en Plan, pues VC = VP = 0

- En el segundo análisis, el EV es mayor que el AC vamos ahorrando, el PV es mayor que el EV, llevamos retraso.

- Podemos concluir que hemos ahorrado porque no hemos hecho todas las tareas planeadas y no porque lo estemos haciendo bien.

En el tercer análisis, ya vamos mal en todo.

7. EL MÉTODO DE HITOS VALORADOS

Este método nos va a detectar las desviaciones en cuanto a Coste y Tiempo que tengamos en el Proyecto.

Consiste en determinar el Coste asociado a los distintos hitos que haya en el Proyecto.

El progreso es evaluado cuando el hito haya sido realizado totalmente (todo el trabajo necesario para alcanzar el hito fue hecho), lo cual reduce el tiempo de reacción frente a posibles desviaciones del Proyecto.

MÉTODO HITOS VALORADOS

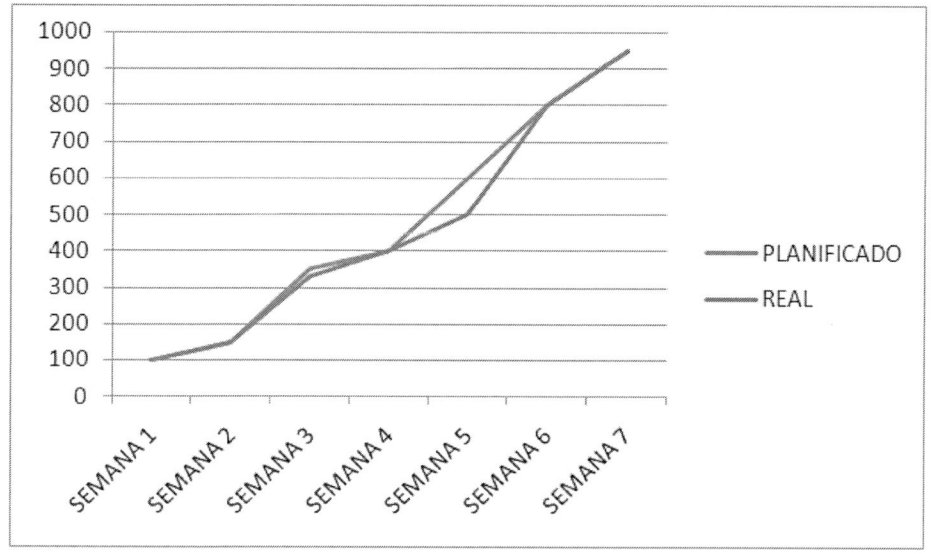

SEMANAS

FIGURA 6.37

El 1.er hito va bien en Tiempos y en Costes.

El 2º hito tiene un poco de retraso, pero va bien en Costes.

El 3.er hito va bien en Costes pero retrasado.

El 4º hito tiene retraso y presenta sobrecostes.

El hito 5º va bien en Costes pero con retraso.

Ejemplo de Declaración sobre el Alcance

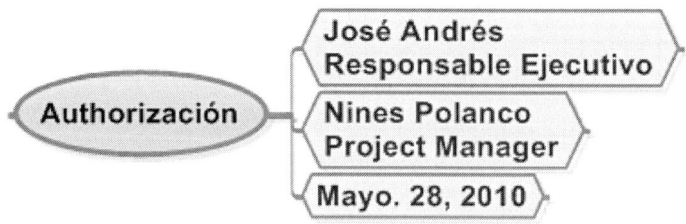

Authorización
- José Andrés Responsable Ejecutivo
- Nines Polanco Project Manager
- Mayo. 28, 2010

Problemas a solucionar
1. Nuestros ingresos se han estancado
2. Estamos perdiendo oportunidades de negocio, ya que no ofrecemos formación
3. Se necesita nuevo canal de ventas para nuestros equipos de consultoría

Objetivos del proyecto
- Entregar una versión en <6 meses
- Generar ventas
  - 500K en ventas de e-Learning
  - 2,5 millones de consultoría nueva
  - 500K ingresos por publicidad
- Oferta como parte del portafolio de consultoría PM
- Obtener la acreditación PMI

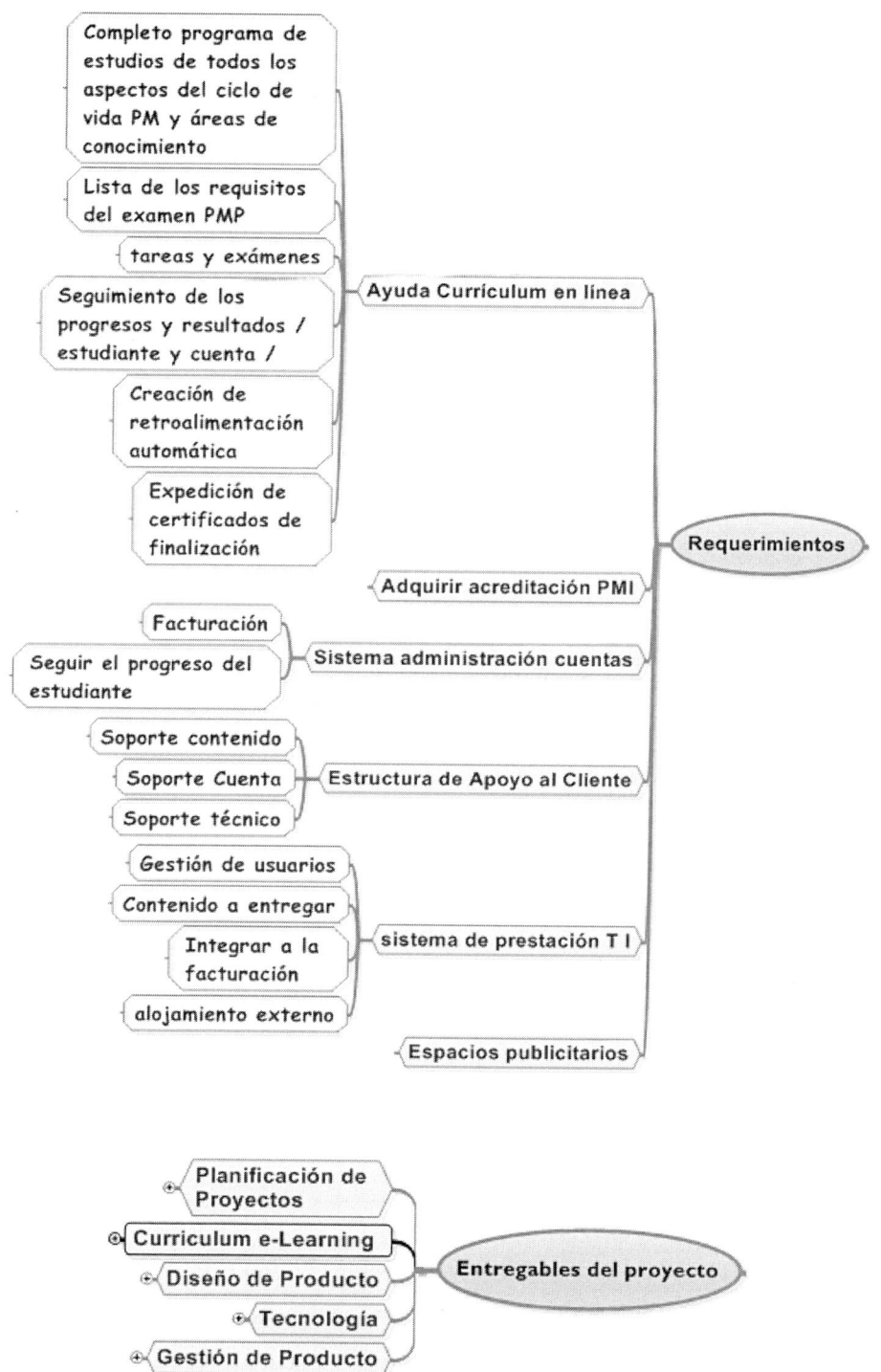

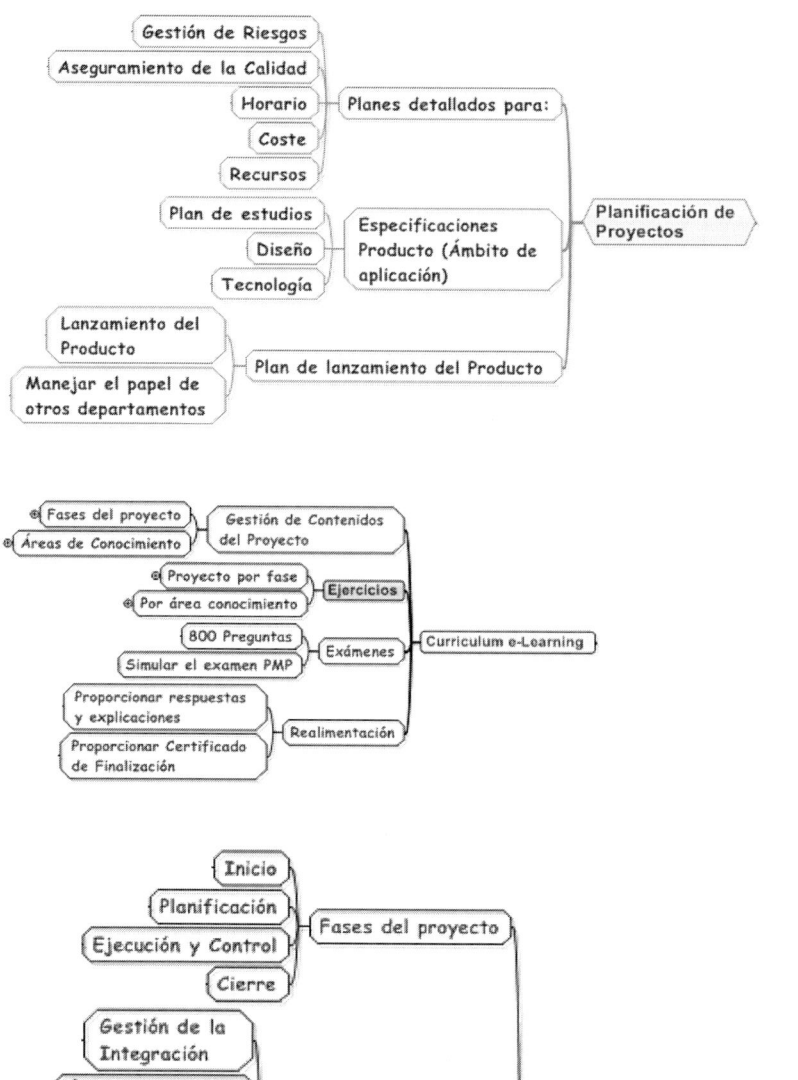

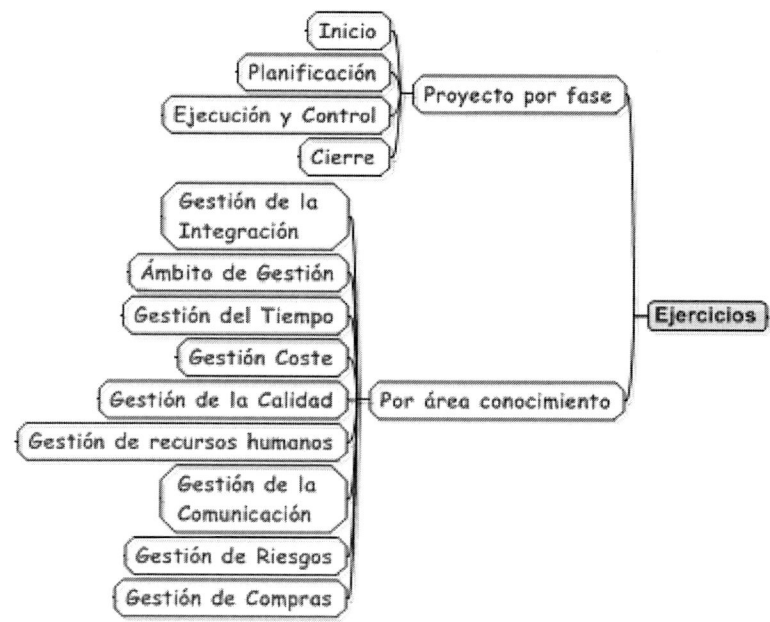

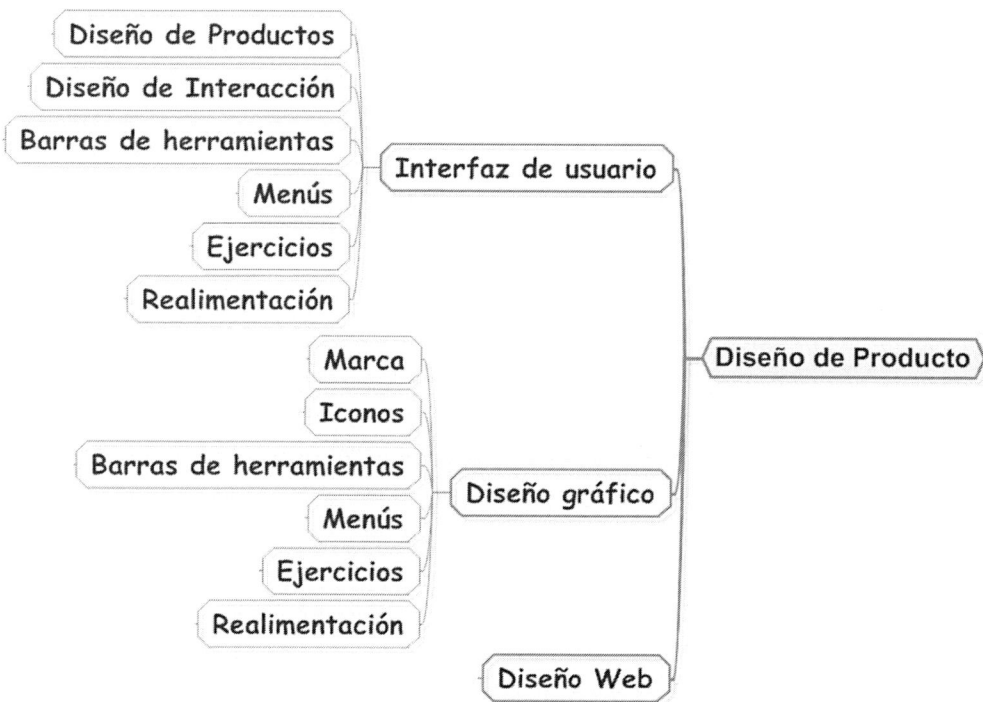

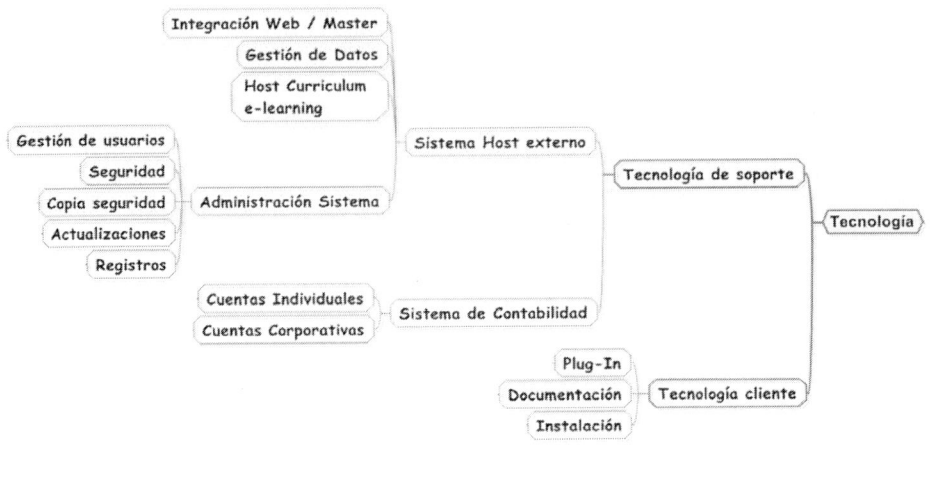

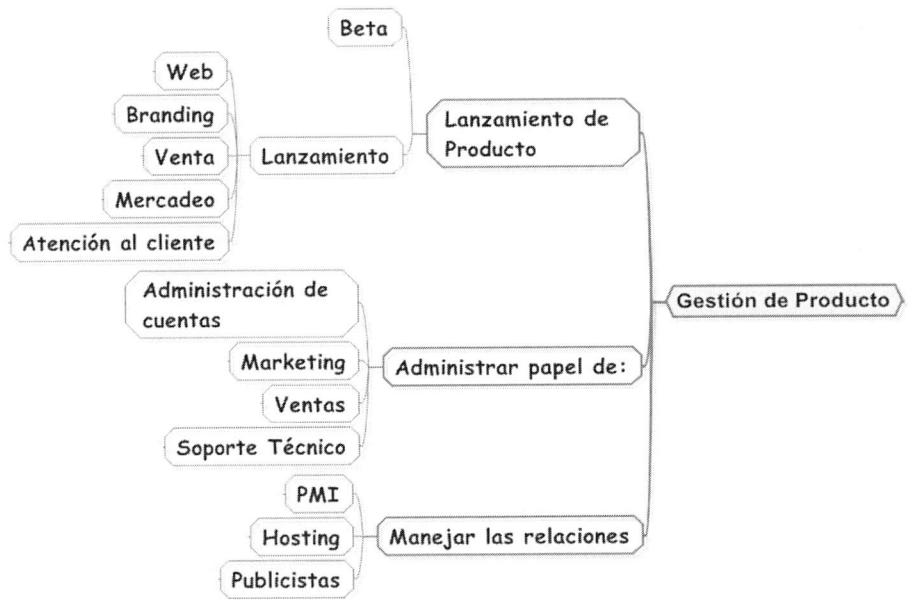

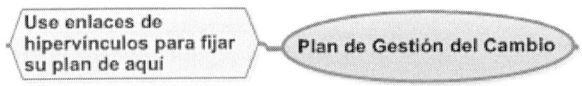

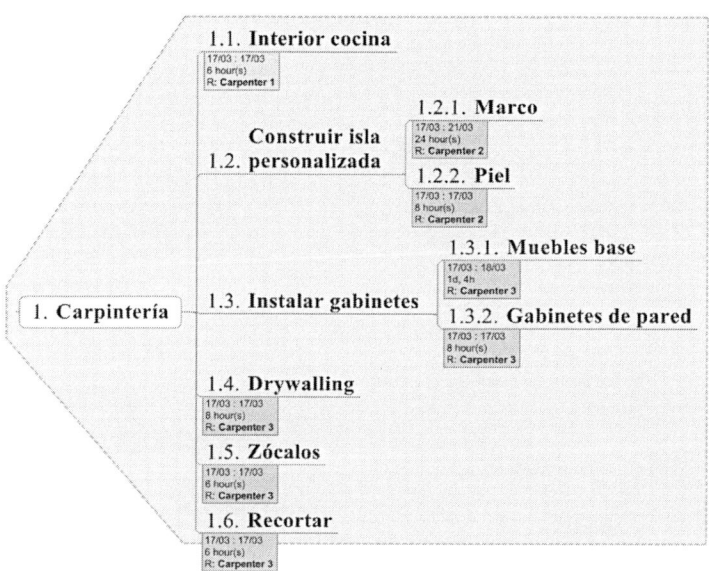

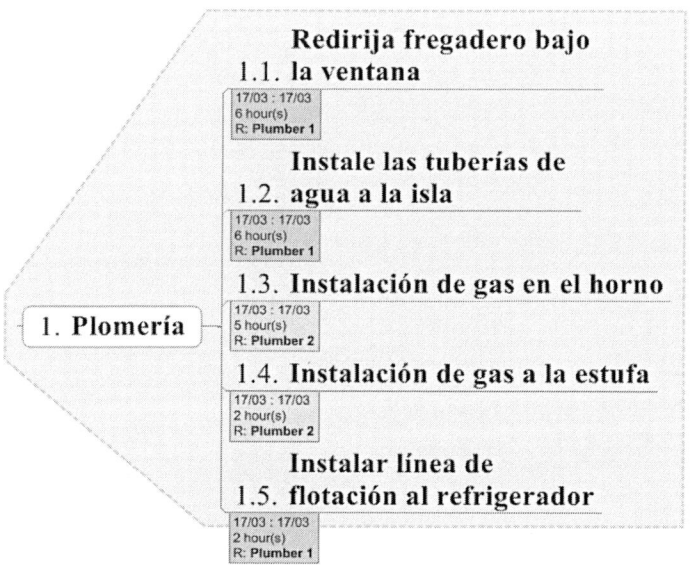

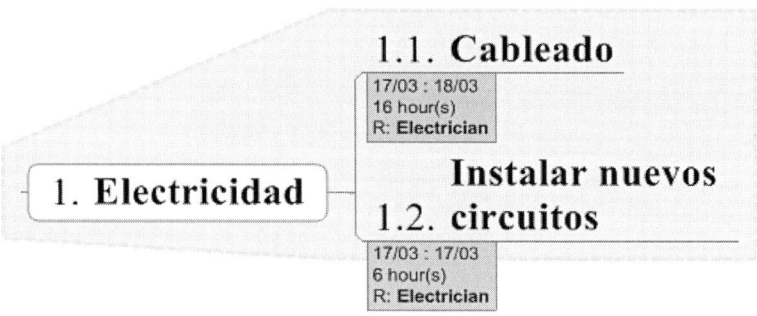

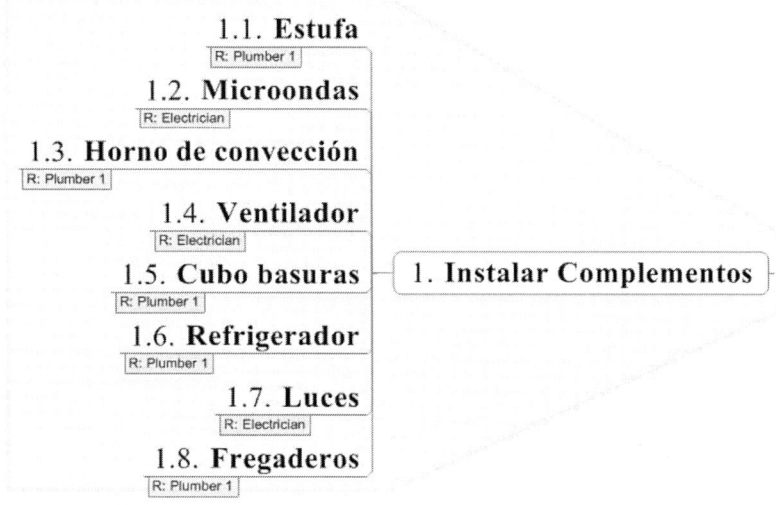

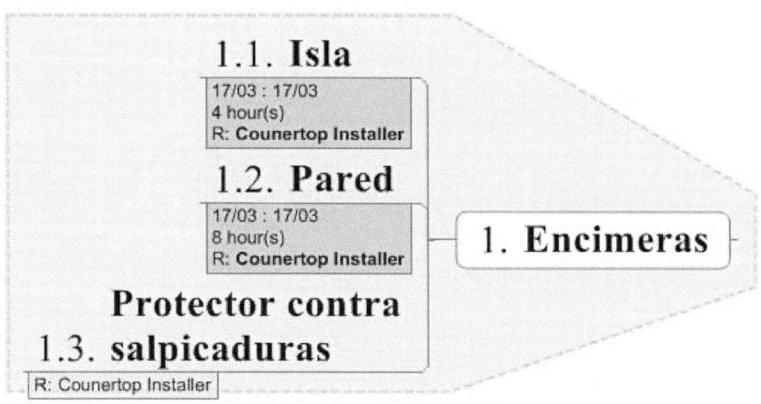

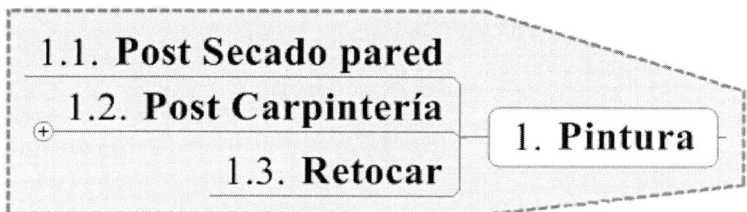

Ejemplo de Organigrama del Proyecto

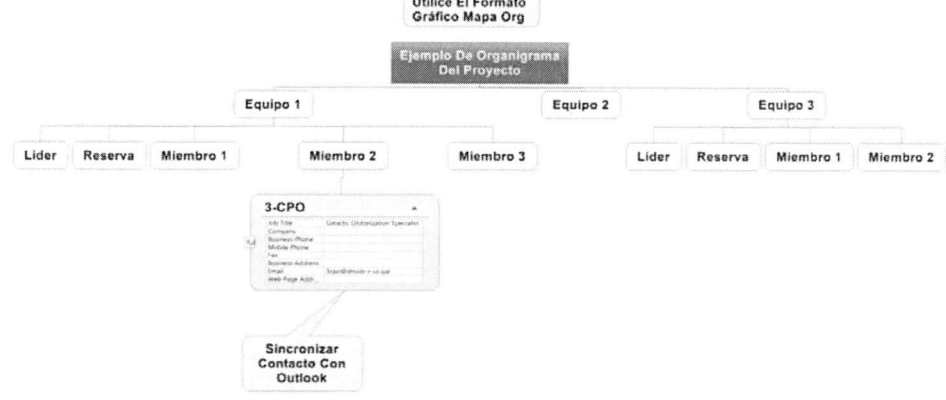

Ejemplo de Solicitud de Cambio

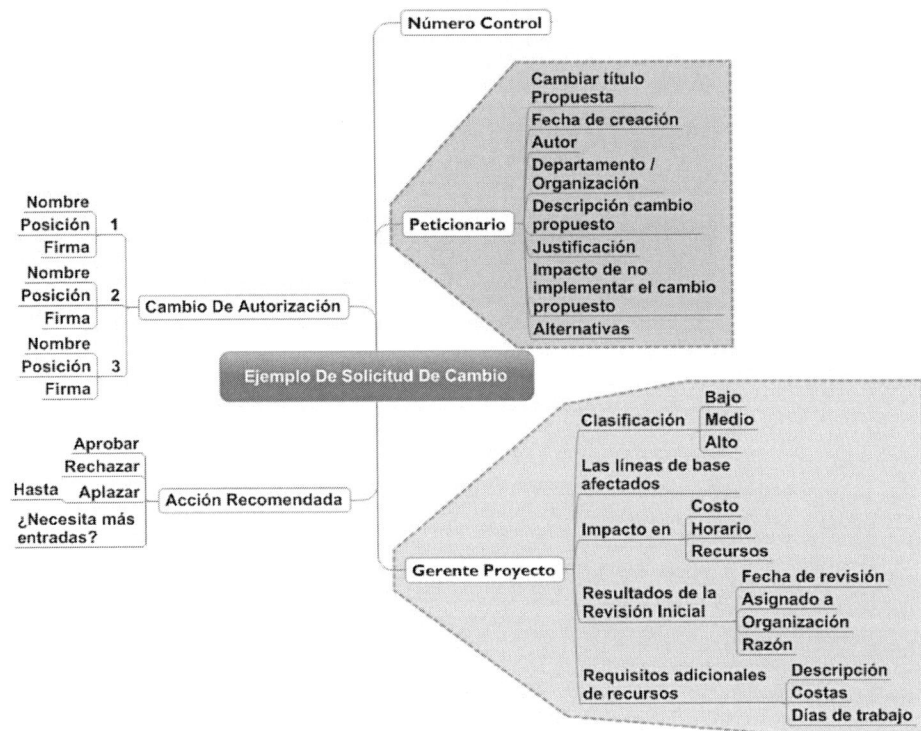

EJEMPLOS DE DOCUMENTOS

CONTROL DE VERSIONES					
Versión	Hecha por	Revisada por	Aprobada por	Fecha	Motivo

PROJECT CHARTER

NOMBRE DEL PROYECTO	SIGLAS DEL PROYECTO

DESCRIPCIÓN DEL PROYECTO: *QUÉ, QUIÉN, CÓMO, CUÁNDO Y DÓNDE?*

DEFINICIÓN DEL PRODUCTO DEL PROYECTO: *DESCRIPCIÓN DEL PRODUCTO, SERVICIO O CAPACIDAD A GENERAR.*

DEFINICIÓN DE REQUISITOS DEL PROYECTO: *DESCRIPCIÓN DE REQUERIMIENTOS FUNCIONALES, NO FUNCIONALES, DE CALIDAD, ETC., DEL PROYECTO/PRODUCTO*

OBJETIVOS DEL PROYECTO: *METAS HACIA LAS CUALES SE DEBE DIRIGIR EL TRABAJO DEL PROYECTO EN TÉRMINOS DE LA TRIPLE RESTRICCIÓN.*

CONCEPTO	OBJETIVOS	CRITERIO DE ÉXITO
1. ALCANCE		
2. TIEMPO		
3. COSTO		

FINALIDAD DEL PROYECTO: *FIN ÚLTIMO, PROPÓSITO GENERAL, U OBJETIVO DE NIVEL SUPERIOR POR EL CUAL SE EJECUTA EL PROYECTO. ENLACE CON PROGRAMAS, PORTAFOLIOS, O ESTRATEGIAS DE LA ORGANIZACIÓN.*

JUSTIFICACIÓN DEL PROYECTO: *MOTIVOS, RAZONES, O ARGUMENTOS QUE JUSTIFICAN LA EJECUCIÓN DEL PROYECTO.*

JUSTIFICACIÓN CUALITATIVA	JUSTIFICACIÓN CUANTITATIVA	
	Flujo de Ingresos	
	Flujo de Egresos	
	VAN	
	TIR	
	RBC	

DESIGNACIÓN DEL PROJECT MANAGER DEL PROYECTO.		
NOMBRE		**NIVELES DE AUTORIDAD**
REPORTA A		
SUPERVISA A		

CRONOGRAMA DE HITOS DEL PROYECTO.	
HITO O EVENTO SIGNIFICATIVO	**FECHA PROGRAMADA**

ORGANIZACIONES O GRUPOS ORGANIZACIONALES QUE INTERVIENEN EN EL PROYECTO.	
ORGANIZACIÓN O GRUPO ORGANIZACIONAL	**ROL QUE DESEMPEÑA**

PRINCIPALES AMENAZAS DEL PROYECTO *(RIESGOS NEGATIVOS)*.

PRINCIPALES OPORTUNIDADES DEL PROYECTO *(RIESGOS POSITIVOS)*.

PRESUPUESTO PRELIMINAR DEL PROYECTO.	
CONCEPTO	**MONTO**

SPONSOR QUE AUTORIZA EL PROYECTO.			
NOMBRE	**EMPRESA**	**CARGO**	**FECHA**

CONTROL DE VERSIONES					
Versión	Hecha por	Revisada por	Aprobada por	Fecha	Motivo

PLAN DE GESTIÓN DE CAMBIOS

NOMBRE DEL PROYECTO	SIGLAS DEL PROYECTO

ROLES DE LA GESTIÓN DE CAMBIOS: ROLES QUE SE NECESITAN PARA OPERAR LA GESTIÓN DE CAMBIOS			
NOMBRE DEL ROL	PERSONA ASIGNADA	RESPONSABILIDADES	NIVELES DE AUTORIDAD

TIPOS DE CAMBIOS: *DESCRIBIR LOS TIPOS DE CAMBIOS Y LAS DIFERENCIAS PARA TRATAR CADA UNO DE ELLOS.*

PROCESO GENERAL DE GESTIÓN DE CAMBIOS: *DESCRIBIR EN DETALLE LOS PROCESOS DE LA GESTIÓN DE CAMBIOS, ESPECIFICANDO QUÉ, QUIÉN, CÓMO, CUÁNDO Y DÓNDE.*

PLAN DE CONTINGENCIA ANTE SOLICITUDES DE CAMBIO URGENTES: DESCRIBIR EL PLAN DE CONTINGENCIA PARA ATENDER SOLICITUDES DE CAMBIO SUMAMENTE URGENTES QUE NO PUEDEN ESPERAR A QUE SE REÚNA EL COMITÉ DE CONTROL DE CAMBIOS.

HERRAMIENTAS DE GESTIÓN DE CAMBIOS: DESCRIBIR CON QUE HERRAMIENTAS SE CUENTA PARA OPERAR LA GESTIÓN DE CAMBIOS.

SOFTWARE	
PROCEDIMIENTOS	
FORMATOS	
OTROS	

CONTROL DE VERSIONES					
Versión	Hecha por	Revisada por	Aprobada por	Fecha	Motivo

PLAN DE GESTIÓN DE LA CONFIGURACIÓN

NOMBRE DEL PROYECTO	SIGLAS DEL PROYECTO

ROLES DE LA GESTIÓN DE LA CONFIGURACIÓN: ROLES QUE SE NECESITAN PARA OPERAR LA GESTIÓN DE LA CONFIGURACIÓN.

NOMBRE DEL ROL	PERSONA ASIGNADA	RESPONSABILIDADES	NIVELES DE AUTORIDAD

PLAN DE DOCUMENTACIÓN: CÓMO SE ALMACENARÁN Y RECUPERARÁN LOS DOCUMENTOS Y OTROS ARTEFACTOS DEL PROYECTO.

DOCUMENTOS Ó ARTEFACTOS	FORMATO (E=ELECTRÓNICO H=HARD COPY)	ACCESO RÁPIDO NECESARIO	DISPONIBILIDAD AMPLIA NECESARIA	SEGURIDAD DE ACCESO	RECUPERACIÓN DE INFORMACIÓN	RETENCIÓN DE INFORMACIÓN

ITEMS DE CONFIGURACIÓN (CI): OBJETOS DEL PROYECTO SOBRE LOS CUALES SE ESTABLECERÁN Y MANTENDRÁN DESCRIPCIONES LÍNEA BASE DE LOS ATRIBUTOS FUNCIONALES Y FÍSICOS, CON EL FIN DE MANTENER CONTROL DE LOS CAMBIOS QUE LOS AFECTAN.

CÓDIGO DEL ITEM DE CONFIGURACIÓN	NOMBRE DEL ITEM DE CONFIGURACIÓN	CATEGORÍA 1=FÍSICO 2=DOCUMENTO 3=FORMATO 4=REGISTRO	FUENTE P=PROYECTO C=CONTRATISTA V=PROVEEDOR E=EMPRESA	FORMATO (SOFTWARE + VERSIÓN + PLATAFORMA)	OBSERVACIONES

GESTIÓN DEL CAMBIO: ESPECIFICAR EL PROCESO DE GESTIÓN DEL CAMBIO O ANEXAR EL PLAN DE GESTIÓN DEL CAMBIO.

CONTABILIDAD DE ESTADO Y MÉTRICAS DE CONFIGURACIÓN: ESPECIFICAR EL REPOSITORIO DE INFORMACIÓN, EL REPORTE DE ESTADO Y MÉTRICAS A USAR.

VERIFICACIÓN Y AUDITORÍAS DE CONFIGURACIÓN: ESPECIFICAR CÓMO SE ASEGURARÁ LA COMPOSICIÓN DE LOS ITEMS DE CONFIGURACIÓN, Y COMO SE ASEGURARÁ EL CORRECTO REGISTRO, EVALUACIÓN, APROBACIÓN, RASTREO E IMPLEMENTACIÓN EXITOSA DE LOS CAMBIOS A DICHOS ITEMS.

CONTROL DE VERSIONES					
Versión	Hecha por	Revisada por	Aprobada por	Fecha	Motivo

SCOPE STATEMENT

NOMBRE DEL PROYECTO	SIGLAS DEL PROYECTO

DESCRIPCIÓN DEL ALCANCE DEL PRODUCTO

REQUISITOS: *Condiciones o capacidades que debe poseer o satisfacer el producto para cumplir con contratos, normas, especificaciones, u otros documentos formalmente impuestos.*	CARACTERÍSTICAS: *Propiedades físicas, químicas, energéticas, o sicológicas, que son distintivas del producto, y/o que describen su singularidad.*
1.	1.
2.	2.
3.	3.
4.	4.
5.	5.

CRITERIOS DE ACEPTACIÓN DEL PRODUCTO: *Especificaciones o requisitos de rendimiento, funcionalidad, etc., que deben cumplirse antes que se acepte el producto del proyecto.*

CONCEPTOS	CRITERIOS DE ACEPTACIÓN
1. TÉCNICOS	
2. DE CALIDAD	
3. ADMINISTRATIVOS	
4. COMERCIALES	
5. SOCIALES	

ENTREGABLES DEL PROYECTO: *Productos entregables intermedios y finales que se generarán en cada fase del proyecto.*

FASE DEL PROYECTO	PRODUCTOS ENTREGABLES
1.0	
2.0	
3.0	
4.0	
5.0	

EXCLUSIONES DEL PROYECTO: *Entregables, procesos, áreas, procedimientos, características, requisitos, funciones, especialidades, fases, etapas, espacios físicos, virtuales, regiones, etc., que son exclusiones conocidas y no serán abordadas por el proyecto, y que por lo tanto deben estar claramente establecidas para evitar incorrectas interpretaciones entre los stakeholders del proyecto.*

1.
2.
3.
4.
5.

RESTRICCIONES DEL PROYECTO: *Factores que limitan el rendimiento del proyecto, el rendimiento de un proceso del proyecto, o las opciones de planificación del proyecto. Pueden aplicar a los objetivos del proyecto o a los recursos que se emplea en el proyecto.*

INTERNOS A LA ORGANIZACIÓN	AMBIENTALES O EXTERNOS A LA ORGANIZACIÓN

SUPUESTOS DEL PROYECTO: *Factores que para propósitos de la planificación del proyecto se consideran verdaderos, reales o ciertos.*

INTERNOS A LA ORGANIZACIÓN	AMBIENTALES O EXTERNOS A LA ORGANIZACIÓN

CONTROL DE VERSIONES					
Versión	Hecha por	Revisada por	Aprobada por	Fecha	Motivo

DOCUMENTACIÓN DE REQUISITOS

NOMBRE DEL PROYECTO	SIGLAS DEL PROYECTO

NECESIDAD DEL NEGOCIO U OPORTUNIDAD A APROVECHAR: DESCRIBIR LAS LIMITACIONES DE LA SITUACIÓN ACTUAL Y LAS RAZONES POR LAS CUÁLES SE EMPRENDE EL PROYECTO.

OBJETIVOS DEL NEGOCIO Y DEL PROYECTO: DEFINIR CON CLARIDAD LOS OBJETIVOS DEL NEGOCIO Y DEL PROYECTO PARA PERMITIR LAS TRAZABILIDAD DE ÉSTOS.

REQUISITOS FUNCIONALES: DESCRIBIR PROCESOS DEL NEGOCIO, INFORMACIÓN, INTERACCIÓN CON EL PRODUCTO, ETC.

STAKEHOLDER	PRIORIDAD OTORGADA POR EL STAKEHOLDER	REQUISITOS	
		CÓDIGO	DESCRIPCIÓN

REQUISITOS NO FUNCIONALES: DESCRIBIR REQUISITOS TALES CÓMO NIVEL DE SERVICIO, PERFOMANCE, SEGURIDAD, ADECUACIÓN, ETC.

STAKEHOLDER	PRIORIDAD OTORGADA POR EL STAKEHOLDER	REQUISITOS	
		CÓDIGO	DESCRIPCIÓN

REQUISITOS DE CALIDAD: DESCRIBIR REQUISITOS RELATIVOS A NORMAS O ESTÁNDARES DE CALIDAD, O LA SATISFACCIÓN Y CUMPLIMIENTO DE FACTORES RELEVANTES DE CALIDAD.

STAKEHOLDER	PRIORIDAD OTORGADA POR EL STAKEHOLDER	REQUISITOS	
		CÓDIGO	DESCRIPCIÓN

CRITERIOS DE ACEPTACIÓN: ESPECIFICACIONES O REQUISITOS DE RENDIMIENTO, FUNCIONALIDAD, ETC., QUE DEBEN CUMPLIRSE ANTES DE ACEPTAR EL PROYECTO.

CONCEPTOS	CRITERIOS DE ACEPTACIÓN
1. TÉCNICOS	
2. DE CALIDAD	
3. ADMINISTRATIVOS	

4.	COMERCIALES	
5.	SOCIALES	
6.	OTROS	

REGLAS DEL NEGOCIO: *REGLAS PRINCIPALES QUE FIJAN LOS PRINCIPIOS GUÍAS DE LA ORGANIZACIÓN.*

IMPACTOS EN OTRAS ÁREAS ORGANIZACIONALES

IMPACTOS EN OTRAS ENTIDADES: *DENTRO O FUERA DE LA ORGANIZACIÓN EJECUTANTE.*

REQUERIMIENTOS DE SOPORTE Y ENTRENAMIENTO

SUPUESTOS RELATIVOS A REQUISITOS

RESTRICCIONES RELATIVAS A REQUISITOS

CONTROL DE VERSIONES					
Versión	Hecha por	Revisada por	Aprobada por	Fecha	Motivo

PLAN DE GESTIÓN DE REQUISITOS

NOMBRE DEL PROYECTO	SIGLAS DEL PROYECTO

ACTIVIDADES DE REQUISITOS: *DESCRIBIR CÓMO SE PLANIFICARÁN, SEGUIRÁN Y REPORTARÁN ESTAS ACTIVIDADES.*

ACTIVIDADES DE GESTIÓN DE CONFIGURACIÓN: *DESCRIPCIÓN DE CÓMO SE INICIARÁN LAS ACTIVIDADES DE CAMBIOS AL PRODUCTO, SERVICIO O REQUERIMIENTO; CÓMO SE ANALIZARÁN LOS IMPACTOS; CÓMO SE RASTREARÁN, MONITOREARÁN, Y REPORTARÁN, Y CUÁLES SON LOS NIVELES DE AUTORIZACIÓN REQUERIDOS PARA APROBAR DICHOS CAMBIOS.*

PROCESO DE PRIORIZACIÓN DE REQUISITOS: *DESCRIBIR COMO SE PRIORIZARÁN LOS REQUISITOS.*

MÉTRICAS DEL PRODUCTO: *DESCRIBIR LAS MÉTRICAS QUE SE USARÁN Y SUSTENTAR PORQUÉ SE USARÁN.*

ESTRUCTURA DE TRAZABILIDAD: *DESCRIBIR LOS ATRIBUTOS DE REQUISITOS QUE SE CAPTURARÁN EN LA MATRIZ DE TRAZABILIDAD Y ESPECIFICAR CONTRA QUE OTROS DOCUMENTOS DE REQUISITOS DEL PROYECTO SE HARÁ LA TRAZABILIDAD.*

CONTROL DE VERSIONES					
Versión	Hecha por	Revisada por	Aprobada por	Fecha	Motivo

MATRIZ DE TRAZABILIDAD DE REQUISITOS

NOMBRE DEL PROYECTO	SIGLAS DEL PROYECTO

ESTADO ACTUAL	
Estado	Abreviatura
Activo	AC
Cancelado	CA
Diferido	DI
Adicionado	AD
Aprobado	AP

NIVEL DE ESTABILIDAD	
Estado	Abreviatura
Alto	A
Mediano	M
Bajo	B

GRADO DE COMPLEJIDAD	
Estado	Abreviatura
Alto	A
Mediano	M
Bajo	B

ATRIBUTOS DE REQUISITO													TRAZABILIDAD HACIA:					
CÓDIGO	DESCRIPCIÓN	SUSTENTO DE SU INCLUSIÓN	PROPIETARIO	FUENTE	PRIORIDAD	VERSIÓN	ESTADO ACTUAL (AC, CA, DI, AD, AP)	FECHA DE CUMPLIMIENTO	NIVEL DE ESTABILIDAD (A, M, B)	GRADO DE COMPLEJIDAD (A, M, B)	CRITERIO DE ACEPTACIÓN	NECESIDADES, OPORTUNIDADES, METAS Y OBJETIVOS DEL NEGOCIO	OBJETIVOS DEL PROYECTO	ALCANCE DEL PROYECTO / ENTREGABLE DEL WBS	DISEÑO DEL PRODUCTO	DESARROLLO DEL PRODUCTO	ESTRATEGIA DE PRUEBA	ESCENARIO DE PRUEBA	REQUERIMIENTO DE ALTO NIVEL

CONTROL DE VERSIONES					
Versión	Hecha por	Revisada por	Aprobada por	Fecha	Motivo

CHECKLIST DE PRESENTACIÓN PARA REUNIÓN DE KICK OFF

Nombre del Proyecto	Siglas del Proyecto

Contenido de la Presentación Kick Off	Realizado a satisfacción (Si / No)	Observaciones
Objetivo de la presentación definido		
Contenido de la presentación o Agenda establecida		
Definición del Proyecto (¿qué, quién, cómo, cuándo, dónde?)		
Definición del Producto del Proyecto (descripción del producto del proyecto, servicio o capacidad final a generar)		
Principales Stakeholders del proyecto (clasificados como Sponsor, comité de control de cambios, Project manager, equipo de gestión de proyectos, cliente, otros stakeholders)		
Necesidades del negocio a satisfacer		
Finalidad del proyecto (fin último, propósito general, u objetivo de nivel superior por el cual se ejecuta el proyecto, enlace con portafolios, programas o estrategias de la organización)		
Exclusiones conocidas del proyecto (que es lo que no abordará el proyecto)		
Principales supuestos del proyecto		
Principales restricciones del proyecto		
Línea Base del Alcance (WBS a 2do Nivel)		
Línea Base del Tiempo (Cronograma de hitos, tiempo neto estimado, reserva de contingencia, y Reserva de Gestión)		
Línea Base del Costo (presupuesto total, por fases, por periodos de tiempo, por tipo de recurso, reserva de contingencia, y reserva de gestión)		
Objetivos de calidad por factor relevante de calidad		
Organigrama del proyecto		
Matriz RAM resumida		

Matriz de calidad del proyecto		
Matriz de comunicaciones del proyecto		
Principales riesgos del proyecto y respuestas planificadas		
Matriz de adquisiciones del proyecto		
Sistema de Control de cambios		

CONTROL DE VERSIONES					
Versión	Hecha por	Revisada por	Aprobada por	Fecha	Motivo

PLAN DE GESTIÓN DEL PROYECTO

NOMBRE DEL PROYECTO	SIGLAS DEL PROYECTO

CICLO DE VIDA DEL PROYECTO Y ENFOQUE MULTIFASE: *DESCRIPCIÓN DETALLADA DEL CICLO DE VIDA DEL PROYECTO Y LAS CONSIDERACIONES DE ENFOQUE MULTIFASE (CUANDO LOS RESULTADOS DEL FIN DE UNA FASE INFLUYEN O DECIDEN EL INICIO O CANCELACIÓN DE LA FASE SUBSECUENTE O DEL PROYECTO COMPLETO).*

CICLO DE VIDA DEL PROYECTO		ENFOQUES MULTIFASE	
FASE DEL PROYECTO (1º NIVEL DEL WBS)	ENTREGABLE PRINCIPAL DE LA FASE	CONSIDERACIONES PARA LA INICIACIÓN DE ESTA FASE	CONSIDERACIONES PARA EL CIERRE DE ESTA FASE

PROCESOS DE GESTIÓN DE PROYECTOS: *DESCRIPCIÓN DETALLADA DE LOS PROCESOS DE GESTIÓN DE PROYECTOS QUE HAN SIDO SELECCIONADOS POR EL EQUIPO DE PROYECTO PARA GESTIONAR EL PROYECTO.*

PROCESO	NIVEL DE IMPLANTACIÓN	INPUTS	MODO DE TRABAJO	OUTPUTS	HERRAMIENTAS Y TÉCNICAS

ENFOQUE DE TRABAJO: *DESCRIPCIÓN DETALLADA DEL MODO EN QUE SE REALIZARÁ EL TRABAJO DEL PROYECTO PARA LOGRAR LOS OBJETIVOS DEL PROYECTO.*

PLAN DE GESTIÓN DE CAMBIOS: *DESCRIPCIÓN DE LA FORMA EN QUE SE MONITOREARÁN Y CONTROLARÁN LOS CAMBIOS, INCLUYENDO EL QUÉ, QUIÉN, CÓMO, CUÁNDO, DÓNDE.*

PLAN DE GESTIÓN DE LA CONFIGURACIÓN: *DEFINE AQUELLOS ITEMS QUE SON CONFIGURABLES, AQUELLOS ITEMS QUE REQUIEREN UN CONTROL FORMAL DE CAMBIOS, Y LOS PROCESOS PARA CONTROLAR LOS CAMBIOS A DICHOS ITEMS.*

GESTIÓN DE LÍNEAS BASE: *DESCRIPCIÓN DE LA FORMA EN QUE SE MANTENDRÁ LA INTEGRIDAD, Y SE USARÁN LAS LÍNEAS BASE DE MEDICIÓN DE PERFORMANCE DEL PROYECTO, INCLUYENDO EL QUÉ, QUIÉN, CÓMO, CUÁNDO, DÓNDE.*

COMUNICACIÓN ENTRE STAKEHOLDERS: *DESCRIPCIÓN DETALLADA DE LAS NECESIDADES Y TÉCNICAS DE COMUNICACIÓN ENTRE LOS STAKEHOLDERS DEL PROYECTO.*

NECESIDADES DE COMUNICACIÓN DE LOS STAKEHOLDERS	*TÉCNICAS DE COMUNICACIÓN A UTILIZAR*

REVISIONES DE GESTIÓN: *DESCRIPCIÓN DETALLADA DE LAS REVISIONES CLAVES DE GESTIÓN QUE FACILITARÁN EL ABORDAR LOS PROBLEMAS NO RESUELTOS Y LAS DECISIONES PENDIENTES.*

TIPO DE REVISIÓN DE GESTIÓN (TIPO DE REUNIÓN EN LA CUAL SE REALIZARÁ LA REVISIÓN DE GESTIÓN)	*CONTENIDO* (AGENDA O PUNTOS A TRATAR EN LA REUNIÓN DE REVISIÓN DE GESTIÓN)	*EXTENSIÓN O ALCANCE* (FORMA EN QUE SE DESARROLLARÁ LA REUNIÓN, Y TIPO DE CONCLUSIONES, RECOMENDACIONES, O DECISIONES QUE SE PUEDEN TOMAR)	*OPORTUNIDAD* (MOMENTOS, FRECUENCIAS, O EVENTOS DISPARADORES QUE DETERMINARÁN LAS OPORTUNIDADES DE REALIZACIÓN DE LA REUNIÓN)

LÍNEA BASE Y PLANES SUBSIDIARIOS: *DEFINICIÓN DE LÍNEA BASE Y PLANES SUBSIDIARIOS QUE SE ADJUNTAN AL PLAN DE GESTIÓN DEL PROYECTO.*

LÍNEA BASE		PLANES SUBSIDIARIOS	
DOCUMENTO	*ADJUNTO (SI/NO)*	*TIPO DE PLAN*	*ADJUNTO (SI/NO)*
LÍNEA BASE DEL ALCANCE		PLAN DE GESTIÓN DE ALCANCE	
		PLAN DE GESTIÓN DE REQUISITOS	
		PLAN DE GESTIÓN DE SCHEDULE	
LÍNEA BASE DEL TIEMPO		PLAN DE GESTIÓN DE COSTOS	
		PLAN DE GESTIÓN DE CALIDAD	
		PLAN DE MEJORA DE PROCESOS	
LÍNEA BASE DEL COSTO		PLAN DE RECURSOS HUMANOS	
		PLAN DE GESTIÓN DE COMUNICACIONES	
		PLAN DE GESTIÓN DE RIESGOS	
		PLAN DE GESTIÓN DE ADQUISICIONES	

CONTROL DE VERSIONES					
Versión	Hecha por	Revisada por	Aprobada por	Fecha	Motivo

PLAN DE GESTIÓN DE ALCANCE

NOMBRE DEL PROYECTO	SIGLAS DEL PROYECTO

PROCESO DE DEFINICIÓN DE ALCANCE: *DESCRIPCIÓN DETALLADA DEL PROCESO PARA ELABORAR EL SCOPE STATEMENT DEFINITIVO A PARTIR DEL SCOPE STATEMENT PRELIMINAR. DEFINICIÓN DE QUÉ, QUIÉN, CÓMO, CUÁNDO, DÓNDE, Y CON QUÉ.*

NOTA: ADJUNTAR FLUJOGRAMA DE PROCEDIMIENTO.

PROCESO PARA ELABORACIÓN DE WBS: *DESCRIPCIÓN DETALLADA DEL PROCESO PARA CREAR, APROBAR, Y MANTENER EL WBS. DEFINICIÓN DE QUÉ, QUIÉN, CÓMO, CUÁNDO, DÓNDE, Y CON QUÉ.*

NOTA: ADJUNTAR FLUJOGRAMA DE PROCEDIMIENTO.

PROCESO PARA ELABORACIÓN DEL DICCIONARIO WBS: *DESCRIPCIÓN DETALLADA DEL PROCESO PARA CREAR, APROBAR, Y MANTENER EL DICCIONARIO WBS. DEFINICIÓN DE QUÉ, QUIÉN, CÓMO, CUÁNDO, DÓNDE, Y CON QUÉ.*

NOTA: ADJUNTAR FLUJOGRAMA DE PROCEDIMIENTO.

PROCESO PARA VERIFICACIÓN DE ALCANCE: *DESCRIPCIÓN DETALLADA DEL PROCESO PARA LA VERIFICACIÓN FORMAL DE LOS ENTREGABLES Y SU ACEPTACIÓN POR PARTE DEL CLIENTE (INTERNO O EXTERNO). DEFINICIÓN DE QUÉ, QUIÉN, CÓMO, CUÁNDO, DÓNDE, Y CON QUÉ.*

NOTA: ADJUNTAR FLUJOGRAMA DE PROCEDIMIENTO.

PROCESO PARA CONTROL DE ALCANCE: *DESCRIPCIÓN DETALLADA DEL PROCESO PARA IDENTIFICAR, REGISTRAR, Y PROCESAR CAMBIOS DE ALCANCE, ASÍ COMO SU ENLACE CON EL CONTROL INTEGRADO DE CAMBIOS. DEFINICIÓN DE QUÉ, QUIÉN, CÓMO, CUÁNDO, DÓNDE Y CON QUÉ.*

NOTA: ADJUNTAR FLUJOGRAMA DE PROCEDIMIENTO.

CONTROL DE VERSIONES					
Versión	Hecha por	Revisada por	Aprobada por	Fecha	Motivo

WBS

NOMBRE DEL PROYECTO	SIGLAS DEL PROYECTO

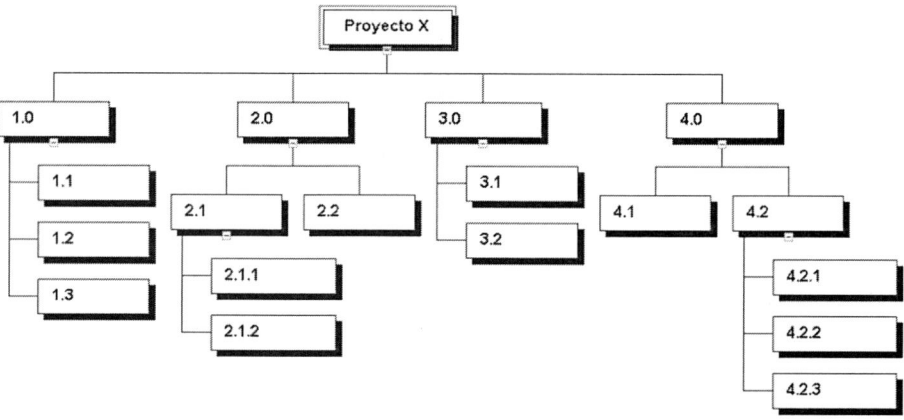

CONTROL DE VERSIONES					
Versión	Hecha por	Revisada por	Aprobada por	Fecha	Motivo

DICCIONARIO WBS (completo)

NOMBRE DEL PROYECTO	SIGLAS DEL PROYECTO

CÓDIGO DEL PAQUETE DE TRABAJO (PDT): *Según el WBS*	NOMBRE DEL PAQUETE DE TRABAJO (PDT): *según el WBS*

OBJETIVO DEL PAQUETE DE TRABAJO: *Para que se elabora el PDT.*	
DESCRIPCIÓN DEL PAQUETE DE TRABAJO: *Qué contiene, en qué consiste, cómo es, dimensiones, cotas, etc.*	
DESCRIPCIÓN DEL TRABAJO A REALIZAR (ACTIVIDADES): *Cómo se va a elaborar el PDT.*	*Lógica o enfoque de la elaboración:*
	Actividades a realizar:
ASIGNACIÓN DE RESPONSABILIDADES: *Quiénes intervienen, y que rol desempeñan en la elaboración.*	*Responsable:* *Participa:* *Apoya:* *Revisa:* *Aprueba:* *Da información:*
FECHAS PROGRAMADAS: *Cuándo se va a elaborar el PDT.*	*Inicio:* *Fin:* *Hitos importantes:*
CRITERIOS DE ACEPTACIÓN: *Quién, y cómo se dará por valido y aceptado el PDT.*	*Stakeholder que acepta:*
	Requisitos que deben cumplirse:
	Forma en que se aceptará:
SUPUESTOS: *Situaciones que se toman como verdaderas, reales, o ciertas, para efectos de la planificación del PDT.*	
RIESGOS: *Eventos cuya ocurrencia impactará los objetivos del alcance, tiempo, costo, o calidad, del PDT.*	
RECURSOS ASIGNADOS Y COSTOS: *Qué recursos se necesitan para elaborar el PDT, de que tipo, en que cantidades, y con que costos.*	*Personal:* *Materiales o Consumibles:* *Equipos o Máquinas:*
DEPENDENCIAS: *Qué precedente y subsecuente tiene el PDT.*	*Antes del pdt:* *Después del pdt:* *Otros tipos de dependencia:*

CONTROL DE VERSIONES					
Versión	Hecha por	Revisada por	Aprobada por	Fecha	Motivo

DICCIONARIO WBS (simplificado)

NOMBRE DEL PROYECTO		SIGLAS DEL PROYECTO

ESPECIFICACIÓN DE PAQUETES DE TRABAJO DEL WBS			
DEFINIR EL OBJETIVO DEL PDT, DESCRIPCIÓN DEL PDT, DESCRIPCIÓN DEL TRABAJO Y ASIGNACIÓN DE RESPONSABILIDADES.			
FASE 1:	1.1		
	1.2	1.2.1	
		1.2.2	
		1.2.3	
		1.2.4	
		1.2.5	
	1.3		
	1.4		
	1.5		
FASE 2:	2.1		
	2.2		
	2.3	2.3.1	
		2.3.2	
		2.3.3	
FASE 3:	3.1		
	3.2		
	3.3		
FASE 4:	4.1		
	4.2		
	4.3		
FASE 5:	5.1		
	5.2		
	5.3		

Bibliografía

Introducción a la gestión de proyectos

De WILLIAMS, MERI

ANAYA MULTIMEDIA

Estrategias y tácticas en la dirección y gestión de proyectos: project management

D AMENDOLA, LUIS JOSÉ

Gestión de proyectos con ms project

De BIAFORE, BONNIE

ANAYA MULTIMEDIA

DIRECCIÓN Y GESTIÓN DE PROYECTOS (2ª ED.)

De PEREÑA BRAND, JAIME

S.A. EDICIONES DIAZ DE SANTOS

Gerenciamiento de proyectos 2: herramientas en Excel y Project

De GARCÍA FRONTI, VERÓNICA

OMICRON SYSTEM ARGENTINA

Organización y gestión de proyectos y obras

De MARTÍNEZ AZNAR, GERMÁN

S.A. MCGRAW-HILL / INTERAMERICANA DE ESPAÑA

Gestión de proyectos

De ¿verdad?.

DEUSTO S.A. EDICIONES

Fundamentos de la gestión de proyectos

De LOCK, DENNIS

AENOR. ASOCIACIÓN ESPAÑOLA DE NORMALIZACION Y CERTIFICACIÓ

Gestión eficaz de un equipo de proyecto

De SACRE, REGIS

AENOR. ASOCIACIÓN ESPAÑOLA DE NORMALIZACIÓN Y CERTIFICACIÓN

GESTION INTEGRADA DE PROYECTOS 2.ª EDICION

De SERER FIGUEROA, MARCOS

EDICIONES UPC

Effective project management: traditional, adaptative, extreme (3rd ed.) (+cd)

de WYSOCKI, ROBERT K.

WILEY

A Guide to the Project Management Body of Knowledge: (Pmbok Guide) **[Paperback]**

Project Management Institute **(Corporate Author)**

Project Management: A Systems Approach to Planning, Scheduling, and Controlling **[Hardcover]**

Harold Kerzner (Author)

Fundamentals of Project Management (Worksmart Series) **[Paperback]**

James P. Lewis (Author)

Project Management: A Managerial Approach **[Hardcover]**

Jack R. Meredith (Author), Samuel J. Mantel (Author)

Strategic Project Management Made Simple: Practical Tools for Leaders and Teams **[Hardcover]**

Terry Schmidt (Author)

Jetpack Mindmanager Mindjet www.mindjet.com

CAPM®/PMP®

Project Management Certification

EXAM GUIDE

Joseph Phillips

The McGraw-Hill Companies

Mind Manager v9 Mindjet